FEDERALISMO CACIQUE

EL 78 CONTRA EL PUEBLO

JAVIER TORROX

MÁLAGA | MMXXIII

Málaga, abril de 2023
© Javier Torrox
Diseño cubierta: Carmen López
www.javiertorrox.com
@Javier_Torrox
Todos los derechos reservados
ISBN: 9798387872716

A Almudena, que, con su inmenso amor y cariño,
tan fácil hizo lo más difícil.

ÍNDICE

El Estado será desmembrado por la estatocracia
concebida en su propio seno.

BERTRAND DE JOUVENEL

Introducción

ESTE libro ha sido escrito contra los federalistas *que nos hemos dado*. Contra todos, los de todos los partidos.

El Régimen del 78 es una tormenta de contradicciones. Su «Constitución se fundamenta en la indisoluble unidad de la Nación española». Pero, a continuación, establece que ésta está integrada por «nacionalidades y regiones». Esto último, por imposición del PSOE como demostraremos a lo largo de la obra. Todo ello está contenido en el artículo 2 de la Constitución. Ambas afirmaciones han coexistido durante 45 años. Pero la realidad extraconstitucional de una y otra ha cambiado en ese tiempo. La Nación ha sido disminuida para que crezcan las «nacionalidades y regiones». Éstas son cada vez más fuertes a expensas del debilitamiento de aquélla. La tendencia de descomposición de España continuará durante tanto tiempo como dure el 78. El resultado de este estado de cosas es que la subsistencia de la Nación política española está amenazada a corto o medio plazo por la acreción política de este sintagma.

La evolución que ha experimentado el 78 durante su vigencia responde a la planificación del PSOE. La formación vertebradora del régimen ha expuesto su programa federalista en sucesivos documentos políticos del partido. La introducción de la idea de que la Nación esté integrada por «nacionalidades» fue el hito inicial de la federalización de España mediante su gradual desnacionalización.

El PSOE es la vanguardia del bloque federalista, del que forman parte todos los partidos, excepto Vox —al cierre de esta edición—. Lo que desde hace más de cuatro décadas llaman «consenso» es, en realidad, la coacción federalizante de unos sumada a la rendición de otros. De esto resultó la discordia como obligación constitucional.

Este proceso es alentado por la propia CE mediante la locución ya señalada y un mecanismo en tres etapas. La primera de estas fases fue la de instigación a esas «nacionalidades y regiones» a constituirse en Comunidades Autónomas. Esto ocurría incluso antes de la aprobación de la CE en lo que el *BOE* llamó los regímenes preautonómicos. La intensidad del estímulo —a partir del otoño de 1977— para crear CCAA era de tal grado que parecía obligatorio.

De hecho, la carta del 78 no contempla la posibilidad de que una provincia pueda no formar parte de ninguna comunidad autónoma. Tampoco la posibilidad de desescalar el proceso y revertirlo para volver a un régimen común como sí lo hacía la de 1931. La setentayochista, al contrario, previó medios para que las Cortes calzaran a provincias díscolas en CCAA a la fuerza. Tres veces utilizó el Legislativo estas atribuciones con tres provincias distintas.

El segundo estadio hacia la federalización de España fue la conversión gradual de las CCAA en caciquerías gobernadas por caciques regionales. Este fue un proceso escalonado en el que distintas regiones avanzaron a distintas velocidades. El tercer y último período es la pretensión independentista, del que la rebelión de la Generalidad de Cataluña de 2017 fue un ensayo consentido por los tres poderes del Estado, que nada hicieron para impedirlo.

Cada una de estas tres etapas ha estado encabezada por las pasiones localistas de oligarquías de País Vasco y Cataluña. Lo que ha hecho el resto de «nacionalidades y regiones» es imitar –*a posteriori*– el grado de reivindicación de estas dos CCAA a lo largo del tiempo. Los tres momentos descritos responden a cada una de las fases de lo que hemos llamado el ciclo cacique. Sus tres estadios son el autonomista, el nacionalista y el separatista. El avance de estos tres períodos puede ser medido objetivamente como veremos más adelante.

El Gobierno de Pedro Sánchez ha dado un enorme impulso a la agenda federalista de su partido. Así lo ha reconocido la presidenta del poder Legislativo, Meritxell Batet: «Por la vía de los hechos». No obstante, existe la posibilidad de que este proceso no sea culminado por el Ejecutivo sanchista. En ese caso, continuará aunque reduzca su velocidad. Este derrotero avanzará sin importar quién gobierne. Así ha sido durante casi medio siglo. Es el propio 78 el que promueve su desarrollo. Cobrará nueva fuerza y energía cada vez que, tras haber aminorado su ímpetu, la situación le sea favorable de nuevo.

Ha sido durante el mandato del señor Sánchez cuando el uso de la legislación contra el Derecho ha cobrado una intensidad y una extensión nunca antes vistas. En ningún momento como el actual ha tenido el programa federalista un escenario tan propicio como el presente. En Moncloa tiene su asiento el primer presidente del Gobierno que se ha valido de golpistas y terroristas. Pactó con ellos para tomar el poder y les ha dado satisfacción en todo lo que le han pedido para conservarlo. En el ámbito exterior no ha sido el primero en degradarse personalmente y en desacreditar a España ante terceras potencias, pero sí el que más lejos ha llegado en ese terreno.

Aprovechó la epidemia de coronavirus para imponer una tiranía que trituró libertades y derechos. Dimitió transitoriamente de sus obligaciones constitucionales –al tiempo que mantenía el cargo– para trasladar sobre otros las responsabilidades de las que estaba investido y que eran indelegables.

Mientras el proceso de federalización avanza subrepticio en paralelo al rayo de la tiranía, la legislarrea setentayochista devora a los legislados. Cada español carga con el peso de más de 50.000 leyes. Esta profusión legislativa es la manifestación del gigantismo del cuerpo legislador, que es apabullante. La suma del Congreso, del Senado y de las asambleas de todas las CCAA arroja la inquietante cifra de 1.866 legisladores en España. Si a éstos añadimos los 705 escaños del Parlamento Europeo, el número de redactores de leyes que padecen los españoles asciende a los 2.571. Más de dos mil quinientas personas escribiendo ocurrencias con fuerza de ley. La Ley ya no surge de la necesidad de resolver un conflicto. Ahora nace para atender a los intereses, a las pasiones y a las opiniones del momento. No hay libertad que soporte esto.

No menos insufrible resulta que los poderes del Estado quebranten reiteradamente el ordenamiento al que están obligados y que lo hagan sin consecuencias. Nada descabellado hay en aventurar un incremento del número de violaciones de la CE por parte del Ejecutivo y el Legislativo. Los federalistas cuentan con dos maquinarias bien engrasadas para neutralizar y desactivar cualquier eventual reacción de la sociedad civil ante estos posibles –y muy probables– atropellos. Una de ellas es un ejército de expertócratas formado por catedráticos, profesores e invetigadores, todos prontos a escribir finos análisis con exhaustivas relaciones de razones. La otra es un Tribunal Constitucional que ya ha comenzado a funcionar como fábrica de coartadas: un TC a la medida federalista para hacer una España a la de sus caciques federales.

Dado que la CE afirma que la Nación está integrada por «nacionalidades», sólo resta una sentencia del TC para constitucionalizar que esta positivada plurinacionalidad de la Nación es la manifestación de su carácter plurinacional. No han de faltar prestigiados juristas que expliquen que se trata de una fenomenología jurídica muy técnica, demasiado compleja para los mortales: la «mutación constitucional».

Mutada la CE al arbitrio de un poder constituido, los cortijeros del 78 abrirán la barra libre de la autodeterminación con cualquier otro nombre más coqueto y afín a los intereses de la coyuntura. ¿Qué habrá de suceder entonces? El hábitat político actual garantiza la prosperidad del cáncer que lo consume al tiempo que combate con ferocidad todo lo que trate de salvaguardar el bien jurídico más importante, el más atacado y también el más desprotegido: la Nación política española. Los separatistas nunca han sido tantos ni tan fuertes como lo son ahora gracias al 78. ¿Cómo creen los promotores de este desastre que pueda terminar esto? Todo tiene consecuencias. En el devenir de los asuntos humanos no existen los impagos. La Historia se cobra todas las facturas.

No hay música que suene mejor a los oídos de terceras potencias que el de una España eternamente ensimismada en disputas intestinas y que supla su acción política real en el escenario mundial con una geodoméstica de niños que juegan al Poder en el patio ibérico.

¿Por qué todo esto? La realidad es que no hay nada que lo sustente. No hay un sustrato ideológico ni intelectual. No lo tiene el PSOE, que lo instiga; menos aún ese otro PSOE a plazos que es el PP. La función política de los populares es la de consolidar el marco de violabilidad de la CE cada vez que los socialdemócratas lo desplazan hacia sus intereses. Ni unos ni otros tienen principios, ni morales ni políticos. Son dos caras de la misma socialdemocracia para la que todo es posible por arte de legislación. Esta idea de omnifactibilidad ha incapacitado a todos los socialdemócratas para distinguir el mal del bien.

Lo único que rige la conducta de ambos en todo momento es su voluntad de dar satisfacción a sus redes clientelares para sostenerse en el poder un ciclo legislativo más, un año más, un mes más. Los separatistas simplemente aprovechan las vanidades y las debilidades de uno y de otro para obtener su tajada. Han sido 45 años de tajadas del Estado hasta agotarlas. El próximo festín será de tajadas de la Nación. El gaudeamus federal.

Este es el Estado de hecho del 78.

En La Cala del Moral, marzo de 2023

Capítulo 1

La caja de los truenos

El entonces ministro de Justicia, Juan Carlos Campo Moreno (PSOE), abrió la caja de los truenos en la sesión del Congreso de los Diputados del 10 de junio de 2020. Lo hizo de forma inopinada en su respuesta a una pregunta parlamentaria. Tenía lugar un debate banal en el que una diputada de ERC defendía a un «movimiento antifascista» al que retrataba como campeón de una lucha que nadie había visto contra unos fascistas que no existían. Ambos oradores —en cumplimiento de una atávica tradición— intercambiaban lugares comunes y trivialidades con fingida trascendencia. De repente, el ministro descerrajó un trueno sin rayo:

> Juan Carlos Campo: Estábamos recomponiéndonos [de la crisis anterior] y nos entra una nueva crisis, donde nuestro modelo social se rompe; una crisis sanitaria con unos enormes costes económicos, pero que realmente lo que determinan es una crisis constituyente. Tenemos que abordar entre todos la salida de la misma. No es fácil, no es fácil porque, junto a la crisis constituyente, tenemos también un debate constituyente y tenemos que hacer entre todos que eso sea así, no podemos dejar a nadie fuera.

El ministro magistrado afirmó la existencia de una crisis constituyente y de un debate constituyente. No explicó cuándo había comenzado esta crisis, ni cómo. Tampoco dijo una palabra de dónde tenía lugar el debate al que había hecho referencia ni quiénes eran las personas que intervenían en ese foro del que nadie en las Cortes sabía nada. Estas palabras del señor Campo sí eran de una enorme trascendencia política. Significaban que el Gobierno había dado por quebrado el régimen de la Constitución de 1978; que ya había personas que conspiraban en secreto para sustituirlo por un nuevo ordenamiento; y que lo hacían mediante usurpación, sin haber sido investidos de ninguna legitimidad legal ni moral para ello.

Todo esto sucedía sin conocimiento de los ciudadanos, aunque —al parecer— sí del Consejo de Ministros. Esto es, el poder Ejecutivo se había arrogado ya en ese momento un poder que le es ajeno: la capacidad de establecer las reglas del juego político. Cuando estas reglas son determinadas por el poder establecido –el Gobierno–, su producto es invariablemente una tiranía. Así ha sucedido a lo largo de la Historia en todas las comunidades políticas que han consentido que sea el Poder quien ordene al Poder.

Dos meses antes de estas palabras del –en aquel momento– ministro de Justicia, el entonces primer secretario del PSC, Miquel Iceta, había pedido públicamente que los golpistas condenados por sedición fueran liberados. Su bondadosa iniciativa tenía como objetivo que los convictos pasaran en sus casas el difícil trance del primer confinamiento decretado a causa de la epidemia de coronavirus. Unas semanas después de que el señor Campo declarara abierta esta crisis constituyente, la Generalidad de Cataluña avaló la propuesta de las juntas de tratamiento de prisiones para conceder el régimen de tercer grado penitenciario a los penados hacía tan sólo nueve meses. Un año más tarde ya habían sido todos indultados. Desde la sentencia del Tribunal Supremo que los había encontrado culpables de un delito de sedición hasta su indulto sólo transcurrió un año y medio. El mismo Gobierno que indultó a los sediciosos, promovió la derogación del delito por el que habían sido condenados, el delito de sedición. Lo hizo un año y cinco meses después de haberlos indultado, cuando acababan de cumplirse cinco años de la rebelión de la Generalidad.

La sorprendente declaración del ministro Campo tuvo una repercusión limitada en aquel momento. Había tenido lugar apenas unos minutos después de unas no menos insólitas palabras del presidente del Gobierno, Pedro Sánchez, en el transcurso de la misma sesión parlamentaria.

> Pedro Sánchez: Hemos vencido al virus. [...] En la cuestión de la emergencia sanitaria, lo que ha hecho [el Gobierno] ha sido valerse de un instrumento constitucional –el estado de alarma–, que ha salvado 450.000 vidas. No lo estoy diciendo yo, lo están diciendo estudios científicos independientes que dicen que –como consecuencia de ese confinamiento– se han salvado 450.000 vidas. Hemos perdido la vida de más de 27.000 compatriotas, pero hemos salvado la vida de 450.000 personas.

La Organización Mundial de la Salud (OMS) había emitido una declaración de Emergencia de Salud Pública de Importancia Internacional (ESPII) el 30 de enero de 2020. El primer caso de coronavirus confirmado en España tuvo lugar 24 horas después. El Gobierno no hizo nada durante los 43 días siguientes. Siguieron entonces semanas de confusión y pánico. El Ejecutivo cometía una ilegalidad tras otra. Con la cooperación del Legislativo y la inhibición del Judicial, arrasaron las libertades públicas y derechos fundamentales de 47 millones de ciudadanos. Adjudicaron contratos millonarios a ciegas y en cuestión de horas por el apremio de la situación. Todo lo justificaban con comités de expertos que nunca existieron y con estudios científicos que aparecían como conejos de chisteras.

Este fue el contexto —aún bajo el primer estado de alarma, en su sexta prórroga— en el que el Gobierno de España declaró la existencia de una crisis constituyente. Habían pasado poco más de dos años y medio desde el golpe a la Nación ejecutado por la Generalidad de Cataluña. Pero la asonada seguía adelante con otros actores políticos y de forma soterrada. ¿Cómo era esto posible? Lo era porque la capacidad de acción de las instituciones que se habían rebelado no había sido limitada para impedir nuevas deslealtades. El Gobierno y el Parlamento regionales conservaron tras el golpe de 2017 las mismas atribuciones de las que se habían servido para dar ese golpe. Las personas que habían ocupado los cargos de los rebeldes —de los huidos y de los condenados— insistían regularmente en que que tenían la intención de reiterar el alzamiento. La insurrección de las instituciones catalanas no había sido sofocada. Y aún peor que esto: la declaración unilateral de crisis constituyente proclamada por el Ejecutivo era la continuación de la rebelión de la Generalidad por otras vías. El mando y la ejecución del alzamiento del Estado contra la Nación se habían trasladado de Barcelona a Madrid, del palacio de la Generalidad al de La Moncloa.

Capítulo 2

¿Quién es Pedro Sánchez?

El Ejecutivo que declaró quebrado el ordenamiento jurídico español tomó posesión en enero de 2020 y fue el primer Gobierno de coalición formado bajo el régimen constituido en 1978. Pedro Sánchez (PSOE) había llegado a la Moncloa un año y medio antes, en la primavera de 2018. Lo hizo a lomos de una sucesión de carambolas tan rocambolesca que cuesta creer que fuera casual.

La primera pregunta que habría que responder es quién es Pedro Sánchez. Tiene cuatro titulaciones académicas de instrucción superior: una licenciatura, un máster, un curso de estudios avanzados y un doctorado, según información publicada por Moncloa. Cursó tres de estas cuatro titulaciones en centros privados. Con 26 años y ninguna experiencia comenzó a asesorar a una eurodiputada del PSOE que en ese momento acumulaba doce años de escaño en el Parlamento Europeo. En una entrevista publicada en octubre de 2014 dijo esto sobre su primera ocupación:

> Pedro Sánchez: Le voy a hacer una confesión: en el primer trabajo que tuve me dieron parte del sueldo en negro. Cobraba 35.000 pesetas y de ellas me daban un poco en negro.

Tras un breve período impartiendo consejos a la veterana eurodiputada, engrosó durante unos meses las filas del gabinete del entonces Alto Representante de Naciones Unidas en Bosnia Herzegovina, Carlos Westendorp, para quien realizó tareas de secretario. La obtención de un acta de concejal en el Ayuntamiento de Madrid le valió un asiento —de 2004 a 2009— en la Asamblea General de Caja Madrid. Cuando la gestión de Miguel Blesa la llevó a la bancarrota, Pedro Sánchez estaba allí. Apenas una década atrás, la tricentenaria entidad financiera se había contado entre las más rentables del mundo.

Llegó a diputado como había llegado a concejal, mediante la renuncia de un tercero que hizo correr la lista. La crisis de 2008 acabó con la carrera política de Pedro Solbes, que primero salió del

Gobierno tras ser destituido por José Luis Rodríguez Zapatero y que unos meses después –en septiembre de 2009– renunció a su escaño en el Congreso. Así consiguió el señor Sánchez su primer acta de diputado. Compaginó su actividad parlamentaria durante el resto de la legislatura con la de profesor asociado de la Universidad Camilo José Cela, de la que era doctorando.

Su tesis doctoral fue un misterio durante años. El doctorado es la titulación académica de más alto grado. Habilita a su poseedor para acceder a puestos que exigen su acreditación. La tesis doctoral es el trabajo conducente a la titulación. Su característica esencial es que ha de tratarse de un estudio inédito que abra una puerta –o al menos una ventana– al conocimiento humano. Esto es, que establezca una nueva frontera en la inteligencia acumulada por la humanidad, una nueva conquista del saber que haga retroceder –aunque sea mínimamente– el enorme campo que ocupa todo lo que el hombre desconoce. El contenido de las tesis doctorales es público y accesible. ¿Por qué? Porque su objetivo es aumentar y compartir el entendimiento del mundo. Sin embargo, la del señor Sánchez fue ocultada durante años. El entonces ya presidente del Gobierno mintió al Congreso de los Diputados cuando afirmó que su tesis doctoral estaba publicada y disponible en el sistema Teseo, una base de datos que contiene tesis doctorales aprobadas en España. No lo estaba.

Vista en retrospectiva, la ordenación cronológica de los acontecimientos relacionados con esta cuestión da un buen retrato del carácter del señor Sánchez. Su primera ministra de Sanidad, Carmen Montón, había plagiado gran parte del contenido de su trabajo final del Máster en Estudios Interdisciplinares de Género (*sic*) que había cursado en la Universidad Rey Juan Carlos. Al día siguiente de que los medios hicieran público este hecho, el presidente del Gobierno manifestó públicamente su apoyo a la señora Montón. Horas después la forzó a dimitir. Llevaba cien días al frente del Gobierno y ya le habían tenido que dimitir dos ministros: Màxim Huerta por haber defraudado a Hacienda y Carmen Montón por haber plagiado un trabajo de postgrado universitario. En la jornada que siguió a la forzada renuncia de la ministra, el entonces jefe de Ciudadanos, Albert Rivera, acusó al presidente de ocultar su tesis doctoral, sobre cuyo desconocido contenido circulaban diversas especulaciones desde hacía meses. El señor Sánchez estafó al Congreso con un engaño. Pero acusó el golpe. Perdió el dominio de sí tras contestar a la acusación del señor Rivera, al que –ya fuera de micrófono– se dirigió apuntándole con un dedo:

Pedro Sánchez: Te vas a enterar.

Al día siguiente, el diario *ABC* tituló en portada: «Pedro Sánchez plagió su tesis doctoral». Siguieron semanas de sucesivos detalles adicionales sobre el fraude académico del presidente: copió a terceros autores sin citarlos, utilizó artículos propios ya publicados haciendo pasar el texto por inédito; incluyó pasajes escritos en coautoría con uno de los miembros del Tribunal de Tesis y que presentó como propios; copió párrafos de documentos oficiales del Ejecutivo también presentados como una elaboración propia; etc.

«Tu decisión, valiente, te honra», le trasladó el señor Sánchez a su ministra cuando dimitió en el día en el que se habían acumulado las pruebas de su plagio. La conducta del presidente fue la opuesta cuando el descubierto en el plagio fue él. No sólo no dimitió –lo que le hubiera honrado y hecho de él un hombre valiente, según lo expresado por él mismo–, sino que amenazó a los medios de comunicación. Trató de coaccionarlos con el inicio de acciones legales si no se desdecían de sus informaciones. Horas después, a la vista de que no conseguía intimidar a nadie, rebajó sus exigencias a una rectificación que tampoco obtuvo. En lugar de ello, lo que consiguió fue que el periódico que había destapado el enjuague universitario le contestara en portada con un rotundo:

Diario *ABC*: Nos ratificamos

Pero el señor Sánchez tenía para sí un rasero distinto del que siempre estaba pronto a exigirle a los demás. El comportamiento que había estimado inadmisible en terceras personas, lo consideró aceptable si era él mismo quien lo realizaba. Aguantó el chaparrón. Trató de desviar la atención con manipulaciones de programas informáticos que establecen si un texto contiene plagios y en qué porcentajes. Falseó los resultados de sus informes. Hasta anunció una reforma de la Constitución. Intentó crear una crisis constitucional como distracción para atornillarse en el poder y resistir el embate del conocimiento público de su inmoralidad. Finalmente, se limitó a aceptar la humillación y a dejar pasar el tiempo. La más elemental decencia y pudor le exigían la dimisión y su posterior desaparición de la vida pública. Indolente al deshonor, prefirió perpetuar su deshonra personal antes que abandonar el cargo.

Pasados los años con mil y un escándalos y engaños adicionales acumulados, ya nadie en España hace memoria de que el jefe de su Gobierno cometió fraude en la obtención de su título académico de doctor en Economía por la Universidad Camilo José Cela.

Su ascenso meteórico de diputado desconocido a jefe del PSOE es otro misterio. En el lapso de unos días de 2014 se sucedieron una serie de terremotos políticos que hicieron temblar los cimientos del 78. Las elecciones al Parlamento Europeo celebradas el 25 de mayo fueron un golpe devastador para el *statu quo*. Dos nuevas formaciones políticas –Podemos y Ciudadanos– irrumpieron con fuerza en la escena política nacional. Especialmente notable fue el éxito cosechado por la ultraizquierdista y personalista Podemos, que obtuvo el respaldo de casi un 8% de los votantes: cinco escaños.

La suma de votos a las listas presentadas por el PSOE y el PP perdieron más de cinco millones de apoyos con respecto a los anteriores comicios europeos, que habían tenido lugar en 2009. Juntos no alcanzaban ni la mitad de los votos emitidos. Fue una debacle para ambos partidos. El entonces secretario general socialista, Alfredo Pérez Rubalcaba, asumió la responsabilidad de la derrota y al día siguiente anunció su retirada, que se formalizaría en un congreso extraordinario del partido en julio, dos meses más tarde.

Cuando parecía que el seísmo del 25 de mayo que había sacudido a la aristocracia de los partidos ya había acabado y que se habían detenido las réplicas, tan sólo una semana después se produjo un cataclismo político. El Rey Juan Carlos abdicó en su hijo Felipe. En el plazo de una semana había sido quebrada la hegemonía bicéfala PSOE–PP y el titular de la Corona había anunciado que se iba. Unas semanas más tarde, el señor Sánchez fue elegido secretario general el PSOE en unos comicios en los que tenían derecho a voto todos los militantes del partido. Obtuvo el apoyo del 49% de los sufragios internos frente a las candidaturas de Eduardo Madina y de José Antonio Pérez Tapias.

La entonces presidenta de la Junta de Andalucía, Susana Díaz, no concurrió a la jefatura del partido. Todo el mundo había dado por sentado que ella era la sucesora natural del señor Pérez Rucalcaba. Probablemente, incluso ella lo había dado por hecho. Su entorno llegó a filtrar a un medio que hasta Juan Carlos le había pedido que diera el paso. Ante esta evolución de los acontecimientos sólo podemos tener la certeza de que sus dos hechos esenciales son un enigma. Por un lado, cuáles fueron las razones por las que la señora Díaz se acochinó en Sevilla; y, por el otro, cuáles fueron las que impulsaron a destacados socialistas a avalar la candidatura del desconocido señor Sánchez. Este es un misterio sobre el que hay ciertas especulaciones. Ahí las dejaremos para ceñirnos a los hechos.

Pedro Sánchez fue elegido secretario general del PSOE en julio de 2014 y forzado a dimitir de este cargo por la cúpula del partido dos años más tarde. Tras haber obtenido el peor resultado electoral que había cosechado la formación –85 diputados–, Sánchez pretendía ser elegido presidente del Gobierno. PP y Ciudadanos sumaban 169 escaños, a tan sólo seis de la mayoría absoluta. La abstención del grupo parlamentario socialista a la investidura de Mariano Rajoy hubiera propiciado la formación de un Gobierno.

«No es no», reiteró el señor Sánchez hasta la saciedad. Pretendía ser investido con el apoyo de lo que llamó «das fuerzas del cambio» y que implicaba una alianza del PSOE con todas las formaciones parlamentarias contrarias a la existencia de España como Nación política: Podemos y todos los separatistas catalanes, vascos, gallegos, valencianos y otros diputados mixtos dispuestos a vender su voto al mejor postor.

Esto sucedía al mismo tiempo que el PSOE cosechaba bajo su jefatura otras dos derrotas muy notables. En las elecciones autonómicas celebradas en el País Vasco y Galicia en septiembre de 2016, los socialdemócratas se dejaron 86.000 y 41.000 votos, respectivamente. Esto se tradujo en una pérdida de siete y cuatro escaños en una y otra región. Los caciques regionales socialistas comenzaron a temer por su propia supervivencia. Algo –o quizá mucho– tuvo esto que ver con lo que sucedió a continuación.

La posición del señor Sánchez sobre la formación de un nuevo Gobierno nacional era tan descabellada que la mitad de la Ejecutiva Federal de su partido dimitió en bloque para forzar su salida y así impedir su peligroso pacto con todos los separatistas. Así fue como lo presentaron a la sociedad. Acaso lo que en realidad hacían era protegerse a sí mismos de los efectos que la conducta del señor Sánchez ya había tenido en los comicios regionales vascos y gallegos. El mismo día de la dimisión general de la cúpula socialista, Carles Puigdemont –entonces presidente de la Generalidad– anunció en el parlamento regional catalán que convocaría un nuevo referéndum de autodeterminación. Sería el segundo tras el celebrado por Artur Mas dos años antes, en noviembre de 2014.

Desesperado, el señor Sánchez intentó ganar tiempo. Quería que el Comité Federal votara sobre la convocatoria de un congreso que se pronunciara sobre su proceder. Los críticos lo acusaron de haber intentado un pucherazo en esa votación. Sin salida posible, dimitió y abandonó la sede del partido de madrugada. Renunció a su escaño en el Congreso horas antes de que tuviera lugar una nueva sesión de investidura. Se fue.

Ocho meses más tarde estaba de vuelta. Resultó vencedor en unos comicios internos celebrados en junio de 2017 y en los que sólo tenían derecho a voto los militantes del partido. Cosechó el 50,2% de los apoyos emitidos frente a los otros dos concurrentes, Susana Díaz y Patxi López. Estas elecciones privadas tuvieron lugar el mismo día en el que la Generalidad de Cataluña filtró al diario *El País* un borrador de lo que los rebeldes llamaron Ley de Transitoriedad.

Al cabo de un año ya era presidente del Gobierno.

Llegó a la Moncloa mediante una moción de censura. El señor Rajoy acababa de conseguir la aprobación de su Presupuesto General del Estado con el voto favorable de Ciudadanos —el error político que le costó la vida al joven partido— y del PNV. Una vez que los nacionalistas vascos vieron satisfechas sus demandas del momento en la ley presupuestaria ya aprobada, éstos no podían más que comportarse según su naturaleza: traicionaron al señor Rajoy para obtener del señor Sánchez nuevas tajadas del Estado.

Ya nadie volvió a rechistarle en la sede del PSOE. Finalmente, había llegado al Gobierno en las mismas circunstancias que había pretendido 20 meses antes: aliado con todos los conjurados contra la Nación española. Con un agravante: acababa de tener lugar un golpe a la Nación. Este ataque a la integridad del sujeto constituyente español había sido planificado, financiado y ejecutado por la Generalidad de Cataluña, una institución del Estado. El jefe del Ejecutivo caminaba de la mano de los golpistas y de los herederos de los terroristas de ETA. «Yo soy el presidente del Gobierno», repetía incesantemente en la multitud de entrevistas que concendió en los meses siguientes. Sus únicos acompañantes y apoyos eran los que lo habían aupado a esa posición: golpistas y terroristas. Era el presidente del Gobierno de los golpistas y de los terroristas.

El señor Sánchez se había comprometido a convocar elecciones «cuanto antes» tras registrar la moción de censura. Aunque de inmediato matizó que antes de llamar a comicios realizaría lo que denominó «recuperar la normalidad institucional», una vaguedad que nadie sabía en qué se sustanciaba ni el tiempo necesario para sustanciarla.

Visionada al cabo de los años, la declaración del jefe socialista cuando anunció la moción de censura deja la sensación de que allí había algo más que la mera moción; que los diputados no eran los únicos actores con un papel en los acontecimientos que se desarrollaban y estaban por venir. Envió a la UE el mensaje de que el suyo sería «un Gobierno que cumplirá con los compromisos como Estado miembro de la Unión Europea». ¿Por qué creyó necesario realizar esta afirmación para tranquilizar al resto de miembros de la UE? ¿Acaso había razones para la intranquilidad por cómo el Ejecutivo del señor Rajoy iba a ser desalojado y sustituido por otro encabezado por el señor Sánchez? ¿Era —en tal caso— la moción de censura la acción última con la que era vestida de legalidad lo que había sido una operación en la que diversos actores se habían concertado en una sucesión de acciones planificadas y ejecutadas para justificar la propia moción?

Todas estas preguntas son legítimas aunque no dispongamos de las respuestas. Y están justificadas precisamente porque no tenemos las respuestas. Si esto genera una razonable inquietud, ésta se acrecienta si añadimos al relato de los hechos otros acontecimientos previos y posteriores.

La coyuntura de aquel momento era la de una situación de excepcionalidad política. Tras el golpe a la Nación de la Generalidad, aún estaba en vigor la aplicación del artículo 155 de la Constitución. Aprobada por el Senado el octubre anterior a propuesta de Moncloa, su vigencia se mantendría «hasta la toma de posesión del nuevo Gobierno de la Generalidad». Esto no se había producido aún. Su nuevo presidente —Joaquim Torra— acababa de tomar posesión, pero todavía no había formado su consejo regional. Estas eran las circunstancias en las que se sucedieron cuatro días de mayo cuya consecutividad ya nadie recuerda. Observados a la distancia que dan los años, los acontecimientos dan la impresión de estar perfectamente hilados unos con otros para producir los efectos que produjeron y no otros.

Estas fechas se corresponden con las jornadas del 22 al 25 de mayo de 2018. Los llamaremos días 1, 2, 3 y 4 para mejor observar el orden de los hechos y el manejo de los tiempos. Era un dato conocido que el día 2 iba a tener lugar la esperada aprobación del Presupuesto General del Estado en el Congreso de los Diputados. Lo que sucedió el día 4 fue la presentación de una moción de censura. Esto era algo totalmente inesperado sólo unas horas antes. ¿Qué aconteció los días 1 y 3 para que pudiera suceder lo que pasó el día 4? ¿Fueron hechos que ocurrieron en esos días y no en otros de forma fortuita o planificada? ¿Estaban dirigidos por una batuta que marcaba el compás y señalaba el momento de inicio de cada nuevo tema?

No han sido pocas las ocasiones en las que magistrados de Tribunales de Justicia han elegido deliberadamente una fecha y no otra para ejecutar una diligencia o hacer pública una sentencia ya dictada. No hay que irse muy lejos. El Tribunal Supremo retrasó su dictamen sobre el caso de los EREs con el pretexto de no interferir en las elecciones autonómicas andaluzas que tuvieron lugar en junio de 2022, aunque lo pretextado era exactamente lo perseguido.

El día 1 de los acontecimientos de mayo de 2018 tuvo lugar una actuación policial que respondía a una orden judicial. El día 2 —que el Presupuesto era sometido a votación en el Congreso— todos los periódicos de España llevaban en portada la noticia y foto de la detención de Eduardo Zaplana (PP) y del registro de su domicilio por orden judicial. Los populares aprobaron las cuentas del Ejecutivo tras suspender de militancia al ex ministro y ex presidente de la Generalidad Valenciana.

El Gobierno tenía otros dos frentes abiertos en el día 2 mientras los diputados votaban. Y ambos eran frentes separatistas. Por un lado, tras haber cerrado un acuerdo con el PNV para aprobar el presupuesto, los nacionalistas vascos filtraron un borrador de nuevo Estatuto de Guernica. Lo habían pactado con Bildu —los herederos de ETA— y tenía un marcado carácter soberanista. Por otro lado, un tribunal provincial alemán se había arrogado la tutela jurisdiccional sobre el Tribunal Supremo de España. Esta corte había rehusado ejecutar la extradición del forajido Carles Puigdemont —detenido en territorio alemán en marzo de 2018— en cumplimiento de la euroorden emitida por el Alto Tribunal español. El señor Puigdemont quedó en libertad en Alemania durante tres meses hasta que este juzgado resolvió desatender la solicitud del Tribunal

Supremo en contra de lo suscrito por Alemania en el seno del Consejo de la Unión Europea.

Los hechos del día 1 –la detención del señor Zaplana en ese día y no otro para producir esas imágenes en ese día– sirvieron para calentar motores. El día 2 fue aprobado el presupuesto, lo que era necesario para dar satisfacción a los acreedores de terceras potencias europeas para cuyos intereses el PSOE y el PP habían reformado en 2011 el artículo 135 de la Constitución con el señor Rodríguez Zapatero de presidente del Gobierno. De aquí venía que el señor Sánchez eligiera dejar constancia explícita de que tenía intención de continuar el pago de la deuda en caso de prosperar la moción y ser investido presidente. El día 3, en un estado de sobrecalentamiento y excitación política, explotó la bomba que reventó el tren del normal devenir de los días: la Audiencia Nacional hizo pública la sentencia por el llamado caso Gürtel. Este fue el detonante que sirvió para justificar los actos del día 4.

La corrupción sistémica del partido pontífice del Régimen del 78 –el PSOE– y de su monaguillo –el PP– es un hecho. Ambos han desarrollado tramas de expolio de las arcas del Estado porque esa es su naturaleza. Lo hacen desde hace décadas. Pero lo relevante de la sentencia del caso Gürtel para los acontecimientos de aquellos días no es lo que juzgó, sino precisamente lo que no fue sometido a juicio. La Audiencia Nacional había dado por «acreditada» la comisión de un delito para el que no había dado audiencia ni practicado ninguna prueba. El Tribunal Supremo se lo reprochó dos años después a la AN en estos términos:

> Tribunal Supremo: No se puede afirmar una responsabilidad penal sin acusación o defensa. [...] No puede afirmarse la autoría del Partido Popular como autor de delitos de corrupción y prevaricación irregular, cuando esta posibilidad de que fuera destinatario de sobornos no fue objeto de acusación, al no solicitarse su condena en tal sentido y haber sido traído al proceso como partícipe a título lucrativo que presupone que el beneficiario no solo no participó en el delito sino que desconoció su comisión.

La sentencia de la AN también cuestionó la credibilidad del testimonio de varios testigos, entre ellos el señor Rajoy. Lo hizo sin aportar ninguna prueba. De ser cierto, habría constituido un delito de falso testimonio. Sin embargo, nunca se incoaron diligencias para esclarecer si se había producido la comisión de este delito.

La presentación de la moción de censura se fundamentó en estos dos enunciados extraídos del fallo de la AN. Por un lado, la afirmación de que había quedado «acreditado» que el Partido Popular era el autor de unos delitos sobre los que no había habido ningún juicio. Por otro, el cuestionamiento de la veracidad de la declaración de varios testigos —entre ellos Mariano Rajoy— sin que la Fiscalía ni la propia AN interesaran la apertura de diligencias por falso testimonio. Ambos hechos eran falsos y así lo estableció el Tribunal Supremo con posterioridad.

Lo esencial de este acontecimiento es que una sentencia de un Tribunal de Justicia incorporó deliberadamente dos afirmaciones que sabía falsas y ajenas a lo que había sido juzgado. Esta adición no fue fortuita. Perseguía un efecto. La sentencia revelaba una trama de corrupción en la que distintos actores empresariales y políticos vinculados al PP habían aprovechado su posición para expoliar a los contribuyentes. Al margen de esto, las dos afirmaciones falaces añadidas a la resolución judicial tenían dos propósitos: amplificar el escándalo que suponía la confirmación judicial de la trama corrupta y —el objetivo sustancial— poner el foco sobre el señor Rajoy.

Mucho se ha escrito sobre la autoría de estas dos aseveraciones capciosas incluidas en la sentencia. De los tres magistrados que componían el tribunal, su presidente —Ángel Hurtado— emitió un voto particular en el que expresó su desacuerdo con los dos enunciados que adulteraban el propio juicio. Los dos magistrados que sí suscribieron los enunciados falsos fueron José Ricardo de Prada y Julio de Diego. No importa si fue uno de los dos o si ambos cooperaron en la redacción y posterior introducción de estas afirmaciones en la sentencia. Lo único signifactivo al respecto y que no se ha dilucidado hasta ahora es si lo hicieron *motu proprio* o concertados con terceros; si fue a iniciativa propia, ¿por qué lo hicieron?; si se concertaron con terceros, ¿quiénes son esos terceros? Estas son las claves de la llegada de Pedro Sánchez a la Moncloa.

Hay dos cuestiones paralelas adicionales que sería interesante aclarar. El TS consideró probado que la AN había falseado los hechos deliberadamente en su fallo sobre la trama Gürtel. La Ley Orgánica del Poder Judicial establece que «la utilización en las resoluciones judiciales de expresiones innecesarias o improcedentes» constituye una falta grave en el régimen disciplinario de jueces y magistrados. Es pertinente preguntar por qué el órgano de gobierno de los jueces no abrió expediente sancionador a los dos magistrados de la AN que utilizaron una sentencia para introducir hechos falsos y por qué nunca se practicaron diligencias para esclarecer si, con ello, estos magistrados pudieran haber cometido algún delito. Planteadas ambas cuestiones, el CGPJ contestó que nunca recibió comunicación al respecto del tribunal que conoció el recurso –el TS–, como es preceptivo para abrir ese expediente sancionador. En cuanto a lo segundo, el órgano de Gobierno de los jueces eludió pronunciarse sobre el esclarecimiento de si los magistrados de la AN pudieran haber cometido el delito de omisión intencionada de perseguir los delitos de falso testimonio de los que su sentencia decía tener noticia y conocimiento de sus responsables. El artículo 408 del Código Penal castiga este delito con inhabilitación de hasta dos años.

Con los dos planteamientos arteros de la sentencia, la presentación de la moción de censura ya tenía justificación en los dos planos que precisaba: el de la acción política y el de la aprobación moral por una parte de la sociedad. El señor Sánchez puso fin a la comparecencia en la que anunció la moción de censura con esta descripción de la clase de Ejecutivo que pretendía formar:

> Pedro Sánchez: Será un Gobierno para defender y hacer defender la Constitución española, la soberanía nacional, la integridad territorial y, desde luego, la convivencia entre los pueblos de España. Ese es mi compromiso y saben ustedes que cumplo con mi palabra.

Nadie puede decir que el Gobierno del señor Rajoy fue derribado mediante un golpe de Estado, dado que fue sustituido con atención al cauce legal prescrito en el ordenamiento jurídico. Sin embargo, al unir todos estos acontecimientos, alguien sí podría sospechar que esta acumulación de circunstancias en un espacio tan breve de tiempo y de forma tan conveniente pudo haber sido planificada por un número muy limitado de personas con intereses coincidentes.

El *Diario Oficial de la Generalidad de Cataluña* publicó el nombramiento del nuevo Gobierno regional catalán el 1 de junio de 2018. Pedro Sánchez fue investido presidente del Gobierno el mismo día que finalizó la aplicación del artículo 155 de la Constitución.

CAPÍTULO 3

FEDERALISTAS DE SECANO

El federalismo en la España postdecimonónica no es una posición política, es el adorno estético del temerario. La gente se dice federalista porque cree tener una idea aproximada sobre el asunto y tiene la –acertada– intuición de que quien le oye no tiene más. Aun así, uno y otro estarán de acuerdo en fingir que ambos son tan entendidos en la materia que ninguno de los dos verá necesario entrar en el enojoso detalle de sustanciar en palabras qué es el federalismo.

La voz «federal» tiene su origen en el latín *foedus*. Significa pacto, tratado. Etimológicamente podría proceder de *fido* –compuesto de *confido*, confiar–, aunque también podría guardar relación con *fidus*, que es fiel, merecedor de fe. El *foedus* era el nombre que recibía el pacto –de paz– que Roma acordaba con los pueblos de su entorno en el avance de sus conquistas. En términos actuales correspondería –salvando las distancias– a los tratados internacionales. De hecho, Locke distinguía el Federativo –además del Ejecutivo y el Legislativo– como uno de los tres poderes del Estado, al que atribuía la capacidad de éste de establecer relaciones y acuerdos con terceras potencias. *Foedus* era el nombre que recibían también los tratados que el Imperio Romano ya en decadencia suscribía con los pueblos bárbaros que se asentaban en su territorio. Cuando lo visigodos entraron en la península Ibérica, lo hicieron mediante un *foedus* que les atribuía el Gobierno con la Ley de Roma. Ataúlfo –al que la tradición llama primer monarca visigodo de Hispania– fue Rey bajo Roma y dentro de Roma. Cuando Roma cayó, los visigodos se limitaron a continuar donde ya estaban. Sin Roma, el *foedus* quedó sin efecto por desaparición de una de sus partes. La Hispania romana gobernada por visigodos se convirtió en la Spania que, con el Fuero Juzgo, aunó a hispanorromanos y godos bajo una misma Ley. Sobre este particular ya había apuntado Cicerón en *De Republica*:

> La cosa pública (república) es lo que pertenece al pueblo; pero pueblo no es todo conjunto de hombres reunidos de cualquier manera, sino el conjunto de una multitud asociada por un mismo derecho, que sirve a todos por igual.

El vocablo latino sobrevivió a la caída del Imperio Romano y a la ausencia de su autoridad política. Sin Roma, las entidades políticas que le siguieron en el tiempo en grandes extensiones de lo que hoy llamamos Europa y entonces era la Cristiandad fueron difusas y cambiantes –Hispania constituyó una excepción a este devenir por su carácter peninsular y la frontera natural que constituían los Pirineos–.

El pacto de origen romano llegó hasta la Edad Media con el sistema feudal, cuyo nombre también es acreedor del *foedus*. En la península Ibérica tuvo una incidencia menor de la que alcanzó en otros lugares. El pacto feudal consistió en la concesión de tierras para el cultivo y la ganadería a cambio de un juramento de vasallaje y el pago regular de un feudo –habitualmente rentas en especie–. El señor feudal daba a sus feudatarios la contraprestación adicional de protección frente a otros señores.

Aún en la Edad Media, pero superados ya los años oscuros, surgieron en el norte de la península itálica unas entidades a las que llamaron municipios y que, andando el tiempo, se extendieron por el resto de la Cristiandad. Eran comunidades de hombres libres sin vínculos de vasallaje que juraban defenderse recíprocamente y obedecer a un jefe que elegían de entre sí. Estos municipios nacían a menudo a partir de la federación de corporaciones de artes y oficios. Sus miembros se apoyaban en la comunidad que formaban para sostener la libertad de la que disfrutaban y fortalecer la prosperidad de su comercio.

El federalismo moderno irrumpió en lo que hoy son los EEUU. Trece colonias británicas de la costa oriental norteamericana se independizaron de la Corona inglesa en un esfuerzo de guerra conjunto. Su punto de partida era la nada política. Sólo eran colonias con unas pocas décadas de vida. El pacto federal entre sí fue una muy razonable solución para el estatus del que procedía cada una de ellas y su integración en igualdad de condiciones en una entidad política única. En ella se aglutinaron sin perder lo que consideraron la idiosincrasia de sus orígenes como colonias.

Reapareció en la Revolución Francesa con una serie de insurrecciones federalistas que –en 1793– provocaron una guerra civil entre los revolucionarios. A diferencia de los EEUU, Francia no partía de la nada política. Ya era una comunidad política. Una vez sofocados estos levantamientos, los parisinos y habitantes de otras ciudades francesas pintaban en sus fachadas una leyenda en la que establecían cinco premisas revolucionarias que consideraban irrenunciables y la alternativa que le ofrecían a quien osara atacarlas:

Unidad, Indivisibilidad de la República, Libertad, Igualdad, Fraternidad o Muerte

Sin embargo, fue un francés quien, medio siglo más tarde, fue el gran ideólogo del federalismo socialista, Pierre-Joseph Proudhon:

> Federación es un convenio por el cual uno o varios jefes de familia, uno o varios municipios, uno o varios grupos de municipios o Estados se obligan recíproca e igualmente los unos para con los otros con el fin de cumplir uno o varios fines particulares.

Esto es, *federación* es la celebración de un pacto para unir lo que no está unido. *Monsieur* Proudhon perdió de vista que esto no podía ser aplicado a las unidades políticas que ya tenían existencia. La aplicación de este principio a comunidades políticas ya existentes —como son Francia o España— implica la destrucción de esas comunidades políticas para volver a crearlas mediante el manual de instrucciones del señor Proudhon. El federalismo proudhoniano parte del mito del buen salvaje, de la absurda idea roussoniana de que el hombre nace bueno y que es la vida en sociedad lo que lo corrompe. De ahí concluye que lo que hay que cambiar es la sociedad para crear una nueva que sea tan buena y benéfica como el ser humano es en realidad en el fondo de su corazón. Miles de años de experiencia afirman lo contrario.

La condición humana es la que es. No ha cambiado nunca y no va a cambiar. Somos lo que somos. El hombre se reúne y vive en sociedad porque hacerlo es un medio para facilitar su propia supervivencia y la de su descendencia. A esto se suma la ambición de mando que es consustancial al ser humano —y que es tan natural que existe en multitud de otras especies animales, desde mamíferos a insectos—. Estos dos factores son los que dieron lugar al crecimiento de las sociedades. Bertrand de Jouvenel lo sintetiza brillantemente:

> No se puede pasar de la pequeña sociedad a las grandes formaciones [mediante el proceso de configuración de la primera]. Se necesita aquí un factor de coagulación que, en la inmensa mayoría de los casos, no es el instinto de asociación, sino el instinto de dominación. Es a éste al que la gran formación debe su existencia. [...] El principio de formación de los grandes agregados [humanos] es la conquista y sólo la conquista.

El PSOE y Podemos se declaran federalistas, partidarios de destruir lo que ya existe –y que ha sobrevivido a la Historia– y de volver a crearlo de la nada que resulte de la destrucción que promueven; partidarios de convertir lo que hoy conocemos y llamamos España en un Estado federal sin Nación política.

El partido socialista aprobó en su XXVII Congreso (1976) su posición favorable a un Estado federal. Fue el primer encuentro congresual que celebró en territorio español desde 1932. Ya contaba con Felipe González como secretario general, que fue reelegido para el cargo tras haberlo sido en el cónclave anterior, celebrado en Suresnes (Francia) en 1974. Estableció su postura sobre la estructura del Estado en estos términos:

> El PSOE propugna la instauración de una República Federal de trabajadores integrada por todos los pueblos del Estado Español.

El documento político de este congreso describe con detalle el proyecto del partido para el ordenamiento institucional de ese Estado federal. Si lo comparamos con la actual organización política de España, lo que recibe la denominación informal de *Estado de las Autonomías* es la realización *de facto* –con otro nombre– del programa federal del PSOE de 1976. Tres años más tarde, tras la entrada en vigor de la CE de 1978, los socialistas se ratificaron en su proyecto de transformación de las CCAA en un futuro Estado federal:

> El PSOE reafirma en este punto su vocación autonómica en el convencimiento de que [...], en el marco de lo que son los entes autonómicos, se sentarán las condiciones objetivas para la transformación de un Estado centralista en el Estado Federal que el PSOE propugna.

Este párrafo procede del texto aprobado en el Congreso Extraordinario que el PSOE celebró en septiembre de 1979, el del abandono del marxismo que había impuesto Felipe González. En el momento de cierre de esta edición, sólo falta por realizar un único punto para dar cumplimiento completo a la agenda federalista de ocho puntos que planificaron en 1976:

> El Partido Socialista propugnará el ejercicio libre del derecho a la autodeterminación por la totalidad de las nacionalidades y regionalidades [*sic*] que compondrán, en pie de igualdad, el Estado Federal que preconizamos.

El PSOE se mantuvo en esta postura hasta que llegó al Gobierno. Una vez instalado el señor González en la Moncloa y con la culminación del proceso de todos los estatutos de autonomía, el partido descubrió el botín del Estado. En el congreso inmediatamente anterior a la victoria electoral de 1982, las CCAA eran percibidas por el PSOE como un instrumento —en mayo de 1979 las habían calificado como un «arma»— de un «proceso histórico» de creación de una España federal:

> Siempre hemos creído que la viabilidad política del federalismo exigía una fase previa de devolución de los poderes centralizados a las nacionalidades y regiones (la fase de construcción de las autonomías), que constituye en sí misma un proceso histórico cuyo desenlace lógico y político puede y debe ser el Estado Federal. De ahí nuestra defensa de las autonomías.

En la convención socialdemócrata que siguió a la llegada al poder —que tuvo lugar en 1984—, el sistema autonómico se convirtió en la construcción de un nuevo orden administrativo y financiero. En esta época comienzan a utilizar expresiones como «construcción del Estado de las Autonomías» y «construcción autonómica»: las CCAA como proceso en y por sí mismo, ya sustraído de la finalidad federalista. Esto es, el objetivo político fue sustituido por el de la depredación de los recursos de los contribuyentes. La ambición socialista resultó ser la de la satisfacción de la ambición privada de cargos, honores y salarios.

Durante los siguientes 28 años, sólo realizaron alusiones veladas a esta cuestión. En los ocho congresos siguientes —de 1988 a 2012— expusieron diversas intenciones: reiteraron una vaporosa aspiración a tomar como modelo la estructura federal de terceras potencias; afirmaron que las CCAA son asimilables a los estados que integran un Estado federal; se sacaron de la manga expresiones mágicas como el «factor conversor federal»; y expusieron en público —durante la jefatura de José Luis Rodríguez Zapatero— el disparatado argumento de que España debería transformarse en un Estado federal a imitación de la organización interna del PSOE. Esto último equivaldría a crear un Estado especular del partido que lo patrimonializa, algo que hemos visto en la Historia reciente europea y que no acabó bien. Todas estas alusiones quedaban plasmadas y —al mismo tiempo— enterradas entre las páginas de las resoluciones políticas de cada congreso. Pasaban desapercibidas. No trascendían más allá del papel en el que eran impresas y de algún titular de entretenimiento en un faldón de página par de algún periódico. Nunca se tradujeron en ninguna acción política tangible.

El PSOE mantuvo durante casi 30 años este posicionamiento federalista meramente declarativo. En el camino se dejaron la olvidada y huera *Declaración de Santillana* (2003), en la que los socialistas plantearon la insinuación de la idea, pero sin exponerla explícitamente. El inicio del cambio de postura tuvo lugar en 2012 con el informe *Por una reforma federal del Estado autonómico*, publicado por la Fundación Alfonso Perales, órgano del PSOE –posteriormente cambió su denominación por Fundación Andalucía, Socialismo y Democracia–. Los autores de este estudio decían percibir una demanda social que sólo existía en su imaginación. Han transcurrido más de diez años desde la publicación de este documento y sigue sin darse en la sociedad este debate que tanto parece interesar a las sucesivas cúpulas del PSOE. La obra sustancia «la razón fundamental» para la reforma federal que respalda en el siguiente argumento:

Para convivir estable y pacíficamente.

De este modo, sus autores justifican el cambio de la forma y de la estructura del Estado que persiguen con una amenaza explícita al recurso a la violencia. Lo hace sin aclarar quién o quiénes serían las personas que quebrarían la convivencia pacífica. Dado que asegura que existe esta amenaza, resulta sospechoso que rehúse identificar quiénes son esas personas. Los autores, por supuesto, dan razones jurídicas, políticas y sociales que presentan como plausibles. Sin embargo, ningún argumento es relevante si quien los da ya ha decidido –y así lo traslada– recurrir a la violencia –sea por su mano o subcontratada en la de terceros– si no ve satisfechas sus demandas.

Los pretextos del arreglo federal continúan con un galimatías semántico de puntos constitucionales de partida y de llegada que sazona con una misma legitimidad que es fuerte o débil según el párrafo en el que se halle el lector. La legitimidad de la Constitución crece o decrece a conveniencia de los autores en cada momento del dicurso de la obra. Es el reiterado juego argumental de la legitimidad de origen frente a la legitimidad de ejercicio.

En ningún momento cuestiona la legitimidad legal y moral de la Constitución de 1978. No menciona la ausencia de una convocatoria a Cortes Constituyentes. Tampoco hace ninguna referencia al oscuro proceso de redacción del Anteproyecto de Constitución, que realizaron siete personas a puerta cerrada.

Lejos de esto, la legitimidad de origen que cuestionan los autores del informe de la fundación socialdemócrata es la legitimidad de lo que llaman «Estado Autonómico», que es una expresión coloquial que utilizan los actores políticos y los medios de comunicación. Sin embargo, este sintagma no existe en el ordenamiento constitucional español. Es algo que —sin duda— sabe cualquier profesor y catedrático de Derecho Constitucional.

El planteamiento que realizan los profesores y catedráticos autores del texto es el siguiente: la Constitución no hace una relación exhaustiva de cuáles son todas y cada una de las CCAA y sus competencias; se limita a exponer los cauces legales para acceder al estatus de Comunidad Autónoma. Aquí es donde encuentran una falta de legitimidad: en el kelseniano pánico a que algo no esté por escrito, la obsesión jurídica positivista de que sólo existe lo que ha pasado por la imprenta. A esto lo llaman una legitimidad de origen débil. Y a ella enfrentan lo que denominan una «muy fuerte legitimidad de ejercicio» y que identifican con la suma de los ordenamientos estatutarios vigentes de todas las CCAA. Para fortalecer lo que entienden como débil aseguran que la Constitución debe decir que ha sido hecho lo que la Constitución ya dice que puede hacerse.

Este pretexto de profesores y catedráticos puede ser trasladado a términos sencillos mediante el siguiente ejemplo. La Constitución le reconoce a usted la libertad de circulación. Nadie puede limitar —legalmente— su libertad de ir y venir a su antojo —salvo declaración previa del estado de excepción o de sitio en los términos establecidos en la norma constitucional—. Usted sale a trabajar todos los días a las siete de la mañana. La conclusión a la que llegan nuestros catedráticos es que su libertad de salir de casa a las siete de la mañana tiene una legitimidad de origen débil porque no está expresamente explicitada, aunque la encontrarán dotada de una legitimidad de ejercicio fuerte porque usted lo hace cada día. Por lo tanto, la Constitución debe decir de forma explícita que usted es libre de salir de casa todos los días a las siete de la mañana. Así razonan no pocos catedráticos y profesores de Derecho Constitucional de las universidades españolas, todos ellos finos juristas.

Esta dicotomía postmoderna de la legitimidad de origen y de ejercicio es el resultado de una mala digestión de Santo Tomás de Aquino. Alguien la sufrió tras el 23-F y es, desde entonces, un ingrediente esencial en la dieta del más fino ingenio político setentayochista. Lo que hizo el Doctor Angélico, en realidad, fue distinguir dos tipos de tiranos: el tirano por título –de origen–, que es el que usurpa el poder; y el tirano por ejercicio, que es el gobernante legítimo que abusa de su poder y actúa contra la Ley y el Derecho. Sustituyen «tirano» por «legitimidad» y, a continuación, hacen una inversión del significado que el aquinate dio a uno y otro. Y ya tienen un fino análisis postmoderno.

Los cinco catedráticos de Derecho Constitucional y seis profesores titulares de Derecho Constitucional que participaron en la redacción de este informe afirman en él que España no existe. Califican la Nación política española como «imaginaria» (*sic*). Entre los catedráticos que suscribieron esas afirmaciones se encuentra María Luisa Balaguer, magistrada del Tribunal Constitucional desde marzo de 2017. Fue nombrada para la corte de garantías a propuesta del Senado. Contó con los votos favorables de la mayoría absoluta del Grupo Popular cinco años después de que la señora Balaguer suscribiera esas afirmaciones.

Los autores del informe aseguran que las posiciones conyunturales de fuerza electoral y de movilización de masas desplegadas por los separatistas «obligan» al resto de los españoles a darles una «alternativa a los nacionalismos soberanistas». La traducción de este razonamiento político es que cualquier minoría debe tener capacidad para imponerse a la mayoría en el caso de que en su terruño sean más en un momento determinado. Esto es, que los menos manden sobre los más y que tengan capacidad de decisión sobre la existencia de la Nación –que no es propiedad de los más ni de los menos, sino que es de todos por igual–. El corolario político que se sigue de ello es que el PSOE y los redactores a los que encargó este trabajo –entre ellos la magistrada Balaguer– están dispuestos a rendir la Nación política española y su Estado ante cualquier posición de fuerza que lo demande.

Otra cuestión no menor en la que abunda el informe –y que es un argumento recurrente en el discurso de los intelectuales orgánicos– es el de lo que se ha dado en llamar la homologación con lo que denominan «Europa». El Derecho comparado es, sin duda, una herramienta útil cuando se le da un uso intelectualmente honrado. Pero resulta sospechoso que todos estos sabios españoles que acaban ocupando un cargo público vean –sistemáticamente– como modelo a imitar a Alemania, nunca al Reino Unido, a Francia o a los EEUU. El trabajo señala como ordenamientos ideales merecedores de ser emulados a la constitución tudesca –la Ley Fundamental de la República Federal de Alemania– y a la Constitución del Estado federado de Baviera.

Alemania, la potencia de los horrores, la de la orgía de sangre y muerte de la Münster anabaptista; la de la Guerra de los Treinta Años y la de las dos guerras mundiales en 25 años; la que convirtió en un proceso industrial el asesinato –en la retaguardia– de once millones de seres humanos; la que provocó la II Guerra Mundial, la perdió y tiene aún hoy –en el siglo XXI– el régimen político que las potencias aliadas que la derrotaron le permitieron tener. Ese es el modelo de los sueños de la élite política, intelectual y académica española. Está bien que Alemania abandone las conductas de su pasado bárbaro, pero no lo está tanto olvidar quién es Alemania. Y en ello tienen una grave responsabilidad las personas que, debiendo recordarlo por la posición política o académica que ocupan, lo olvidan muy convenientemente para sus intereses.

El estudio *Por una reforma federal del Estado autonómico* fue realizado por «iniciativa, decisión e impulso» del entonces presidente del PSOE y de la Junta de Andalucía, José Antonio Griñán. El señor Griñán ha sido condenado a seis años de prisión y 15 de inhabilitación por los delitos de prevaricación y malversación en sentencia firme confirmada por el Tribunal Supremo en septiembre de 2022. De los 15 autores de este trabajo, varios de ellos prosperaron notablemente con posterioridad: una vicepresidenta del Gobierno de España (Carmen Calvo), una magistrada del Tribunal Constitucional (María Luisa Balaguer), un secretario de Estado (José Antonio Montilla), un consejero de la Junta de Andalucía (José Sánchez Maldonado), varios diputados, senadores y parlamentarios andaluces y el actual Letrado Mayor del Parlamento regional andaluz (Manuel Carrasco), elegido para este cargo por la mayoría absoluta del PP en la asamblea andaluza. Entre ellos también se encuentra otro antiguo presidente del PSOE, ministro y presidente de la Junta de Andalucía, Manuel Chaves. El señor Chaves fue condenado a nueve años de inhabilitación por un delito de prevaricación en sentencia firme confirmada por el Tribunal Supremo en la misma causa en la que resultó condenado el señor Griñán, la del caso de los EREs. Esta fue la primera sentencia firme de la trama de este caso de corrupción. Casi un centenar de piezas de esta conjura continúan pendientes de juicio doce años después del inicio de las investigaciones por la magistrada Mercedes Alaya. El fantasma de la prescripción se cierne sobre ellas. Sólo en esta primera sentencia ha quedado probado el robo de 680 millones de euros a los desempleados andaluces. Al cierre de esta edición –más de seis meses después de la sentencia firme del Tribunal Supremo–, el señor Griñán aún no ha ingresado en prisión para cumplir sus seis años de condena.

CAPÍTULO 4

INGENIERÍA CONSTITUCIONAL

¿Cómo pretenden llevar a cabo la transformación federal del modelo de Estado y de la estructura del Estado? Es dudoso que lo hagan mediante la convocatoria de Cortes Constituyentes para elaborar una nueva Constitución. Ese sería el procedimiento legal y moralmente aceptable. Pero con él correrían el riesgo de perder el control del proceso y de su resultado. Y eso es algo a lo que –a la luz de lo expuesto en sus páginas– no están dispuestos el PSOE ni los autores del informe federalista encargado por el partido. En el propio texto dan la clave de forma velada.

> Hay un trabajo de ingeniería constitucional importante que acometer.

La expresión «ingeniería constitucional» fue acuñada por Giovanni Sartori. El profesor italiano describía así la tarea de redacción de una constitución y los elementos que había que tener en cuenta en su proceso. Advertía, por ejemplo, de cómo la introducción en el texto de un sistema electoral en particular daba lugar a una serie de incentivos y recompensas y que éstos cambiaban en función de las características del sistema electoral elegido. A lo que no hace referencia el señor Sartori con esta expresión es a la puesta en práctica de lo que el señor Kelsen describió como golpe de Estado: la introducción de reformas en una Constitución vigente mediante cauces distintos a los que ella misma establece para su reforma. Y este es el medio por el que este informe encargado por el PSOE sugiere abordar el cambio de la forma del Estado por un modelo federal.

Lo que los autores llaman «ingeniería constitucional» es su proyecto de minado de los cimientos constitucionales. Éste consiste en socavar la integridad del sujeto constituyente español con ataques graduales a la Constitución ejecutados por las Cortes y el Tribunal Constitucional. El programa consta de tres frentes. El primero es el de producción de leyes de jerarquía inferior cuya fortaleza será elevada a rango constitucional por la corte de garantías. No será la primera vez que suceda. El papel de esta curia en estos planes es esencial; sus magistrados tienen la capacidad de establecer que es conforme a la Constitución lo que a todas luces la transgreda. También ha sucedido ya. Y como último recurso cuando sus designios resulten tan evidentes que sean visibles para todos, cuentan con la artimaña de travestir de legitimidad parlamentaria lo que en realidad sean atropellos a las libertades y derechos fundamentales de los ciudadanos. También lo han hecho ya con éxito y sin pagar ninguna consecuencia por ello. Si estos medios ya han sido utilizados por los poderes Ejecutivo y Legislativo y sus responsables no han recibido ningún reproche social, ningún reproche político y ningún reproche penal, ¿por qué habrían de temer repetirlo? El poder Judicial no parece estar dispuesto a jugarse un trienio en el cumplimiento de su más alto y noble deber: someter a los otros dos poderes del Estado –que son sus iguales– a la Ley y a la Justicia y hacer responsables de sus actos a las personas que los ocupan.

Tomemos en consideración los acontecimientos del pasado, lo que los actores federalistas han manifestado sobre sus intenciones y la situación presente. ¿Cuáles serían, partiendo de este estado de cosas, los requisitos para llevar a cabo esa «ingeniería constitucional»? Sólo uno: sumisión. La del poder Legislativo y la del Tribunal Constitucional al poder Ejecutivo. Esto se traduce en el control de una mayoría absoluta en el Congreso y de otra entre los doce magistrados del TC. La sumisión de estas dos instituciones a la voluntad del Gobierno es el *factor conversor* con el que es posible imponer una forma de Estado federal que implicaría el fin de la existencia de la Nación política española.

El Ejecutivo es el único director de orquesta de esta operación de derribo. Cuenta con el Congreso y el TC para darle una apariencia de legalidad y normalidad a esta barbarie. Estamos ante un –nuevo– golpe a la Nación planificado, financiado y ejecutado por el Estado. El mecanismo que ya se atisba para este golpe es extremadamente sencillo, de ahí el peligro que constituye. Los poderes Ejecutivo y Legislativo realizarán acciones federalizantes que serán avaladas –léase *sancionadas*– por el Tribunal Constitucional. A esto se reduce todo. Será la acumulación de esas acciones lo que provocará la demolición gradual y a la piqueta del sujeto constituyente. El Estado del 78 utilizará todo el Poder de sus órganos constituidos para atacar y destruir lo constituyente, la Nación. Este golpe ya está en marcha.

El TC creará Constitución como los bancos centrales crean dinero: de la nada. La recién nacida mayoría en el seno de este tribunal político ya trabajó en este sentido cuando era minoría. Son sólo indicios, pero señalan el camino por el que empolvarán sus togas. El TC desestimó en 2019 un recurso de amparo presentado por Oriol Junqueras contra su prisión preventiva. La magistrada Balaguer, en desacuerdo con este fallo, suscribió un voto particular junto con otros magistrados que ya han cesado. El sintagma «derecho de representación política» aparece 50 veces en las 17 páginas de este voto particular. La CE no recoge este derecho con ese tenor literal sobre el que tres magistrados del TC insisten en 50 ocasiones en 17 páginas. Y aún más. La señora Balaguer concede entrevistas en las que afirma —en contra de lo que establece la CE— que «la soberanía nacional está en el Parlamento», ha repetido esto mismo en un voto particular y ha afirmado que hay una «soberanía popular» —que no existe en el ordenamiento jurídico— adicional a la nacional. No son formas casuales de expresarse. Son palabras de una magistrada del TC y ninguna de ellas es gratuita.

Para entender en su justa —y enorme— medida esta maquinaria jurídico-política es necesario adentrarse en el edificio constitucional tras vaciarse los bolsillos de todo prejuicio. Está lleno de corredores y habitaciones que no cuentan con señales luminosas que indiquen la desigual importancia de cada una de sus estancias. Más que a lo que dice este o aquel artículo, la situación española pide a gritos una más extensa y más intensa atención a elementos político-constitucionales que la sociedad dejó hace años en el desván por desuso.

Todos los poderes y organismos relacionados a lo largo del texto constitucional son constituidos. De ahí el nombre de la norma legal suprema: recibe el título de *Constitución* porque lo que en ella se afirma queda constituido. Pero, ¿qué había antes de ella? ¿De dónde procede esa capacidad, ese poder creador que instituye todo lo constituido —y que es el Estado— a partir del momento en el que deja constancia escrita de ello? Lo que había antes es el poder constituyente, que existe de forma colectiva y cuyo único titular es la reunión de todos y cada uno de los miembros de la comunidad política nacional. En el caso español, esto es la reunión de todos los españoles, cuya unidad indivisible forma la Nación política española.

La Nación política no son los partidos; no es el Congreso, ni el Senado; no es el Gobierno; no son los jueces; no lo es ni el Rey. La

Nación es la suma de todos los ciudadanos españoles. Todo el Estado –su ordenamiento, sus instituciones, sus competencias y sus capacidades– emana de la Nación. El agua que mana no puede modificar la fuente de la que procede porque no puede retrotraerse a su origen. El agua no es la fuente ni la fuente es el agua. Pero el agua erosiona la fuente. Ése será el resultado del golpe federalista que ya está en marcha: la erosión de la fuente hasta hacerla desaparecer. Pero, ¿por qué toda esta exposición de lo que existe antes y de lo que nace después, de la fuente y el agua? Porque el mecanismo del golpe consiste en la inversión de estos términos, en que el árbol modifique la semilla de la que nació. Esto es exactamente lo que el abate Emmanuel-Joseph Sieyès –presente en todas las salsas de la Revolución Francesa– llamó con desdén *poder constitucionario*: el poder constituido que usurpa al constituyente y se arroga –ilegal e inmoralmente– su capacidad creadora.

Ciertamente estamos ante un galimatías que resulta confuso. Tratemos de desentrañarlo desde otros dos puntos de vista ajenos al Derecho y a la política, el lingüístico y el cronológico.

Como hechos de lengua, ambos términos derivan del verbo «constituir», que significa establecer. Su etimología se encuentra en el prefijo latino *con-* (que expresa reunión, cooperación) y el verbo igualmente latino *statuere* (que también significa establecer y que, al mismo tiempo, ha dado lugar al verbo español «estatuir», que quiere decir disponer, particularmente por parte de una Ley, lo que se debe hacer). De modo que «constituir» es, literalmente, disponer entre todos de forma cooperativa cuáles deben ser las conductas. Aclarado esto, veamos el trabalenguas que nos ocupa. La palabra «constituido» es un participio perfecto en el que la acción que describe ya ha sido realizada y, por lo tanto, ha concluido; por otro lado, la voz «constituyente» es un participio activo –también llamado de presente– que describe la capacidad de realizar la acción que le es propia. En el primer caso, la acción está acabada, aunque el acto realizado mantiene su existencia: el Gobierno, el Legislativo y el TC son tres poderes constituidos cuya creación ya ha concluido y cuya existencia se prolonga –en adelante– sostenida en el tiempo. En el segundo, la capacidad de acción que denota se mantiene sostenida en el tiempo al margen de que el actor capacitado la ejerza o no.

Si observamos esto mismo como hechos cronológicos, podremos discernir la capacidad de acción de la que están imbuidas cada una de estas dos locuciones según las leyes de la lógica y la física. Toda acción opera en el momento presente de su realización y deja su impronta en todo el espacio temporal que le sigue. Ninguna acción tiene capacidad de operar en el sentido inverso al que discurre el tiempo. Dicho en breve, el tiempo discurre en una única dirección y ningún acto presente tiene –ni puede tener– efectos en los hechos pasados. Las acciones del sujeto constituyente operan a partir del momento de su realización. Lo mismo sucede con cualquier organismo o poder constituido cuando actúa como sujeto: los efectos de sus acciones se producen a partir del momento de sus actos. ¿Qué conclusión esencial podemos extraer de aquí? Que el poder constituido no puede retrotraerse a sí mismo en el tiempo y realizar acciones que tengan efectos en lo que ya existía antes de su propia existencia. Es decir: lo constituido no puede operar sobre lo constituyente.

Pongamos el galimatías en orden cronológico sucesivo: constituyente, constitución, constituido. Añadamos ahora un matiz de enorme relevancia y que distingue al primer término de los otros dos. La Constitución y lo que en ella queda constituido son dos hechos jurídicos consumados. Lo constituyente, en cambio, es un hecho político con capacidad jurídica; y esta capacidad mantiene su existencia de forma sostenida en el tiempo mientras exista la Nación política de la que emana. Esta distinción –unida al concurso de la fuerza, sea ésta violenta u ordenada– es la base sustantiva sobre la que han sido construidas todas las comunidades políticas humanas. Ha sucedido así con independencia de que estos cimientos fueran visibles o no; al margen de los medios –violentos u ordenados– utilizados en los procesos de construcción de esas comunidades; y sin perjuicio de que en el devenir de los siglos estos términos hayan conocido otros nombres o que ni siquiera hayan sido identificados.

Añadamos una última analogía para iluminar el concepto: lo constituyente realiza la constitución que produce lo constituido en la misma medida que el cantante realiza la canción que produce lo cantado.

Conocidos los engranajes del mecanismo golpista, veamos la pasmosa sencillez con la que serán accionadas sus ruedas y cómo sus dientes –perfectamente engrasados– encajarán unos con otros sin chirridos ni estridencias. Todo ello será la ejecución de lo que los autores del informe encargado por la Fundación Alfonso Perales del

PSOE llamaron «ingeniería constitucional» para transformar España *manu imperii* en un Estado federal.

El Ejecutivo y el Congreso –y hasta las CCAA haciendo uso de la iniciativa legislativa que les atribuye la CE– promoverán leyes de demolición que aprobará el Legislativo. El contenido de estas regulaciones será el fin del 78 tal y como lo conocemos. El Tribunal Constitucional cumplirá el papel que le ha sido asignado por el Ejecutivo que controla a su mayoría. Avalará como conforme a la Constitución todo lo que la viole y destruya. Argumentarán que la «legitimidad democrática» habilita al Gobierno y al Congreso –y a las CCAA– para plasmar en la Ley escrita los cambios experimentados por la sociedad desde 1978. Bajo esta premisa, aducirán que la Ley debe ser un reflejo de la sociedad y que esto debe incluir a la Constitución. Alegarán que no es una reforma porque las nuevas normas sólo describen lo que de hecho ya existe porque la Constitución lo permite. Con esta afirmación concluirán que no es necesario seguir los cauces de reforma que establece la Constitución. De este modo, el golpe de signo federalista será abordardo mediante actos constitucionarios que realizarán los poderes Ejecutivo y Legislativo y que serán posteriormente *sancionados* por el Tribunal Constitucional a través de actos que también serán constitucionarios –en capítulos posteriores volveremos sobre este mecanismo golpista mediante la legislación–.

Cuando afirmamos que el TC «sancionará» los actos constitucionarios del Gobierno y las Cortes no se trata de una errata ni de un error de apreciación. Si el Rey firma esa legislación, la habrá sancionado con su firma. Y al hacerlo habrá colaborado en el intento de liquidación de la Nación. Con ello perdería la legitimidad de su posición porque esas rúbricas serían las de las sentencias de muerte del antiguo 78 que le hizo Rey. Si la Monarquía mantiene su existencia en el nuevo 78, conservará la función sancionadora de las leyes. Pero será un formalismo, la pompa con la que se adornará la oligarquía neosetentayochista.

La función sancionadora *de facto* de las leyes se desplazará al Tribunal Constitucional, que la ejercerá como órgano sancionador colegiado. Todos sus acuerdos serán adoptados por un consenso abrumador en el que habrá una o dos voces discordantes que servirán para dar titulares de entretenimiento y legitimar la apisonadora del consenso. El nuevo 78 disimulará su pulsión totalitaria con una apariencia de garantismo en la que el TC y su nueva función jugarán un papel fundamental. La corte de garantías recibirá el encargo de supervisar la constitucionalidad de todo. No habrá necesidad de interponer recursos de inconstitucionalidad porque todo será sometido a la validación de este tribunal político. El TC se convertirá en un monstruo de burocracia. Incrementará su personal asalariado por miles. Y sus magistrados, transformados en reyezuelos al servicio de un nuevo emperador: el presidente federal. Esa España nominal recrearía el curso de decadencia y ruina de Roma que Gaetano Mosca describió como un proceso en el que «la burocracia imperial acabó por suplantar a las antiguas magistraturas, que con el tiempo se convirtieron en honoríficas».

Disfrazarán los sucesivos atropellos con expresiones académicas como «mutación constitucional», que repicarán como chicharras al sol. Dirán que es algo harto conocido, que en Europa lo saben y que España debe homologarse. Citarán a Jellinek y a otros juristas para vestir la atrocidad de normalidad. Así nacerá un nuevo 78 en el que ya no habrá Nación: España será sólo Estado y aumentará su nivel de sometimiento a los intereses de dos ámbitos: los de los caciques locales —oligarquías extractivas—, en la esfera doméstica; y los de terceras potencias, en el concierto internacional.

Capítulo 5

Las declaraciones de Granada y Barcelona

El camino español hacia la totalización del Estado viene de muy atrás. Las CCAA fueron las caciquerías con las que dio comienzo el proceso federalizante y de estatalización de la Nación. Evolucionó de forma gradual y sostenida hasta el mandato de José Luis Rodríguez Zapatero. Con él, entró en aceleración. Su presidencia tuvo un resultado desastroso. En el ámbito doméstico reabrió inopinadamente todas las heridas ya cicatrizadas de la Guerra Civil; revivificó a ETA cuando su brazo armado ya estaba derrotado policialmente y el político era un apestado del que nadie quería saber nada; animó y fomentó el separatismo catalán; y creó la presunción de culpabilidad por razón de sexo. En el plano de la relaciones geopolíticas, hizo desaparecer a España del papel que comenzaba a jugar a nivel internacional; durante el mandato de José María Aznar, había llegado a controlar el proceso de toma de decisiones en la UE mediante su alianza con Polonia haciendo frente al binomio franco-alemán; y sonó su candidatura para formar parte del G7 —una reunión informal de los que entonces eran los países más poderosos del mundo—. El señor Rodríguez Zapatero llevó a España de una posición de fortaleza incipiente en el concierto de las naciones a una de irrelevancia.

Los efectos de su gestión de la crisis económica de 2008 hablan por sí mismos: promovió una reforma de la Constitución para priorizar los intereses de los bancos alemanes sobre los intereses de los ciudadanos españoles; congeló las pensiones; bajó el sueldo a los funcionarios y, a continuación, los congeló; estancó el crecimiento; los únicos datos económicos que crecieron bajo su mandato fueron el paro —con un incremento del 102%— y la deuda pública —que aumentó en más de un 90%—.

La victoria por mayoría absoluta de Mariano Rajoy en 2011 fue el resultado del balance del mandato socialista. El PP también barrió al PSOE en las elecciones regionales celebradas ese mismo año en 13 CCAA y en las municipales. Nunca nadie había acumulado tanto poder en el Régimen del 78 como el señor Rajoy. Todo lo dilapidó por su pasión de contable. Trató España como una empresa; a sí mismo, como a un consejero delegado fichado para solucionar una difícil situación empresarial; y a su consejo de ministros, como a un consejo de administración. Aún así, sus resultados económicos fueron similares a los del señor Rodríguez Zapatero. En el plano político, su labor fue de cero. No hizo absolutamente nada. Su dejadez, su abandono de la inmensa responsabilidad de la que estaba investido tuvo como resultado la continuación de la política del PSOE. La integridad de la Nación política española fue atacada en dos frentes ante la insólita pasividad del Gobierno de España. Esta ofensiva continúa viva y no se frenará hasta que alguien la frene.

El más evidente de estos dos frentes fue el de la Generalidad de Cataluña, una institución del Estado que se rebeló contra la Nación y realizó dos sucesivos referéndums de autodeterminación. El segundo frente no se escondió, pero no ha recibido ninguna atención en todos estos años. Se trata de la pretensión federalista del PSOE. Sus objetivos son los mismos que los de los separatistas, pero vestidos con distintos ropajes. Así lo expresó la formación socialdemócrata aún en tiempos de Felipe González en la resolución política de su XXIX Congreso, celebrado en octubre de 1981:

> [La] radicalización del nacionalismo particularista sólo puede llevar a medio plazo a una gran frustración de base electoral popular. Y esta frustración sólo podrá canalizarse políticamente de modo positivo en la medida en que los socialistas sigamos ofreciendo un proyecto autonómico viable y coherente en la perspectiva de un estado federal.

La debacle electoral sufrida en 2011 dejó al PSOE aturdido y confuso. Tardó dos años en tener una reacción. Los socialistas aprobaron en julio de 2013 la conocida como *Declaración de Granada*. El partido —tan huérfano de ideas como de poder— redirigió con ella sus objetivos a un cambio integral de la forma del Estado en sentido federal. En esto seguía la senda del informe federalista que, un año antes, había impulsado el entonces presidente de la formación, José Antonio Griñán, desde su sucursal andaluza.

La ofensiva separatista iniciada por la Generalidad presidida por Artur Mas estaba en plena efervescencia. Contaba con el apoyo disimulado de la filial socialista catalana. El Parlamento regional catalán instó —a iniciativa del PSC— al Ejecutivo autonómico para que iniciara negociaciones con Moncloa para celebrar un referéndum de autodeterminación. Esto ocurrió cuatro meses antes de la *Declaración de Granada*, que expresó el decidido rumbo federalista del PSOE en estos términos:

Declaración de Granada (2013): El Estado de las Autonomías tiene que evolucionar, tiene que actualizarse y perfeccionarse. Y tiene que hacerlo en su sentido natural: avanzando hacia el federalismo, con todas sus consecuencias.

Los socialistas acompañaron esta proclama con un documento titulado *Hacia una estructura federal del Estado*. El partido celebró en noviembre de aquel año lo que llamó una Conferencia Política. Fue en este acto, bajo la dirección de Alfredo Pérez Rubalcaba y siguiendo el camino que se habían marcado en Granada, cuando el PSOE dio el giro federalista que –sin mencionarlo ni negarlo– aún mantiene.

No sólo lo mantiene, sino que es el objetivo esencial de su acción política. Hasta ahora no lo han puesto bajo el foco del debate público mientras están en el poder. Sin embargo, las referencias al modelo de Estado federal en los congresos del PSOE con Pedro Sánchez de secretario general han recuperado una presencia y una energía que no tenían desde 1979. Incluso la expresión «plurinacional», que había sido abandonada tras la espantada de Felipe González de aquel año, ha sido recuperada en los último años por los socialdemócratas en la estela de Podemos. La formación morada, a su vez, la tomó de los movimientos indigenistas que taladran la América española.

El PSOE y el PSC suscribieron la conocida como *Declaración de Barcelona* en julio de 2017, un mes después de que Carles Puigdemont anunciara la fecha de su referéndum de autodeterminación. Este documento era otro hito más de la deriva federalista adoptada por el nuevo secretario general, Pedro Sánchez, que debía al PSC su cargo en el PSOE. El nombre del documento lo decía todo por sí mismo:

Por el catalanismo y la España federal

Cataluña lo primero y España sometida –mediante un régimen federal– a ese «catalanismo». Dos meses después lo expresó con meridiana claridad el entonces primer secretario del PSC, Miquel Iceta, en la tribuna de oradores del Parlamento regional catalán el día que comenzó el golpe a la Nación ejecutado por la Generalidad.

Estos dos manifiestos ya esbozan lo que la máquina de propaganda socialdemócrata va a convertir en la justificación ideológica de un golpe blando de signo federalista: la creación en el imaginario social de dos polos opuestos que permitan al señor Sánchez –o a quien le pueda suceder en el futuro al frente del PSOE– presentarse como la alternativa moderada entre esos dos extremos. En uno de ellos identifica la idea de la recentralización –que atribuirá a Vox– y la del inmovilismo –que será el pecado asignado al PP–. En el otro polo estarán los separatistas que pretenden una secesión unilateral de una porción de la Nación política española y de parte de su territorio nacional. Sánchez ocupará lo que los medios llamarán un espacio central entre estas dos posiciones, que serán descalificadas. Así, todas las posturas políticas que no sean la del PSOE recibirán un epíteto negativo –extremista, radical–. Esto se traducirá en que sólo el señor Sánchez estará posicionado en un espacio político que pueda recibir una descripción positiva –diálogo, centralidad, moderación, distensión, convivencia, concordia, cohesión–. La solución «moderada» que presentará será la de la federalización de España.

La documentación generada por el PSOE desde 1975 a lo largo de 14 congresos del partido, una conferencia política, dos manifiestos federalistas y otros tantos informes sobre la cuestión es muy abundante. Todos estos documentos suman más de 3.300 páginas. En ninguna de esas más de tres mil páginas se recoge una sola cita o mención de Pierre-Joseph Proudhon ni de Francisco Pi i Margall. El primero fue el padre del federalismo socialista; el segundo fue el traductor al español del anterior, presidente durante un mes de la convulsa Primera República y fundador y jefe del Partido Federal.

El PSOE fue un partido marxista que en 1979 realizó una declaración de abandono del marxismo. Karl Marx fue el más encarnizado enemigo de *monsieur* Proudhon y de sus tesis federalistas. Lo fue hasta el punto de que *herr* Marx escribió *La miseria de la filosofía* (1847) como furiosa respuesta a la obra *Filosofía de la miseria* (1846) que había publicado previamente el francés.

El PSOE no tiene ningún soporte intelectual ni académico para su pretensión federalista. No se ha producido en su seno ningún análisis ni reflexión política sobre la cuestión. Se han limitado a encargar una coartada con el formato de un informe a sus soldados catedráticos y profesores de Derecho Constitucional. A continuación –y con la colaboración del PP– han sentado en el TC a una de las autoras de ese informe. En Ferraz han decidido que la solución a cualquier problema político español es romper la Nación política para, a continuación, recomponerla con una ocurrencia que desdeña todo lo ocurrido durante los últimos dos mil años; con una excentricidad que finge que los asuntos humanos del presente no guardan ninguna relación con los del pasado; con una extravagancia que reniega de todo lo que le precedió; con una locura que desarraiga al ciudadano español de la misma España. Esta atrocidad la sustentan con un único argumento: Alemania.

Capítulo 6

El disparate de la «cogobernanza»

La formación del Gobierno de coalición PSOE-Podemos en enero de 2020 marca el inicio operativo del proceso de cambio gradual del modelo y forma de Estado. El binomio Sánchez-Iglesias trató la epidemia de coronavirus como una oportunidad política. La primera ola generó un estupor y una desorientación que afectó a toda la sociedad y a los tres poderes del Estado. Una vez superada, el Ejecutivo vio la ocasión propicia para darle un impulso a su agenda federalista.

El primer embate de la enfermedad dejó varias decenas de miles de fallecidos. Aún antes de la primera declaración del estado de alarma, el señor Sánchez ya había empezado a eludir las responsabilidades de las que estaba investido. Todo eran referencias y alusiones a «los expertos». Moncloa operaba al dictado de unos «expertos» a los que nadie había elegido y de quienes nadie conocía el nombre. Los 47 millones de españoles fueron confinados ilegalmente durante meses por consejo de un «comité de expertos» que nunca existió.

El presidente aprendió muy rápido la lección. Encontró un medio sencillo para exonerarse a sí mismo de toda obligación en las sucesivas siguientes olas. Delegó en las CCAA su propia responsabilidad de Gobierno. El señor Sánchez se desentendió de sus deberes al mismo tiempo que retenía el cargo, sus honores y su poder inmenso. A esta dimisión *de facto* la llamó «cogobernanza». La palabreja eran fuegos artificales. Nadie parecía apercibirse de que el prestidigitador monclovita había subcontratado en los gobiernos autonómicos todo lo que pudiera salir mal mientras se reservaba para sí todos los laureles que pudieran surgir. Aún peor, esa delegación en las CCAA no sólo era contraria a Derecho, sino que atentaba contra el más elemental principio de responsabilidad.

La jugada era perfecta para los intereses privados del señor Sánchez y la agenda del PSOE. Por un lado, el presidente eludía toda responsabilidad personal al trasladarla sobre los hombros de los gobiernos regionales, que —imbuidos de arrogancia— nunca se enteraron de que estaban siendo utilizados como chivos expiatorios. Por el otro, esta delegación era un banco de pruebas y un medio para familiarizar a toda la sociedad con la idea de una España federal. Lo hacían por la fuerza, pero con la justificación comodín de la emergencia sanitaria, lo que eliminaba todo riesgo de resistencia al experimento político. Le dieron un nombre que no tenía ninguna connotación negativa y al que podrían recurrir —y lo harán— en el futuro: «cogobernanza». La alternarán con otra expresión que también saltó al *BOE* el año de la epidemia: «multinivel». Como un abracadabra federalizante hablarán de «gobernanza multinivel», «sistema multinivel», «España multinivel».

La «gobernanza» es una voz en desuso que expresa la acción de gobernar y que en español del siglo XXI se dice «gobierno». En los últimos años se ha puesto de moda a través del anglicismo *governance*. Este vocablo tiene una gran aceptación y éxito en círculos que se tienen en una estima que supera con creces su valor. El prefijo «co-», por su parte, denota que la acción es participada en igualdad de condiciones por dos —o más— actores distintos. Así sucede, por ejemplo, en *coautor, corresponsable* y *cogobierno*. El neologismo «cogobernanza» significa el gobierno compartido entre dos en igualdad de condiciones.

La diarquía —el mando simultáneo de dos— fue la forma de Gobierno clásica de la República romana durante cerca de 500 años, desde la expulsión de Tarquinio el Soberbio —último Rey de Roma— hasta la dictadura de Julio César. Lo que el Régimen del 78 ha llamado «cogobernanza» bajo el Gobierno de Pedro Sánchez es otra cosa: el mando compartido entre Moncloa y las 17 CCAA. Esto no significa un gobierno colegiado de 18, sino el Gobierno de dos en cada una de las 17 CCAA. Lo podríamos llamar diarquía radial. Observado detenidamente, este experimento implica la anulación del Gobierno central como autoridad jerárquica superior en la esfera del poder Ejecutivo.

La denominada «cogobernanza» no existe en el ordenamiento jurídico español. No existe en la Constitución Española de 1978 —que instituye el Gobierno y la posibilidad de las CCAA—. No existe en la Ley del Gobierno, que describe la composición, la organización y las funciones del Consejo de Ministros. No existe en el texto de ninguno de los 17 estatutos de autonomía que instituyen las 17 CCAA.

La primera vez que aparece la palabra «cogobernanza» en un texto legal español desde la fundación del Reino Visigodo en el III Concilio de Toledo del año 589 hasta la actualidad fue en una Orden del Ministerio de Sanidad fechada el 3 de mayo de 2020. Nunca antes había sido utilizada. Desde entonces y hasta el momento de cierre de esta edición aparece en 20 textos normativos. Once publicados en el año 2020; cinco en 2021; y cuatro en 2022. De ellos:

- Siete Órdenes del Ministerio de Sanidad.
- Siete Reales Decretos.
- Un Real Decreto-Ley.
- Tres Leyes regionales (La Rioja, Galicia y País Vasco).
- Una Ley ordinaria.
- Una Ley Orgánica.

De estas 20 apariaciones, 13 de ellas se encuentran en el texto declarativo que precede a la parte dispositiva de la norma. Esto es, no forma parte del articulado. De ellas llama especialmente la atención la Ley de Presupuesto de la Comunidad Autonóma de La Rioja para el año 2021. Si el Gobierno central establecía la «cogobernanza» como una diarquía radial entre sí y cada entidad autonómica, el Ejecutivo riojano pretendía hacer lo mismo con las entidades locales de su ámbito:

> El Ejecutivo regional ha actuado con unidad y anticipación y fomentando la cogobernanza, es decir, la máxima colaboración con los ayuntamientos.

De las siete apariciones restantes, ninguna de ellas supera en fuerza a un brindis al sol. Esta expresión podría ser suprimida en estos 20 textos legislativos en los que aparece sin que el espíritu de las normas en las que se encuentra cambiara un ápice. ¿Por qué, entonces, resulta tan relevante esta palabra? Porque es la manifestación propagandística de actos introducidos en la Ley con otras palabras. Su aparición en el debate público durante las primeras semanas de la epidemia tenía como objetivo exonerar al Gobierno de la responsabilidad de la acción de Gobierno. El presidente y sus ministros estaban encantados de los puestos que ocupaban, pero les molestaba la onerosa carga de su propio honor, empeñado en cumplir y hacer cumplir la CE desde el momento en el que prometieron sus cargos.

Cuando la «cogobernanza» comenzó a ser integrada en el ordenamiento jurídico lo hizo con la expresión «autoridades competentes delegadas»: los presidentes de las CCAA. Ocurrió en el Real Decreto que declaró el segundo estado de alarma, en octubre de 2020. Todos los gobiernos regionales, sin excepción, se prestaron al peligroso juego de usurpar al Gobierno nacional animados para ello por el propio Gobierno nacional, que dimitía así de sus obligaciones y responsabilidades mientras retenía el cargo, el poder, los honores y los salarios.

El TC declaró inconstitucionales los dos estados de alarma decretados durante la epidemia de coronavirus. El posteriormente elegido presidente de la curia de garantías constitucionales, Cándido Conde-Pumpido, se posicionó como partidario de la violación de las libertades y derechos de los ciudadanos por parte de los poderes Ejecutivo y Legislativo. Así lo manifestó en sendos votos particulares. Muy relevantes los dos. En el caso del primero, redactó un borrador que acabó filtrado a la prensa. En él calificaba de «juristas de salón» a los magistrados que protegieron a los ciudadanos –al menos nominalmente– del atropello que habían realizado los poderes del Estado. Esta chabacanería le obligó a disculparse públicamente mediante una nota de prensa que difundió el propio tribunal. Su segundo voto particular, el que emitió a la sentencia del ensayo federalizante que fue el segundo estado de alarma fue especialmente significativo. Con el propósito de defender el sistema autonómico y el pronunciamiento federalista que constituyó este segundo estado de alarma, el magistrado Conde-Pumpido dejó al desnudo el Estado de hecho del Régimen del 78 tras más de 40 años de CCAA:

> La administración general del Estado carece, hoy día, de estructuras organizativas, medios personales y materiales para gestionar de forma centralizada una crisis.

La imprudencia de los ejecutivos regionales al tomar parte en la asonada federalizante tuvo otro efecto colateral. Durante todo el tiempo que aceptaron ser y fueron «autoridades competentes delegadas» impidieron al Congreso de los Diputados dar cumplimiento a su obligación constitucional de controlar la acción de Gobierno durante el estado de crisis.

Las CCAA aceptaron participar en el ensayo político de una estructura federalizada *de facto*. El Ejecutivo y el Legislativo *federales* se inhibieron voluntariamente de sus responsabilidades. El resultado de este experimento fue la violación durante seis meses y medio de las libertades y derechos fundamentales de 47 millones de ciudadanos. Los responsables fueron el poder Ejecutivo, el poder Legislativo y 17 gobiernos regionales, además de dos ciudades autónomas. Así lo sentenció el Tribunal Constitucional. Ningún Tribunal de Justicia ha procesado a nadie por estos hechos. No han abierto ninguna investigación. No han practicado ninguna diligencia.

CAPÍTULO 7

NACIONALIDADES Y REGIONES

La futurible desmembración gradual de España fue establecida por el artículo 2 de la Constitución de 1978. El ambiente en el que el Congreso de los Diputados inició sus trabajos de redacción de esta Constitución era el de la escenificación de una ruptura para evitar que se produjera. Con ello ganaban las élites franquistas y las que se presentaron a sí mismas como opositoras a éstas. Las primeras aseguraban, así, su continuidad; las segundas obtenían gratis una posición en el régimen político por venir. Esto era, en esencia, un acuerdo unánime para repartirse el botín del Estado. Cada uno tenía su papel, pero todos estos actores políticos trabajaban en la misma obra de teatro.

Los que venían del régimen franquista crearon partidos y organizaciones con las que pusieron una calculada distancia con su pasado para labrarse un futuro. El PSOE y el PCE pasaban por ser la oposición nacional a la dictadura que llegaba a su fin por consunción. Ambos se presentaron a sí mismos como los paladines de la libertad y la democracia. Lo cierto es que el PCE había ejercido una muy moderada oposición en los años transcurridos desde que adoptó su iniciativa de «reconciliación nacional» en 1956. El PSOE fue inexistente como oposición durante toda la dictadura. De hecho, no son pocas las fuentes que apuntan a que Felipe González y su entorno –los socialistas del interior– eran protegidos del Almirante Carrero Blanco. Lo fueron aún después de su asesinato. Los nacionalistas y separatistas periféricos, por su parte, preguntaron –como siempre– qué había de lo suyo.

Los franquistas y la oposición nacional pagaron un mismo precio para asegurarse cargos. Ambos traicionaron su pasado y confluyeron con los nacionalistas. Estos últimos obtuvieron más que los anteriores y sin pagar ningún coste. Todo se lo dieron gratis los otros dos bloques por una misma razón. Ambos tuvieron en los nacionalistas la coartada con la que disimular y hacerse perdonar el haber sido franquistas –unos– y el no haber derribado al General

Franco –los otros–. Así nació, de la nada, la especie de que todos los españoles les debían algo a los nacionalistas, como si existiera una deuda que, contraída por otros, fuera pagadera por los presentes a perpetuidad.

Estos tres pilares de la llamada Transición expulsaron de este proceso a la única oposición que, encabezada por el abogado Antonio García-Trevijano, defendía la ruptura política y jurídica material con el régimen que agonizaba. El cambio de régimen se convirtió en un expediente administrativo en el que cada grupo político participante cedía cualquier reivindicación propia previa en aras de la posición común: el aseguramiento del control del sistema en detrimento de la libertad política de los españoles.

Esto tenía como objetivo el rateo del expolio del Estado entre los actores políticos del momento. Todos ellos consiguieron cargos, una cuota de poder, honores y salarios. Los nacionalistas y los separatistas sacaron una tajada adicional que les regaló el PSOE. Sus fatales consecuencias perviven 45 años después. Quedó consignada en la segunda mitad del artículo 2 de la Constitución.

> Artículo 2 CE: La Constitución se fundamenta en la indisoluble unidad de la Nación española, patria común e indivisible de todos los españoles, y reconoce y garantiza el derecho a la autonomía de las nacionalidades y regiones que la integran y la solidaridad entre todas ellas.

Esta cláusula es la más importante de todo el texto constitucional y debería –al menos su primera mitad– haber sido el artículo 1. Su redacción –no muy brillante– está estructurada en dos oraciones coordinadas unidas por la conjunción copulativa «y». Ambas proposiciones tienen en «La Constitución» el sujeto de las acciones que describen. El resultado de este artículo sería muy distinto si el sujeto del que hubiera partido su redacción hubiera sido «La Nación española». Pero sus redactores decidieron desplazar el foco de lo constituyente –esto es, de la Nación, que era el legado de los siglos– a lo constituido –que era su creación del momento, la de ellos–. Así, su vanidad nos dejó constancia de que estos hombres y mujeres reconocieron en sí una valía y una distinción mayor a la que juzgaban en la suma de todos los que los habían precedido en la Historia. Juicio fuerte, aunque aventurado.

A pesar de tener «la constitución» como sujeto, la primera proposición habla de la Nación española y dice muchas cosas de ella.

Para comprender con claridad lo que dice es necesario descomponerla y ordenar las ideas que expresa:

- La Nación fundamenta a la Constitución.
- La unidad de la Nación es indisoluble.
- La Nación es la patria común de todos los españoles.
- La Nación es indivisible.

La segunda proposición es un ataque a todo lo que establece la primera proposición:

- La Nación está integrada por nacionalidades y regiones.
- La Constitución reconoce y garantiza el derecho a la autonomía de las nacionalidades y regiones de la Nación.
- La Constitución garantiza la solidaridad entre las nacionalidades y regiones de la Nación.

La primera oración del artículo 2 dice una cosa. La segunda dice otra que está en conflicto con la primera. Todo el 78 está articulado sobre esta contradicción política, jurídica y semántica. El texto está diseñado para generar la confusión que produce. La fórmula de exposición de qué era la Nación política española; del hecho de que era de ella de la que emanaba toda la Constitución; de su indivisibilidad; de su indisolubilidad; y de que eran todos los españoles los que la integraban; todo ello fue mezclado con aspiraciones políticas de parte. Enredaron deliberadamente lo político con la política. O dicho en palabras cotidianas, hicieron un gazpacho en el que embrollaron las reglas del fútbol con el desarrollo de un partido de fútbol.

Este es el caos político en el que pesca el oportunismo de los nacionalistas y separatistas patrocinados por el 78. Pero, ¿fueron estas formaciones centrífugas las responsables de la redacción final del artículo 2? Esta es la idea que, con el paso de los años, ha calado en la sociedad. Pero no fue así. Los autores de esta calamidad fueron otros.

La presión que ejercían mediante el terrorismo los separatistas y diversos grupos de ultraizquierda –y, en menor medida, de ultraderecha– era apabullante. Entre los años 1977 y 1978 asesinaron a más de 85 personas. De estos crímenes, 75 fueron responsabilidad de ETA y otros dos del Exèrcit Popular Català. La tensión a la que era sometida la sociedad española por la actividad terrorista era enorme. Sin embargo, la disposición a ceder ante la violencia era entonces inexistente.

Por otro lado, el reparto de escaños en el Congreso de los Diputados tras las elecciones de 1977 dio una pequeña fuerza a los separatistas y nacionalistas. La suma de todos ellos ascendió a 21 escaños, que suponían tan sólo el 6% de los votos del Pleno de la Cámara. Eran doce catalanes y nueve vascos de cuatro formaciones distintas, cada una de ellas con su propio grado de nacionalismo o separatismo. A la vista de estos hechos, es pertinente preguntarse si ese pírrico 6% fue el que tuvo la fuerza necesaria para imponer al 94% restante la segunda parte de la redacción del artículo 2 de la Constitución. Y la respuesta es no.

La evolución de los acontecimientos fue la siguiente. La legislatura salida de los comicios de junio de 1977 era ordinaria. Nunca fueron convocadas unas elecciones constituyentes que tuvieran el encargo de redactar una Constitución. El Real Decreto de convocatoria llamó a «elecciones generales». Pese a estos hechos objetivos, no pocas formaciones políticas consignaron en sus programas su intención de transformar en constituyente aquella legislatura ordinaria. Y vaya si lo hicieron. Aquellos diputados se arrogaron la potestad constituyente. Los trabajos de redacción de la norma constitucional que dio vida al Régimen del 78 comenzaron de inmediato. La Comisión Constitucional se formó tres semanas después de la primera sesión del Congreso tras las elecciones.

El PSOE (118 diputados), el PCE (20) y el PSP (6) de Enrique Tierno Galván –que se integró en el PSOE pocos meses después– sumaron 144 escaños, el 41% de la Cámara. Estas tres formaciones se declaraban partidarias del derecho a la autodeterminación y de convertir España en una República Federal. Tanto el PSOE como el PCE de aquel momento defendían el derecho a la autodeterminación. Así lo habían consignado los socialistas en su XIII Congreso, celebrado en Suresnes (Francia) en octubre de 1974 y en el siguiente –con un extraño cambio en la numeración–, el XXVII Congreso (celebrado en diciembre de 1976). También lo habían hecho los comunistas en su Manifiesto-Programa de septiembre de 1975.

La expresión «nacionalidades y regiones» –en referencia a una pretendida composición de la Nación política española– es genuinamente PSOE. La de Suresnes fue la convención en la que tomó el control del partido la facción interior liderada por Felipe González y Alfonso Guerra en detrimento del histórico Rodolfo Llopis, exiliado en Francia. Este congreso dedicó una referencia específica y diferenciada a esta cuestión: «Resolución sobre nacionalidades y regiones». El partido manifestaba en ella su postura favorable a una «República Federal de las Nacionalidades que integran el Estado Español» y defendía:

> El derecho de autodeterminación de las mismas que comporta la facultad de que cada nacionalidad pueda determinar libremente las relaciones que va a mantener con el resto de los pueblos que integran el Estado Español.

En la resolución política del siguiente congreso, ya en 1976, el sintagma «nacionalidades y regiones» aparece en diez ocasiones. Este era el documento rector de la acción política de la formación en el momento de la convocatoria electoral de 1977. En el programa de esos comicios también consignaron la expresión que acabó constitucionalizada unos meses después.

Del mismo modo, los socialistas habían introducido esta locución y sus pretensiones federalistas en el texto fundacional de la Plataforma de Convergencia Democrática en julio de 1975. Esta organización de breve vida fue promovida y totalmente controlada por el PSOE. A ella se adhirieron varios actores políticos de escasa relevancia. Posteriormente, el Consejo Consultivo del Gobierno Vasco en el exilio –del que formaba parte el PNV– se unió en el último momento por influencia de UGT de Euskadi, que era uno de sus seis integrantes. El quinto punto del manifiesto de esta plataforma rezaba:

> La Plataforma de Convergencia Democrática, consciente de la existencia de nacionalidades y regiones con personalidad étnica, histórica y cutural propias en el seno del Estado español, reconoce el derecho de autodeterminación de las mismas, y la formación de órganos de autogobierno en las nacionalidades del Estado desde el momento de la ruptura democrática, y propugna una estructura federal en la Constitución del Estado español.

Los socialistas afirmaron posteriormente en la resolución política de su XXVII Congreso que en su estrategia «ent[endían] la ruptura democrática como el proceso consistente [entre otros puntos] en la institucionalización jurídico-política de todos los países y regiones integran-tes del Estado español». La traducción de esto es que su concepción de «ruptura» con la dictadura era la de la ruptura de la integridad de la Nación; y que su agenda a largo plazo para hacerla efectiva consistía en la creación de entidades políticas que –con el devenir del tiempo– institucionalizaran el proceso de federalización que preconizaban. Estas entidades fueron las CCAA.

El PCE, por su parte, afirmaba el «carácter multinacional del Estado español». Dolores Ibárruri –llamada «la Pasionaria»– sostuvo en un informe presentado en 1970 al Comité Central del PCE –del que era presidenta– que España era «multinacional y multirregional». En este escrito abogaba por convertir España en un Estado federal y se pronunció como partidaria «del derecho de Cataluña, Euzkadi y Galicia a la autodeterminación». Pero fue el giro acuñado por el PSOE el que acabó por prevalecer en el discurso público de 1977. Hasta tal punto fue esto así, que los comunistas hicieron suya la palabra clave en el punto séptimo de sus «Bases para un pacto constitucional» en el programa con el que concurrió a los comicios de ese año:

> La autonomía para las nacionalidades, los pueblos y regiones que componen el Estado.

La posición del –ya en vías de extinción– PCE hasta la actualidad ha sido la federalista. También la de la coalición IU en la que se integró el partido en 1986. Y, por añadidura, la de Podemos, formación en la que IU se disolvió gradualmente desde su incorporación a ella en 2016.

La introducción de la expresión «nacionalidades y regiones» en el artículo 2 de la CE fue una imposición cultural del PSOE. El partido socialista era el autor intelectual de este sintagma. Estaba en todos sus documentos desde hacía años. El resto de formaciones federalistas, nacionalistas y separatistas de diverso signo adoptaron la locución como propia después de que el PSOE la hubiera introducido en el debate público. Una formación abiertamente separatista como ERC aún utilizaba en su programa electoral de 1977 la voz «multinacional» que había importado del PCE cuando los comunistas ya habían asimilado en el suyo el giro lingüístico del PSOE.

El uso del término «nacionalidad» para insinuar una Nación política que no existe es antinatural desde el punto de vista del funcionamiento de la lengua. Es un empleo ajeno al idioma español para decir con un mal decir. Es una sustantivación de lo adjetivo, la esencialización de la cualidad, la transformación del efecto en su motor. La atribución a este vocablo de un significado que no es el suyo en atropello de la palabra que sí lo tiene es una transgresión lingüística. El jurista García-Trevijano ya apuntaba, certeramente, que detrás de toda corrupción del lenguaje hay una motivación política.

Los socialistas ganaron la hegemonía cultural en una batalla que concluyó antes de que nadie en la sociedad del momento se apercibiera de que esa pugna había comenzado. Habían estado ausentes durante toda la dictadura y en cuestión de meses pusieron en boca de todo el arco ideológico esta expresión y la idea que representaba. La semilla federalista estaba plantada.

Así pudo verse ya en la segunda sesión plenaria del Congreso de los Diputados tras los comicios de junio de 1977. Sucedió en el transcurso de un debate sobre el número mínimo de diputados que habrían de ser necesarios para constituir un grupo parlamentario. La locución «nacionalidades y regiones» fue utilizada en proposiciones registradas por diversas formaciones socialistas y nacionalistas, así como por —según el orden de intervención— Raúl Morodo (PSP), Jordi Solé Tura (PCE), Ramón Tamames (PCE), Josep Verde (PSC), Heribert Barrera (EC-FED, que integraba la aún ilegal ERC), Alfonso Guerra (PSOE), Antoni Gutiérrez (PCE), Miquel Roca (PDPC), Juan Ajuriaguerra (PNV) y Francisco Letamendía (Euskadiko Ezquerra). El éxito del sintagma del PSOE era incontestable.

El Anteproyecto de Constitución fue publicado por el *Boletín Oficial de las Cortes Generales* el 5 de enero de 1978. La consabida fórmula ya estaba en este primer borrador público oficial del texto constitucional.

La fase inicial de elaboración de la CE está envuelta en la oscuridad. Todo lo que sabemos sobre la Comisión Constitucional provisional formada para redactar un anteproyecto de Constitución es lo siguiente. Su creación fue aprobada por unanimidad en la sesión plenaria del Congreso de 26 de julio de 1977 —la cuarta de la legislatura ordinaria resultante de los comicios de junio de 1977—. El *Boletín de las Cortes* recoge la constitución de esta comisión y el nombre de los ponentes en su edición del 6 de agosto siguiente. A partir de ahí, el proceso de desarrollo de la propuesta de texto constitucional fue realizado a puerta cerrada.

Una segunda comisión constitucional –llamada de Asuntos Constitucionales y Libertades Públicas– fue creada en mayo de 1978. Los medios de comunicación sí pudieron asistir a las reuniones de esta nueva comisión en la que fueron debatidos el texto del anteproyecto y las enmiendas registradas. Sin embargo, nada supieron los ciudadanos sobre el estadio previo. El cuerpo electoral que votó la Constitución en referéndum el 6 de diciembre de 1978 lo hizo desconocedor de la totalidad del proceso de elaboración del texto que era convocado a ratificar.

Seis años más tarde, la *Revista de las Cortes Generales* publicó un documento que presentó como la transcripción de las actas y minutas de las reuniones de los ponentes que compusieron el anteproyecto. Según este documento, los integrantes de la ponencia acordaron –en su sesión inicial de 22 de agosto de 1977– «dar carácter confidencial a todos los trabajos de la Ponencia». También se comprometieron a no emitir comunicados públicos y a no hablar con la prensa sobre el contenido de las reuniones –no obstante, los primeros 39 artículos fueron filtrados a la revista *Cuadernos para el Diálogo* unas semanas antes de su publicación oficial; su director, Pedro Altares, los difundió de inmediato entre los medios de comunicación para que fueran de conocimiento público y el diario *El País* se adelantó tres días al semanario–.

Según la transcripción de las minutas divulgada por la publicación de las Cortes, la sesión de 25 de agosto trató los artículos 1 y 2 CE. Aquel fue el primer borrador del artículo 2 y ya hacía referencia a las «nacionalidades y regiones»:

> Artículo 2º. La Constitución reconoce y la Monarquía garantiza el derecho a la autonomía de las diferentes nacionalidades y regiones que integran España, la unidad del Estado y la solidaridad entre sus pueblos.

Este documento asegura que la redacción de esta propuesta de artículo 2 fue presentada por Miquel Roca (PDPC). Al PSOE –que no hace nada gratis– le correspondían dos asientos entre los ponentes. Resultó muy conveniente para sus objetivos federalistas ceder uno de ellos al grupo de la Minoría Vasco-Catalana y que fuera el señor Roca quien introdujera la expresión «nacionalidades y regiones». Esta locución estaba presente en todos los documentos políticos del PSOE del momento –aparecía diez veces en su texto rector vigente– y en ninguno de los elaborados por las formaciones que integraban la llamada Minoría Vasco-Catalana. También fue muy conveniente la inclusión de la Monarquía en este artículo. Así, los socialistas escenificaron su rechazo a esta parte de la cláusula como maniobra de distracción mientras consolidaban la quinta columna federalista que acababan de colocar en el corazón mismo de la Constitución. El resultado final fue que la referencia a la Monarquía desapareció de este artículo 2 y las «nacionalidades y regiones» quedaron apuntaladas de inmediato como su componente esencial, que determinó la evolución de los acontecimientos durante las siguientes décadas.

El sintagma recibió el aplauso de los 21 diputados nacionalistas catalanes y vascos, aunque tácticamente el artículo en su conjunto cosechara la abstención equidistante del PNV y el voto contrario de los señores Barrera y Letamendía. No obtuvo el rechazo del grupo mayoritario de la Cámara, la Unión de Centro Democrático (UCD) de Adolfo Suárez, que contaba con 165 escaños, los mismos que la suma de todos los federalistas y nacionalistas. Sólo nueve diputados presentaron otras tantas enmiendas de «supresión de la palabra *nacionalidades*»: cinco de Alianza Popular (AP), dos de UCD; y las de los únicos diputados de las formaciones Aragón Centro y Candidatura Independiente de Centro. El único grupo parlamentario que se opuso al empleo de la palabra «nacionalidades» fue la AP de Manuel Fraga, que sólo contaba con 16 asientos curules.

El responsable de la calamidad constitucional de las «nacionalidades y regiones» fue el PSOE, creador de este sintagma. Contó con el apoyo del PCE y de los nacionalistas a los que subcontrató el trabajo sucio. A todos ellos se unió la UCD, que eligió no dar esta batalla. Los 330 diputados que sumaban entre todos tomaron esta decisión en 1978. De este consenso han emanado más de 40 años de desestabilización interna de España. Esta cuenta aumenta cada año y no se va a detener mientras esta expresión forme parte del ordenamiento constitucional español.

CAPÍTULO 8

EL PRECEDENTE SUÁREZ

Adolfo Suárez accedió a la Presidencia del Gobierno en julio de 1976. Sucedió en el cargo a Carlos Arias Navarro, de cuyo Gobierno había formado parte como Ministro del Movimiento. Esto es, el señor Suárez era el jefe de Falange Española Tradicionalista y de las JONS cuando fue nombrado presidente del Consejo de Ministros. Era un joven ambicioso. Supo utilizar el funcionamiento interno de las instituciones de la dictadura para medrar y labrarse una carrera política. Avispado y avisado, cultivó sus contactos con acierto y estuvo en el lugar apropiado en el momento correcto. Así alcanzó la jefatura del Ejecutivo, la segunda magistratura del Estado existente en aquel momento y que aún era el surgido tras la Guerra Civil.

La leyenda rosa creada alrededor de la llamada Transición nos lo presenta como el hombre providencial que —enfrentado a inconmensurables fuerzas contrarias— transformó una dictadura en una democracia. Pero lo cierto es que no era ese cirujano excelente del que habla el mito fundante del 78. Nadie le podrá regatear la sagacidad y astucia necesarias para hacerse nombrar jefe de Gobierno cuando el cargo era un puesto de libre disposición del ya Rey Juan Carlos. En aquel momento, el Estado franquista continuaba con vida pese al fallecimiento de su artífice. Era evidente que el régimen personalista del General Franco no podía tener continuidad tras su muerte. Lo que sí estaba por dilucidar era qué iba a pasar: qué nuevo sistema político regiría las capacidades y las relaciones de los poderes del Estado entre sí, cuáles serían los medios de elección de esos poderes y qué libertades y derechos tendrían los ciudadanos en ese nuevo ordenamiento. Y no menos importante que el qué era el cómo.

Adolfo Suárez tomó posesión como presidente del Gobierno en dos ocasiones en cuatro años y medio. La primera fue por designación directa del monarca en 1976. La segunda tuvo lugar tras ser nombrado por el Rey después de haber obtenido la confianza de la mayoría absoluta del Congreso de los Diputados que había resultado de las elecciones celebradas el 1 de marzo de 1979. Estos comicios tuvieron lugar inmediatamente después de la entrada en vigor de la Constitución de 1978.

Entre la designación de 1976 y el nombramiento de 1979 hubo unas elecciones generales en junio de 1977. De su resultado se constituyó un Congreso de los Diputados que nunca eligió un presidente del Gobierno. La razón es que en ese momento no existía ningún ordenamiento jurídico que permitiera a la Cámara la elección de un jefe del poder Ejecutivo. El Rey Juan Carlos había heredado todos los poderes del General Franco y sólo él tenía capacidad para designar y destituir al jefe del Consejo de Ministros. El señor Suárez mantuvo la Presidencia del Gobierno mediante la designación real que había tenido lugar un año antes. Tras estos comicios de 1977, el Rey se limitó a «confirmar» al señor Suárez en el cargo, según declaraciones del propio interesado a TVE. Zarzuela no lo desmintió. El *BOE* nunca recogió esta «confirmación». Tampoco ninguna modificación del estado de cosas. Simplemente conservó la Presidencia del Consejo de Ministros en virtud de su designación de julio de 1976, que no sufrió ningún cambio. El señor Suárez continuó como presidente tras las elecciones de 1977 porque no fue destituido y no porque fuera elegido mediante estos comicios.

El abulense tenía un papel que cumplir cuando fue designado. Su tarea era doble. Por un lado, la de suscribir decisiones que ya estaban tomadas de antemano. Por otro, la de recibir las bofetadas procedentes del *statu quo* que siguieran a la ejecución de esas decisiones. Tenía que haber sido el hombre de paja que se achicharrara al emprender los cambios mínimos necesarios para demoler de forma controlada una dictadura que se había prolongado durante 36 años y cuya continuidad no era factible. Pero aguantó el tipo. Resistió todos los embates. Para ello se sirvió de dos únicas herramientas, las mismas que acompañan al Poder desde la noche de los tiempos: la ambición política y el pago a clientes. La ambición le daba la energía personal para resistir; las retribuciones que dispensaba, el sostenimiento político de su posición.

Su actuación en esta obra tenía que haber acabado tras los comicios de 1977. Tenía dos clases de enemigos: los que –como él– procedían de la nomenclatura franquista y la oposición recién nacida que había sido alumbrada por el propio régimen que agonizaba. El señor Suárez encontró en estos últimos enemigos el sostén que necesitaba para mantenerse. Sus clientes fueron quienes –como él– se oponían a la situación política en proceso de decadencia, pero aún existente. El jefe de Gobierno y su nueva oposición en el Congreso se legitimaron recíprocamente –con un pacto inmediato–. Mediante este acto de mutuo reconocimiento ambos fortalecieron y consolidaron la posición que cada uno de ellos acababa de conquistar. Unos a través de las urnas mediante un sistema electoral trucado de proporcionalidad en detrimento del elemental binomio comicial de mayoría-minoría. El otro, con la mera presencia de los otros frente a él en el Congreso. Fueron hechos consumados contra los que nada pudieron las fuerzas –entre ellas el Rey– que habían previsto otros planes con un nuevo hombre en la jefatura del Gobierno.

Podemos distinguir así dos períodos del señor Suárez como jefe de Gobierno. El primero tiene tan sólo un año de duración y va desde su designación real hasta las elecciones de junio de 1977. El segundo, desde ese momento hasta su dimisión en enero de 1981.

La relación de acciones políticas durante sus primeros doce meses al frente del Ejecutivo es notable. A las dos semanas de haber tomado posesión, las Cortes aprobaron una reforma del Código Penal que comenzó a abrir la puerta a los derechos de reunión, de asociación y de libre expresión de las ideas. Otras dos semanas más tarde, suscribió junto al Rey un Real Decreto-Ley de amnistía. Las primeras palabras de esta norma eran un texto declarativo sin ningún encabezado. En él quedaba meridianamente claro el origen de esta disposición, la afirmación de la voluntad de Poder de esa fuente y cuáles eran sus objetivos:

> La Corona simboliza la voluntad de vivir juntos todos los pueblos e individuos que integran la indisoluble comunidad nacional española. [...] Al dirigirse España a una plena normalidad democrática, ha llegado el momento de ultimar este proceso con el olvido de cualquier legado discriminatorio del pasado en la plena convivencia fraterna de los españoles. Tal es el objeto de la amnistía de todas las responsabilidades derivadas de acontecimientos de intencionalidad política o de opinión ocurridos hasta el presente, sin otros límites que los impuestos por la protección penal de valores esenciales, como son la vida e integridad de las personas.

La rúbrica del presidente del Gobierno era la formalidad que necesitaba quien en ese momento aún tenía todo el Poder –el Rey– para promulgar este acto legislativo personal y, al mismo tiempo, declarar el objetivo de «una plena normalidad democrática».

En los siguientes meses despachó la Ley para la Reforma Política. En primer lugar, fue aprobada como proyecto de Ley por el Consejo de Ministros. A continuación pasó por el Consejo Nacional del Movimiento, un órgano colegiado de carácter consultivo que había sido creado durante la Guerra Civil. Después fue tramitado por las Cortes existentes en aquel momento, que también le dieron su aprobación. Ambas instituciones la avalaron con mayorías superiores al 80%. En último lugar fue aprobada en referéndum nacional con el contundente apoyo del 94% de los votos emitidos y promulgada en el *BOE* en los primeros días de 1977.

Esta sucinta Ley se componía de tan sólo cinco artículos y otras cuatro disposiciones. Las claves que han marcado el devenir de España desde entonces estaban ahí contenidas. Son únicamente dos:

1. Presenta la voluntad de realizar lo que llama una «reforma constitucional» y atribuye la iniciativa para realizarla tanto al Gobierno como al Congreso de los Diputados (que aún no existía como tal).
2. Atribuye al Consejo de Ministros la regulación de unas «primeras elecciones a Cortes para constituir un Congreso». Y establece que estos comicios «se inspirarán en criterios de representación proporcional» a los que aplicarían «dispositivos correctores».

De esto podemos extraer varias conclusiones: es el propio poder Ejecutivo el que planea la redacción de una Constitución; es también el poder Ejecutivo el que establece las reglas para ese proceso de elaboración de la normativa que habrá de ordenar su poder; y, por último, ese mismo poder Ejecutivo acepta como contraparte un poder Legislativo, pero se arroga la potestad de dictar cuáles serán los medios de elección de los miembros de ese Legislativo.

La edición del *BOE* del mismo día –y a continuación de esta Ley– publicó tres sucesivos decretos-leyes que introdujeron cambios de una notable relevancia en la estructura judicial. El primero creó la Audiencia Nacional, el segundo suprimió el Tribunal de Orden Público y el tercero atribuyó el conocimiento de los delitos de terrorismo a la recién creada Audiencia Nacional. La sucesión de disposiciones reformadoras de carácter aperturista continuaron durante los siguientes meses. El Ejecutivo dispuso unas semanas más tarde una nueva normativa sobre el derecho de asociación política y las Cortes aprobaron una Ley sobre el derecho de asociación sindical. El terreno ya estaba preparado para lo que iba a venir.

Las grandes acciones desencadenantes de lo que la historiografía autohagiográfica –coetánea y posterior– ha llamado la Transición fueron acumuladas en un período muy breve de tiempo, apenas diez trepidantes días de abril de 1977. En estas jornadas, el Gobierno liquidó el Consejo Nacional del Movimiento –órgano consultivo colegiado integrado por la cúpula del que había sido partido único– en Jueves Santo; legalizó al PCE cuarenta y ocho horas después, también en plena Semana Santa; legalizó los sindicatos CCOO y UGT; reguló la libertad de expresión; y convocó «elecciones generales» (*sic*) para el 15 de junio de 1977.

El resultado electoral dio 165 escaños a la Unión de Centro Democrático (UCD), partido creado por el Gobierno, desde el Gobierno y encabezado por el presidente del Gobierno. Enfrente se formó otro bloque con exactamente el mismo número de escaños (165) y compuesto por tres formaciones que se declaraban federalistas –PSOE (118), PCE (20) y PSP-US (6)– y otras cuatro que mostraban diferentes grados de nacionalismo y separatismo –el PDPC de Jordi Pujol (11), el PNV de Xabier Arzalluz (8) la coalición EC-FED de Heribert Barrera (1), que integraba la aún ilegal ERC, y la coalición Euzkadiko Ezkerra de Francisco Letamendía (1), entonces brazo político de ETA-PM y hoy integrada en el PSOE–.

Tras las elecciones se produjeron dos acontecimientos que fueron presentados a la Nación como hechos consumados. Cada uno de estos actos tuvo lugar en una de las dos esferas de poder esenciales del Estado: el Ejecutivo y el Legislativo. Por un lado –y como señalábamos más arriba–, el señor Suárez afirmó en público que el Rey le había «confirmado» en el cargo, lo que propició su permanencia en la jefatura del Gobierno; del otro, la legislatura ordinaria salida de los comicios se arrogó el poder constituyente de forma unilateral y se dispuso a elaborar una Constitución sin haber recibido de forma explícita en la convocatoria electoral el encargo de realizar esa sagrada tarea. Los siete diputados que asumieron la labor de redacción del anteproyecto acordaron hacerlo a puerta cerrada.

Estos dos hitos marcaron un punto de inflexión en el devenir de los acontecimientos. Si algo había caracterizado a los primeros doce meses del Gobierno del señor Suárez era la sensación de que existía un rumbo cartografiado, de que alguien –aparentemente el jefe del Ejecutivo– sabía lo que hacía y hacia dónde dirigía la nave. Daba la impresión de que cada puerto al que arribaba no sólo era el previsto, sino que lo hacía en el momento apropiado. Era como si cada acción hubiera estado previamente anotada en un manual de instrucciones. Todo esto saltó por los aires tras las elecciones. Lo que antes había parecido planificado se transformó en una improvisación perpetua. A partir de entonces, toda la acción de Gobierno se redujo a un único verbo: repartir.

La distinción de estos dos períodos claramente distinguibles en la Presidencia del señor Suárez parece no haber sido lo suficientemente señalada por la ingente historiografía que ha estudiado esta época. De hecho, es habitual que pase de puntillas sobre el hecho incontrovertible de que el señor Suárez nunca fue elegido presidente del Gobierno mediante las elecciones generales celebradas en junio de 1977. Muy al contrario. Estos comicios tuvieron para el abulense la función política de legitimarle en la posición que ya ocupaba y en fortalecerla y consolidarla en la esfera del poder emergente de lo que acabó por ser el Régimen del 78.

La ambición del presidente unida a sus limitadas capacidades políticas y el bloque de oposición que sí tenía claros sus objetivos a corto y largo plazo dieron como resultado la Constitución de 1978. El conjunto de los segundos –integrado por federalistas, nacionalistas y separatistas de diverso signo– impuso la expresión «nacionalidades y regiones» en el artículo 2 CE por iniciativa cultural del PSOE. Ahí estaba la semilla de la autodisolución de la Nación política española. La UCD aceptó esa redacción a cambio de permanecer un poco más en el poder. El señor Suárez compró unos meses más de permanencia en el Gobierno al precio de establecer los medios de disolución de la Nación de la que emanaban la legitimidad y la legalidad del Gobierno que quería conservar.

Este es el precedente que estableció Adolfo Suárez. Repartió el Estado –a costa de la Nación– mientras tuvo qué repartir. Este es el ejemplo que, casi 50 años después, sigue Pedro Sánchez. Pero tras 45 años de Régimen del 78 y de CCAA ya no queda Estado que repartir. Lo que el señor Sánchez se propone ejecutar es el reparto de la Nación.

CAPÍTULO 9

LA LOAPA

La sesión constitutiva del Congreso de los Diputados tras las elecciones legislativas ordinarias de junio de 1977 tuvo lugar el 13 de julio siguiente. La primera intervención del presidente del Gobierno en la Cámara no se produjo hasta tres meses después, el 27 de octubre, en la que ya era la sesión plenaria número 14. El señor Suárez se dirigió a los diputados para darles cuenta de unos acuerdos a los que había llegado con sus jefes, los de los partidos. Esta alianza recibió el nombre genérico de Pactos de la Moncloa. El entendimiento alcanzado tenía dos partes claramente diferenciadas. La primera trataba cuestiones económicas; la segunda, asuntos políticos.

La situación de la economía española atravesaba un momento muy delicado con una inflación desbocada. El Índice de Precios de Consumo (IPC) elaborado por el Instituto Nacional de Estadística (INE) llegó a reflejar durante 1977 un incremento interanual del 28% en el coste de los servicios y bienes de consumo.

El grueso del pacto consistía en una serie de medidas de saneamiento de la economía, una reforma fiscal para incrementar la recaudación de impuestos con aumentos de los ya existentes y la creación de otros nuevos —como el Impuesto sobre la Renta de las Personas Físicas (IRPF)—, cambios en la Seguridad Social y en el sistema financiero, etc. El segundo epígrafe recogió —bajo el título «Acuerdo sobre el programa de actuación jurídica y política»— un conjunto de medidas de carácter político. Entre ellas contemplaba acciones sobre la libertad de expresión, derecho de reunión, derecho de asociación política, desmantelamiento del Movimiento Nacional, orden público...

La mayor parte de las medidas políticas contenidas en los Pactos de la Moncloa ya habían sido acometidas y ejecutadas durante el primer año de Gobierno del señor Suárez. Este acuerdo político adoptaba medidas ya realizadas. Con ello, el Gobierno y los partidos de la oposición se legitimaban recíprocamente y se presentaban ante la sociedad como los artífices en el momento de actos que ya habían sido realizados. El jefe del Ejecutivo expresó esto mismo en su intervención en el hemiciclo con estas palabras:

Este sistema de actuación política, en esta etapa preconstitucional, no sólo no desdibuja la personalidad de los partidos, sino que potencia su imagen y la de los diferentes líderes políticos ante el pueblo español.

La oposición obtenía un beneficio evidente al convertirse en partícipe de la adopción de las medidas aperturistas. Pero, ¿qué perseguía el señor Suárez al compartir el mérito de lo que el *BOE* decía que ya había hecho él mismo durante su primer año? La respuesta es el fortalecimiento de su posición como presidente del Gobierno. La primera vez que tomó la palabra en el Congreso de los Diputados fue para exponer el contenido de este compromiso multilateral. Él personalmente, Adolfo Suárez, había llegado a un profundo entendimiento político con todos y cada uno de los jefes de todas las formaciones políticas con representación en la Cámara. El Rey ya no podía destituirlo. Conservaba el poder para hacerlo, pero ahora que el señor Suárez había conseguido presentarse ante la sociedad como un héroe, ya no podía. Fue una operación política. Aunque lo que se ventiló en ella no fue una cuestión de poder, sino una apariencia de poder. Todos los participantes se repartieron esa apariencia como lo que era: un botín de rédito político.

El éxito de esta maniobra fue tal que el señor Suárez se mantuvo en la Presidencia durante todo el proceso de elaboración de la Constitución. No fue un año fácil el de 1978. La multitud de factores que convergían hicieron muy arduo el ejercicio: redacción de una Constitución con todas las incertidumbres que ello conlleva sobre el fin de lo pasado y lo incierto de lo por venir; crisis económica; el peor año hasta la fecha en cuanto a asesinatos terroristas (66 atribuidos a ETA, un incremento del 560% respecto a 1977, que computó diez asesinados); y una inestabilidad política que era alimentada con una amenaza constante: la de un imaginario «ruido de sables» que nunca tuvieron el atrevimiento de desobedecer al Rey, como tampoco la fuerza ni la capacidad de ejecutar una acción involucionista por cuenta propia.

La aprobación de la Constitución fue otro logro que le rentó una victoria electoral inmediata. Estos nuevos comicios tuvieron lugar el 1 de marzo de 1979, con la carta constitucional viva desde hacía dos meses. Si tras la cita con las urnas en 1977 no fue elegido presidente, sino que mantuvo el cargo que ya tenía, en esta ocasión ya sí fue elegido jefe de Gobierno según los medios establecidos para ello en la ya vigente Constitución: mediante votación de la legislatura que había resultado de los comicios.

La operación de los Pactos de la Moncloa fue un golpe de efecto como también lo había sido un mes antes el «restablecimiento provisional de la Generalidad de Cataluña». La restauración de la institución regional catalana fue aprobada por el Gobierno a mitad de los tres meses cartujos en los que el señor Suárez no pronunció palabra en el Congreso. Esta acción permitió ganar tiempo al presidente y granjearse con ella la aprobación y simpatía de toda la oposición. Pero creaba un problema que la norma que la restituía trataba de negar:

> Hasta que se promulgue la Constitución, no será posible el establecimiento estatutario de las autonomías [...]. El restablecimiento de la Generalidad a que se refiere el presente Real Decreto-Ley no prejuzga ni condiciona el contenido de la futura Constitución en materia de autonomías.

Como sucede con todos los problemas que se crean como *solución* a los ya existentes, éste acabó enquistándose. Condicionó el contenido de la Constitución y extendió su mal por todas las regiones. Los partidos sí quedaron muy satisfechos de esta decisión que ya barruntaba mil conflictos. Lo que los partidos veían en la creación de las administraciones regionales de las CCAA era una formidable agencia de colocación con la que repartirían puestos a sus notables locales y a decenas de miles de fieles por toda España.

El Gobierno invitó a café a todos los partidos en todas las regiones y envió la factura al Estado. Las señales de lo que se avecinaba comenzaron de inmediato. Aquello no sólo se iba a convertir en la reproducción a escala regional del propio Estado, sino que esa reproducción del Estado se iba a reiterar tantas veces como CCAA obtuvieran su estatuto. La semilla de las «nacionalidades y regiones» ya había germinado.

El ucedista Leopoldo Calvo-Sotelo advirtió estas señales y las apuntó en su discurso de investidura en febrero de 1981, dos semanas después de la dimisión de Adolfo Suárez y sólo cinco días antes del golpe de Estado del 23-F.

Acertaba con los síntomas, pero erraba con el diagnóstico. El vaciamiento del Estado era más que el llenado administrativo de las CCAA. El proceso por el que las regiones devoraban competencias tenía otros objetivos adicionales al incremento del presupuesto de cada taifa con cada nueva atribución cedida. El candidato a jefe de Gobierno creía que lo que estaba en juego era el mayor o menor vigor del Estado español y que éste era perfectamente compatible con las CCAA.

No advirtió la amenaza para la integridad de la Nación que subyacía al debilitamiento del Estado. Pero intentó, al menos, revertir el desastre que el señor Suárez le había dejado como legado.

El Consejo de Ministros ya presidido por el señor Calvo-Sotelo aprobó y envió al Congreso en noviembre de 1981 un proyecto de Ley que era el leal reflejo del posicionamiento político sobre las CCAA que había expuesto en su investidura. La iniciativa legislativa recibió la denominación de Proyecto de Ley Orgánica de Armonización del Proceso Autonómico (LOAPA). En ese momento ya había tres estatutos de autonomía en vigor –País Vasco, Cataluña y Galicia–, otros tres que finalizarían su aprobación en unas semanas –Andalucía, Asturias y Cantabria– y otra docena de camino. Este proyecto contenía tres objetivos esenciales en su articulado:

1. Poner orden en el proceso autonómico, que ya era caótico.
2. Igualar a las CCAA entre sí como medio de asegurar la igualdad entre españoles.
3. Establecer sistemas de control para impedir que las CCAA se constituyeran en caciquerías.

Nunca pasó de proyecto. ¿Qué sucedió?

Lo primero que le pasó fue que no le pasaba nada. Estuvo paralizado durante siete meses. A continuación, el Congreso dio su aprobación a un texto en el transcurso de un mes. En el camino fueron suprimidas dos estipulaciones de especial relevancia. Una de protección del ordenamiento jurídico y otra de control del gasto. La primera establecía la posibilidad de suspender las competencias delegadas en el caso de «incumplimiento o inobservancia reiterada» de la Ley por parte de las autoridades de las CCAA. La segunda disponía que el Tribunal de Cuentas controlaría «la actividad económica y financiera de la Comunidad Autónoma».

Estas dos cláusulas hubieran tenido capacidad para impedir el golpe a la Nación financiado y ejecutado por la Generalidad de Cataluña en 2017. Los poderes Ejecutivo y Legislativo habrían estado habilitados para decidir de forma conjunta la suspensión temporal de un estatuto de autonomía en el caso de que sus autoridades se rebelaran contra la Ley. Han pasado 41 años desde que este proyecto de ley fuera frustrado y más de cinco desde la asonada de la Generalidad catalana. Aún no existe ningún mecanismo legal que prevea la suspensión de un estatuto de autonomía ante una eventualidad que lo pueda demandar como último recurso para salvaguardar el ordenamiento de todos del ataque de unos pocos.

En cualquier caso, el proyecto de Ley –aún con una miríada de enmiendas adicionales a las dos señaladas– fue aprobado por el Congreso el 30 de junio de 1982. El proceso legislativo debería haber continuado en el Senado. La segunda Cámara, sin embargo, nunca lo tramitó. ¿Por qué? Porque el Tribunal Constitucional recibió –en los siguientes días– cinco recursos previos de inconstitucionalidad contra la LOAPA y acordó en otras tantas providencias la suspensión de la tramitación del proyecto de Ley en el Senado.

En diciembre de 2022 sucedió exactamente lo mismo –aunque por razones y medios distintos– cuando el TC acordó, por solicitud de un recurso de amparo admitido a trámite, la suspensión cautelar de la tramitación en el Senado de dos enmiendas. Ambas habían sido ya aprobadas por el pleno del Congreso; el resto de la norma a la que enmendaban –incluida la derogación del delito de sedición– continuó su proceso en el Senado. Fue aprobada y gpublicada en el *BOE* una semana después. Los recursos previos de inconstitucionalidad contra la LOAPA fueron promovidos, respectivamente, por los gobiernos y parlamentos regionales vasco y catalán. El quinto fue registrado por un grupo de 50 diputados. Este tipo de «recurso previo» contra proyectos de leyes orgánicas fue suprimido por una reforma legislativa posterior.

La corte de garantías se pronunció un año más tarde, cuando el PSOE ya había alcanzado el poder con una mayoría absoluta incontestable. Los efectos de la sentencia no sólo continúan vivos cuatro décadas más tarde, sino que se incrementarán a medida que avance el golpe blando de signo federalista impulsado por los poderes del Estado setentayochista. El fallo estipuló que el Proyecto de Ley Orgánica de Armonización del Proceso Autonómico no podía promulgarse como ley orgánica y tampoco como ley armonizadora; adicionalmente, declaró inconstitucionales siete artículos, partes de otros seis y dos incisos.

El TC tumbó el primer y único intento —hasta la fecha— de detener el proceso de autodisolución que puso en marcha la segunda parte del artículo 2 de la CE. Sin llegar a establecerlo de forma explícita, la sentencia instituye *de facto* una forma de Estado asimilable a un embudo federal. Viene a advertir al legislador de que se cuide de realizar leyes de armonización de las CCAA como dice la CE en su artículo 150.3 porque el cumplimiento de ese párrafo de la CE iría contra la CE.

> Artículo 150.3 CE: El Estado podrá dictar leyes que establezcan los principios necesarios para armonizar las disposiciones normativas de las Comunidades Autónomas, aun en el caso de materias atribuidas a la competencia de éstas, cuando así lo exija el interés general. Corresponde a las Cortes Generales, por mayoría absoluta de cada Cámara, la apreciación de esta necesidad.

La resolución de la curia constitucional declaró en sus fundamentos jurídicos la irreversibilidad autonómica absoluta y eterna. Una vez que la CE ha establecido las competencias que pueden asumir las CCAA y que éstas las hayan consignado en sus estatutos de autonomía ya no hay nada que el legislador pueda hacer mediante un nuevo ordenamiento. Es el horizonte de sucesos autonómico. La fuerza gravitatoria de las CCAA es tal que de ellas no escapa ni la luz —no digamos ya la libertad—. No hay nada en todo el orden cósmico jurídico capaz de revertir total o parcialmente una atribución autonómica en un momento determinado bajo ninguna circunstancia.

Esto equivalía a afirmar que las CCAA ya se habían constituido en negociados –estados– independientes. En virtud de la suprema razón competencial, estos entes políticos recién creados eran ya tan ajenos a lo que aún pudiera llamarse España que los poderes Legislativo y Ejecutivo del Estado habían perdido su capacidad de acción en esas ventanillas regionales. Este embudo federalista colmaba a las CCAA de derechos ante la Nación y ante su ya tambaleante Estado, mientras que a éstos sólo imponía las obligaciones tendentes a la satisfacción de esos derechos de las CCAA.

La sentencia del TC era la comidilla de los mentideros políticos a la vuelta del verano de 1983. Lo que quiso ser la LOAPA estaba ya tan olvidado en octubre como los espetos de sardinas del estío agotado. Con los restos que dejó vivo el TC, fue aprobada la Ley del Proceso Autonómico. En los siguientes 40 años, no se ha producido ninguna iniciativa legislativa al amparo del artículo 150.3 CE. Nadie ha querido intentar armonizar las normativas autonómicas en defensa del interés general. Todo este tiempo es el del triunfo incontestable de los caciques de las CCAA. Dicho de otro modo, es la victoria continuada del interés particular sobre el general. Cuatro décadas después del fracaso provocado de la LOAPA, España y su Gobierno acabaron operando al dictado de golpistas, terroristas y toda clase de separatistas.

CAPÍTULO 10

EL PSOE, MÁQUINA DE PODER

El PSOE es una máquina de Poder. Es inmensa. La dificultad para desarticular su mecanismo no está en la perfección de sus engranajes, sino en la enormidad de su tamaño. Su funcionamiento está muy lejos de ser el artefacto de diseño perfecto y astucia infinita que aparenta. Es burdo como el soborno. La máquina del PSOE está basada en el principio único del pago puntual a la red clientelar que la sostiene. Basta con interrumpir el pago en todas las formas en las que se produce y el sistema detendrá su funcionamiento por sí mismo. Otro medio sería crear la certeza de interrupción imninente del pago. En el momento en el que esto llegara a producirse, todas las masas que forman parte de esa red se trasvasarían de forma voluntaria a la nueva red que le garantizara la misma retribución. No son pagos con sobres en callejones oscuros. La remuneración de una red de clientes se hace mediante colocaciones y contratos. Es exactamente el mismo mecanismo que empleaban los caciques durante la Restauración alfonsina ideada por Antonio Cánovas del Castillo, que se prolongó desde 1874 hasta la dictadura del general Miguel Primo de Rivera en 1923. Hay sin embargo una diferencia esencial entre aquellos caciques y los del 78: los de entonces compraban los votos con su dinero privado; los actuales, pagan su red de clientes de compra de votos con el dinero de los contribuyentes.

Esto es, cobran impuestos para pagar la red que los sostiene en la posición que les permite cobrar impuestos con los que pagar la red que los sostiene. Todo ello legalmente, por supuesto. Nadie consigna el pago a clientes como tal en las partidas presupuestarias. Lo que sí consignan esas partidas son las relaciones de puestos de trabajo de los organismos públicos y los gastos previstos en legalísimos contratos con proveedores externos.

Este es el funcionamiento grosero de la máquina de Poder del PSOE. Existen, adicionalmente, otros muchos elementos entrelazados entre sí en un sistema complejo. El devenir de los años y de los acontecimientos ha creado entre todos ellos una urdimbre inabarcable de la que forman parte intereses dispares tanto en el ámbito interior, como en el exterior. El número de actores que obtiene un beneficio de uno u otro tipo es de tal inmensidad que su suma fortalece y opaca al propio mecanismo. La máquina funciona por sí misma. No necesita a nadie encargado de activar palancas. Son los intereses privados los que las accionan en cada momento.

La comprensión de los sistemas complejos resulta más digerible cuando son expuestos mediante su descomposición. Este ejercicio es más enriquecedor cuando se realiza desde fuera hacia adentro. El PSOE cuenta con un sostén exterior y otro interior. Comencemos con el exterior.

Al contrario de lo que la sociedad pueda creer por influencia de los medios de comunicación, la acción realmente política se circunscribe a las relaciones de poder entre las potencias. La política consiste en la lucha constante de las potencias —los diferentes países— por la hegemonía sobre las demás. Otra forma de decirlo es que la política real es la de las relaciones internacionales. Desde este punto de vista, todo lo demás, todo lo que está circunscrito al ámbito interno es mero orden público. Considerado esto, ¿qué lugar ocupa España en el concierto de las naciones?

Esta pregunta no tiene una respuesta determinada para un momento determinado. En otro capítulo, más adelante, trataremos en detalle cómo los intereses terceras potencias condicionan la vida de los ciudadanos españoles.

Para lo que a la máquina de poder del PSOE interesa, España es lo que le interese al jefe del PSOE de cada momento. Pongamos la vista en 1982. Felipe González quiere ser recibido y tratado como un socio por los gobiernos de Europa occidental. Esas potencias le piden a cambio que desmantele la industria, las incipientes capacidades de producción de energía y el sector primario en los ámbitos agrícola, ganadero y pesquero. Así que el señor González lo hace y dice que hacerlo es de izquierdas. Y con ese discurso le basta.

Lo anterior es un mero ejemplo. El PSOE basa toda su acción en el oportunismo de poder. Sus dirigentes hacen lo que sea necesario en cada momento para obtener el poder y la aprobación de terceras potencias. Es lo que llaman «homologarse con Europa». No es que los jefes socialistas se sometan personalmente a los intereses de terceras potencias —lo que es la definición clásica de traición—, sino que es a España a la que someten a esos intereses. ¿A cambio de qué?

No tenemos una relación exhaustiva de propiedades adquiridas ni la contabilidad de sus cuentas bancarias. Pero sí sabemos, por ejemplo, que el expresidente del Gobierno de España, Felipe González, y que el exministro y expresidente del poder Legislativo, José Bono, han adquirido la nacionalidad dominicana. ¿Por qué? Otro antiguo presidente del Gobierno, José Luis Rodríguez Zapatero, enreda en países de la América española desde que salió de Moncloa; y en los últimos años, también en Marruecos, en compañía de varios de sus antiguos ministros. ¿Hacen gratis estos servicios? ¿Tenemos a antiguos miembros del Gobierno de España a sueldo de potencias extranjeras? ¿Cobran por favorecer intereses que están en conflicto con los intereses españoles? Esto es, ¿trabajan para el enemigo?

Estas preguntas son legítimas porque los hechos señalados son evidentes y son incontrovertibles. Lo son ahora que han dejado de formar parte del Gobierno y que sus actos pueden ser visibles. No sabemos, sin embargo, qué hayan podido hacer y que no sepamos cuando el Gobierno de España estaba en sus manos. Una vez que han salido del Ejecutivo, sus actividades nos muestran conductas indeseables. Esto no sólo alimenta y legitima la sospecha, sino que fortalece la certeza moral de que quien obra indeseablemente cuando sus acciones son visibles, no obró mejor cuando contaba con todos los recursos del Estado para encubrir sus actos.

El PSOE es, en el ámbito de las relaciones internacionales, la agencia ejecutiva mediante la que terceras potencias someten a España a sus propios intereses. Esto no es la primera vez que sucede en la Historia. Conocido es el caso del corrupto Carlos II de Inglaterra, que aceptó una pensión de Luis XIV de Francia a cambio de subordinar la política exterior inglesa a los intereses franceses.

José María Aznar consiguió avanzar en las relaciones exteriores. Mejoró la posición de España en el mundo. Pero equivocó gravemente su apoyo a los EEUU en un engaño para justificar la invasión de Iraq. Pese a este error en el que operaban los intereses de terceros y ninguno de España, cosechó ciertos éxitos, especialmente en el ámbito de la UE. Pero de aquello ya no queda nada. Todo ha sido dilapidado por los tres jefes de Gobierno que le siguieron en el cargo y que sumieron deliberadamente a España en la irrelevancia internacional.

José Luis Rodríguez Zapatero llegó a la Moncloa en 2004 tras ganar de forma inesperada unas elecciones que tenía perdidas hasta que 72 horas antes de la cita electoral estallaron cuatro trenes de Cercanías en Madrid con diez explosiones sucesivas. Casi 200 muertos y 2.000 heridos.

Con el señor Rodríguez Zapatero comenzó un período que aún no ha concluido: el del Gobierno ensimismado, que es el Gobierno por y para sí mismo. Comprende 19 años –por ahora– en los que se han sucedido al frente del Ejecutivo los señores Rodríguez Zapatero, Rajoy y Sánchez. La característica esencial de esta época es la de gobernantes que no comprenden la naturaleza del Gobierno y cuyas cualidades personales estaban muy lejos de los estándares mínimos requeridos para desempeñar las responsabilidades de las que estuvieron investidos. Ninguno estuvo a la altura del cargo.

A los tres les une una peculiaridad única en Occidente: la práctica de la política geodoméstica. Es un oxímoron que nació como algo pintoresco, que se fortaleció mediante el cultivo de la inacción y que se ha consolidado con la temeridad de la inconsciencia.

Si el señor Sánchez dejó por escrito que su primera instrucción como presidente del Gobierno fue que cambiaran el colchón del dormitorio principal de Moncloa, el señor Bono ha señalado en más de una ocasión que la primera instrucción que recibió del presidente Rodríguez Zapatero tras prometer el cargo de ministro de Defensa ante el Rey fue la orden de retirar las tropas españolas de Iraq. España había desplegado efectivos en este país en una misión de ayuda humanitaria amparada bajo las resoluciones 1483 y 1511 de la ONU. Una cosa era disentir de estos acuerdos del Consejo de Seguridad de las Naciones Unidas y de la política exterior del Gobierno precedente y otra muy distinta era traicionar la palabra dada por España, incumplir los compromisos adquiridos y abandonar a su suerte a sus aliados. El Ejecutivo recién creado se desentendió de cualquier acuerdo previo del que formara parte España. Al señor Rodríguez Zapatero le bastaron unas pocas horas para desacreditar a España ante toda la comunidad internacional.

La torpeza con la que se condujo el flamante presidente del Gobierno anduvo pareja con la inaudita descortesía de haber permanecido sentado mientras desfilaba la bandera de una Nación aliada. Esto último ocurrió sólo unos meses antes, en la celebración de la Hispanidad el 12 de octubre de 2003, cuando el señor Rodríguez Zapatero le negó a la enseña de los EEUU el respeto que le demandaba el decoro.

Aislada España de sus aliados internacionales por su propia conducta, el presidente Rodríguez Zapatero se desentendió de la de por sí escasa política exterior española. Sin agenda ni objetivos en el exterior, sin más amigos que los comprados dentro de las fronteras, el señor Rodríguez Zapatero puso toda su atención en los asuntos internos. Si la política es la resolución de conflictos en el ámbito internacional y esta puerta fue cerrada por él mismo sin saber que lo hacía, se encontró con la necesidad de crear discordias internas con las que justificar sus actos. Esto es, creó conflictos políticos —de relaciones de poder— en el ámbito doméstico, donde lo único dirimible es el orden público: el cumplimiento de la Ley.

El señor Rodríguez Zapatero fue el maltratador que acusaba a su propia familia de sus fracasos personales fuera del hogar. En esto consiste la política geodoméstica: en crear problemas en casa para —a continuación— erigirse en la *potencia* salvífica que tiene la solución a los problemas que ha creado previamente.

Esta disparatada idea geodoméstica de la política es lo que subyace a los tres *logros* del señor Rodríguez Zapatero durante su Gobierno:

1. Revivificó a ETA cuando la banda terrorista ya estaba derrotada.
2. Reanimó el enfrentamiento guerracivilista cuando hacía 60 años que los españoles se habían reconciliado entre sí.
3. Alentó el separatismo de la Generalidad de Cataluña.

Que un Gobierno trate a su Nación como a un concierto de potencias internacionales no sale gratis. Todos los actos tienen consecuencias. El señor Rodríguez Zapatero eligió como enemigos políticos no a las potencias que estuvieran en conflicto con los intereses de España y de los españoles, sino a la mitad de la población española que no le votó. Creó confrontación en el seno de la Nación para obtener un beneficio personal privado. Patrocinó el odio como normalidad mientras acusaba con el dedo a sus odiados de ser odiadores. Aquí comenzó la espiral de proyección marca PSOE: una explosión de cinismo piroclástico en la que el actor político socialista acusa al otro de haber hecho lo que el PSOE acaba de hacer o tiene intención de hacer.

Los efectos de esta conducta no se hicieron esperar. La Generalidad de Cataluña aprobó un nuevo estatuto que afirmaba que la región era una Nación en sí misma, distinta y separada de la española. Esto comenzó a tener réplicas de mayor o menor calado. La nueva norma regional contenía preceptos inconstitucionales. La cascada de consecuencias de las acciones de Gobierno del señor Rodríguez Zapatero desembocó en un proceso separatista que culminó en una rebelión de la Generalidad en los meses de septiembre y octubre de 2017.

La máquina de Poder del PSOE no crea estos problemas internos de forma gratuita. Busca su propio beneficio, siempre a corto plazo y siempre el mismo: fortalecer sus redes clientelares para robustecer la posición que tenga en ese momento o para conquistar a cualquier precio la que persiga. Cuenta con su propio ciclo del poder:

1. Conquista del poder.
2. Ejercicio del poder.
3. Corrupción.
4. Pérdida del poder.

El ciclo se reinicia cuando alcanza el cuarto estadio. La presidencia de Pedro Sánchez es la tercera ocasión en la que se repite este ciclo. Su concepción del Gobierno es la política geodoméstica del señor Rodríguez Zapatero. Se ha desentendido de la acción exterior y ha convertido España en un territorio cuyas regiones se disputan distintas *potencias interiores*: los caciques y sus oligarquías de comisionistas. El Gobierno ensimismado proyecta el navajeo de partido y la bajunería del chanchullo sobre la acción del Estado y la partida política realmente existente en el orbe.

El señor Sánchez ha elevado la geodoméstica de forma exponencial. Todos sus aliados están conjurados públicamente en la destrucción de España como Nación política. Arnaldo Otegi, jefe de EH Bildu y antiguo miembro de ETA-PM y de ETA-M, presume de que son Bildu –léase ETA– y el resto de separatistas quienes sostienen el Gobierno de España y que es a ellos a quienes el señor Sánchez debe su cargo. Y presume con razón de que el Gobierno de España opera a su dictado porque así es. El señor Sánchez ha indultado a los convictos por sedición por la rebelión de la Generalidad. Éstos repiten que lo volverán a hacer cada vez que tienen un público delante. Y, a continuación, el jefe del Ejecutivo ha derogado el delito de sedición.

En el ámbito exterior, el señor Sánchez es el presidente del Gobierno al que le pusieron la bandera de España del revés y no rechistó. Dos veces. Una en Rabat en presencia del Rey de Marruecos. La segunda en Madrid, durante una cumbre de la OTAN organizada por él mismo, en presencia de los jefes de Estado o de Gobierno de los otros 29 estados miembros de la OTAN. Dos veces en dos meses.

El señor Sánchez es el amigo de todos los enemigos de España.

La máquina de poder del PSOE tiene como única función garantizar las retribuciones clientelares. Para conseguirlo, se aliará con quien sea y hará lo que sea. No tiene escrúpulos ni límites. Cuando alguna vez llega demasiado lejos, surge una voz en su seno que hace el teatro del PSOE bueno. Una farsa para distraer hasta que pasa el chaparrón. No existe un PSOE bueno enfrentado a un PSOE malo. Sólo hay un PSOE y está dispuesto a ser siervo de quien le haga señor. Sólo quiere repartir el botín para asegurarse una semana más en el poder. El problema es que lo han devorado todo y ya no queda Estado que repartirse. Ahora comienza el reparto de la Nación.

Capítulo 11

El Estado contra la Nación

Que alguien creyera –o fingiera creer– en 1977 que la Nación española esté «integrada por nacionalidades y regiones» revelaba que esa persona defendía la federalización de España. Lo mismo podría decirse de cualesquiera otras variantes alternativas que pudieran surgir como multinacional, plurinacional, polinacional,… Lo que resulta más difícil de explicar es por qué esta idea fue aceptada y blanqueada por los mismos que la rechazaban.

La asunción de que el Estado pueda estar constituido por más de una Nación desemboca inevitablemente en un conflicto irresoluble por la hegemonía dentro del Estado entre esas pretendidas naciones. Un Estado sólo puede tener un sujeto constituyente, salvo que lo que pretenda ese Estado sea crear conflictos internos y llevar a los miembros de su comunidad nacional al enfrentamiento. Si ése es el propósito del 78, el objetivo plurinacional que ahora persigue es la estación término en la que la discordia y la confrontación estarán asegurados. Si para cada cacique hay una Nación, ¿por qué no habría de tener una también todo el que –sin ser cacique– prentenda tener la suya? El proceso de desnacionalización española mediante la atomización de la conciencia nacional tiene muchos beneficiarios, todos muy vivos y ninguno honrado.

La pretensión federalista era una idea disparatada antes de las elecciones legislativas ordinarias de junio de 1977. Sólo existía en la cúpula de dos partidos –el PSOE y el PCE–. Era totalmente ajena a la sociedad. Un año y medio después de aquellos comicios, la fantasía de que la Nación española estuviera «integrada por nacionalidades y regiones» adquirió rango constitucional. Esa posición jurídica preeminente le ha otorgado a esta idea al cabo de los años una posición moral en la colectividad. Lo que en 1977 era impensable es, desde 1978, obligatorio. La discordia es una obligación constitucional en España. Y fue impuesta por el PSOE.

¿Pretendía el PSOE crear discordia en el seno de la Nación mediante la introducción de esta expresión en el artículo 2 de la CE?

La respuesta a esta pregunta puede tener un interés historiográfico y hasta antropológico. Pero lo cierto es que a 45 años de la entrada en vigor de la CE lo único relevante a este respecto es que la discordia es un hecho. Especular unas buenas intenciones que salieron mal es un juego de niños que los adultos no se pueden permitir. Sólo importa que existe una discordia que debe ser revertida y conjurada para que no vuelva a repetirse jamás. Promover el enfrentamiento civil entre españoles no forma parte de la libertad política ni de ningún derecho. Al contrario, la Nación está legitimada para impedir –a cualquier precio– el más mínimo ataque a su integridad.

¿Pudieron las cosas haber sido de otra manera en todo este tiempo a pesar de la redacción del artículo 2? O dicho de otra manera: ¿podría España haber vivido los últimos 45 años sin el acoso y hostigamiento continuado de un sector de la clase política y dirigente del Estado? La respuesta es no. La redacción del artículo 2 constitucionaliza el acoso y el hostigamiento continuado del Estado contra la Nación. Esta cláusula es el motor del cuestionamiento diario de la Nación española por parte de todos los separatistas y sus amigos. Sería, sin embargo, un error pensar que sólo los separatistas minan la integridad territorial de España y la de su sujeto constituyente. Todas las formaciones políticas del Estado de partidos que es el Régimen del 78 socavan la unidad de la Nación política de una u otra manera.

Cabría matizar que tan sólo Vox de Santiago Abascal y varios partidos y formaciones minoritarias adicionales –a izquierda y derecha– se declaran abiertamente defensores de la unidad nacional. A este respecto, resulta conflictiva la posición de Vox. Erige altares a las causas y pone en la picota las consecuencias. Respalda la Constitución sin reservas. Sin embargo, Vox nació con el objetivo esencial de combatir los efectos de la Constitución en la unidad de la Nación. La génesis y el auge de esta formación política tienen como razón de ser la de oponerse a los efectos de lo que apoyan.

El PP se presenta a sí mismo como favorable a la unidad de España. Ante este planteamiento habría que señalar la ingente cantidad de acciones políticas impulsadas por el PP que resultan ser ataques más o menos velados a la integridad nacional. La supresión del servicio militar obligatorio a partir de 2002 fue uno de los golpes materiales que más daño le han hecho a la conciencia nacional a largo plazo. Este varapalo vino de la mano de José María Aznar, como también los traspasos de las competencias de educación, sanidad y tributos. Al indolente Mariano Rajoy y a su Gobierno le hicieron dos referéndums de autodeterminación y se le rebeló una institución del Estado –la Generalidad de Cataluña– ante su absoluta pasividad. Alberto Núñez Feijóo –el hombre que se nombró senador a sí mismo– ha llegado a afirmar que Galicia es una «Nación sin Estado» y no empezó a hablar en español hasta que comenzó a fungir como presidente del PP en abril de 2022. Otro presidente regional popular, Juan Manuel Moreno Bonilla, ha inventado el día de la bandera de Andalucía y rinde homenajes a Blas Infante, un orate que quería independizar Andalucía y hacerla musulmana. El de Castilla y León, Alfonso Fernández Mañueco, ha llegado a alcanzar extremos realmente explícitos:

Tenemos que funcionar como otros estados federales.

El PP ha hecho suyo el discurso de las «nacionalidades y regiones», que es el del PSOE, el del PCE y el de todos los separatistas. El PP también es un partido federalizante. Cuando no lo es por acción, lo es por omisión.

No hay una sola formación con presencia en las Cortes ni en ninguno de los 19 parlamentos regionales que señale la realidad de que el motor de la disolución de la conciencia nacional española es la Constitución de 1978. Al contrario, son muchos los que están encantados con este estado de cosas. En el PP han aprendido muy bien la lección del PSOE: corromper a la sociedad mediante la creación de redes clientelares que le sostengan en el poder. ¿Cuál es el resultado de esto? Los mayores beneficiarios de la CE en términos políticos son los separatistas. Nunca en toda la historia les ha ido tan bien como les va ahora: nunca han sido tantos ni tan fuertes.

El hecho de que el mismo Estado tenga asalariados a Arnaldo Otegi, a Carles Puigdemont y a Oriol Junqueras debería hacer saltar todas las alarmas. Esto sucede con el dinero de todos los contribuyentes. No hoy, sino desde hace 45 años. No es razonable que la comunidad nacional financie a quienes están conjurados en su destrucción. Sin embargo, la elevada posición del binomio «nacionalidades y regiones» imposibilita –por ahora– que la sociedad asista a un debate sereno que exponga esta realidad.

La impronta que han dejado 45 años de preeminencia constitucional de esta expresión se ha traducido en la sociedad en una venda en los ojos atada con un nudo gordiano. El crecimiento del separatismo y de su beligerancia no se va a detener por sí mismo. Continuará mientras su motor esté en marcha y el Estado le suministre el combustible. Sólo se detendrá cuando algo o alguien tenga la energía suficiente para detenerlo.

Aquí encontramos el oxímoron político que conforma el 78. Una Constitución –repetimos aún a riesgo de resultar tediosos– es la norma mediante la que una Nación política constituye el Estado en el que se organiza. En su sentido moderno, el Estado es en gran medida una creación del inglés Thomas Hobbes. Vivió en el siglo XVII y fue testigo de la Guerra Civil Inglesa. En ella se enfrentaron los partidarios de la monarquía absoluta y los del Parlamento, que pretendía limitar y controlar el poder real. Culminó en 1649 con la decapitación del Rey Carlos I y con Oliver Cromwell erigido en dictador militar bajo el título de Lord Protector. Hobbes ideó el Estado como una organización cuyo objetivo esencial era evitar la guerra civil. El del 78, en cambio, parece diseñado para desembocar en un enfrentamiento.

No pretendemos afirmar que los redactores de la CE tuvieran el íntimo objetivo de enemistar a unos españoles con otros. Pero esta es, sin embargo, la senda que han tomado los hechos. La disolución de la Nación en un Estado federal es hoy una amenaza real cuya factibilidad nace del devenir de lo constituido a lo largo de 45 años. Esta posibilidad no ha surgido de repente y de forma inopinada porque una persona o un grupo de personas hayan tenido una ocurrencia. Es el producto final de todos los hechos que lo han precedido. Es el resultado de todo lo que ha sido propiciado por el Régimen del 78 y sus élites durante más de cuatro décadas.

España es la vanguardia occidental del Estado moderno que se fagocita a sí mismo hasta implosionar. El poder que ha alcanzado es de tal inmensidad y se encuentra en la actualidad tan concentrado y tan ayuno de medios de control y de contrapesos que lo limiten que está a punto de colapsar sobre sí mismo. Lo que podría llegar a suceder con este Estado supernova insaciable y descomunal no dista mucho de lo que ocurre en las estrellas de gran tamaño. Durante toda su existencia libran en sí una batalla entre la gravedad y los procesos nucleares que se producen en su interior. Al final siempre gana la primera, la que le dio vida. Una vez que la estrella agota su combustible, cuando ya no le queda nada que devorar, su colosal masa colapsa sobre sí misma en un estallido que mata a la estrella, víctima de la enormidad de su propia gravedad. El francés Jouvenel lo expresó en estos términos:

Los estados son sólo el producto de las constituciones. A Estado muerto, Estado puesto. Basta con una nueva Constitución. No sucede así con la Nación política. Porque es de ella de la que emana toda Constitución, cualquier Estado. Si en el proceso de canibalización de sí mismo, el Estado se lleva a la Nación por delante —como tiene visos de poder ocurrir—, España tendrá ahí un problema. Y uno muy serio.

No son éstas especulaciones gratuitas para entretenimiento del lector desocupado. La Nación ya ha sido atacada por el Estado. No es una hipótesis que pudiera llegar a ocurrir, sino algo que ya ha ocurrido y ocurre. El caso que mayor peligro ha entrañado hasta ahora fue el de la rebelión de la Generalidad en 2017.

Es fácil perder la perspectiva ante la acumulación de sucesos que tuvieron lugar en los dos meses que duró el alzamiento protagonizado por Carles Puigdemont. La cantidad de personas que participaron en los hechos y su cercanía en el tiempo suponen también un obstáculo para la comprensión del acontecimiento. Si prescindimos de los nombres y nos ceñimos a lo ocurrido, la cosa coge luz. Hagamos este ejercicio con los hechos desnudos:

1. Una institución del Estado —la Generalidad de Cataluña— se rebeló contra el resto del Estado con el objetivo de sustraer una porción de la Nación política y de apoderarse de una parte de su territorio.
2. La Generalidad de Cataluña planificó, financió y ejecutó un golpe a la Nación. Lo hizo con recursos del Estado.
3. El primer hecho fáctico constitutivo del golpe tuvo lugar el 6 de septiembre de 2017 mediante la declaración «El pueblo de Cataluña es un sujeto político soberano» en un disposición con fuerza de Ley.
4. Los poderes del Estado —Ejecutivo, Legislativo y Judicial— se cruzaron de brazos y durante cuatro semanas no hicieron nada. No reaccionaron hasta que el Rey les recordó por

televisión que el aseguramiento del orden constitucional era «responsabilidad de los legítimos poderes del Estado», exigiéndoles así que pusieran fin a la rebelión.

Estos fueron los hechos y de ellos podemos extraer conclusiones que son evidentes por sí mismas: una institución del Estado utilizó los recursos del Estado –ante la pasividad del resto del Estado– para destruir la Nación política española. Esto no es una opinión. Es un hecho incontrovertible. Lo que ha sucedido una vez puede volver a suceder.

La probabilidad de que esta institución del Estado –la Generalidad de Cataluña– vuelva a atacar a la Nación no ha hecho sino incrementarse con el paso del tiempo por tres razones. La primera, porque el *statu quo* que hizo posible el golpe a la Nación no ha sufrido ningún cambio: la Generalidad conserva la misma capacidad de acción que le permitió sus acciones de 2017. La segunda, porque en los años transcurridos desde la asonada, los poderes del Estado no han implementado ni una sola medida ejecutiva o legislativa que impida la reiteración del golpe. La tercera, porque la derogación del delito de sedición por el que fueron condenados los rebeldes es un llamamiento de los poderes del Estado a la Generalidad para que reitere su rebelión contra la Nación.

Con anterioridad al golpe a la Nación de 2017 había habido conatos aislados de mayor o menor envergadura. Eran tentativas que podían tener como objetivo observar las reacciones de distintos actores; esto es, de los tres poderes del Estado y del resto de órganos constituidos –el Rey, los partidos, las Fuerzas Armadas, el Tribunal Constitucional, el Tribunal de Cuentas, el Consejo de Estado, las CCAA, los cuerpos policiales, etc.–. Pero eran, sobre todo, la puesta en marcha gradual de un proceso que es la evolución natural del estado de cosas existente y que no se va a detener, salvo que algo o alguien lo detenga.

Desde este punto de no retorno que fueron los acontecimientos de 2017 se han incrementado exponencialmente el número de ataques a la Nación por parte del Estado. Fueron especialmente crudos durante la epidemia de coronavirus. Los tres poderes del Estado y los gobiernos de todas las CCAA violaron las libertades y derechos de la totalidad de los ciudadanos, de todos y cada uno de los integrantes de la Nación. El más tímido intento de hacer valer esas libertades y derechos era atacado sin piedad por el propio Estado y por una máquina de propaganda compuesta por la práctica totalidad de los medios de comunicación.

Las embestidas del Estado contra la Nación política no sólo tienen causalidad política. La cuestión económica ha adquirido una importancia muy a tener en cuenta. De hecho, arremeter contra la españolidad es una de las industrias más florecientes de toda España. Tomemos el ejemplo paradigmático de Cataluña. Desde la llegada a la Generalidad de Artur Mas en 2010, este órgano del Estado ha dedicado todos sus recursos a atacar a la Nación. Su presupuesto para 2022 ascendió a 30.000 millones de euros. Un año tras otro, un presupuesto tras otro, miles y miles de millones de euros son dedicados a arremeter contra los que pagan los impuestos de los que se nutren esos presupuestos. También sucede en el País Vasco. Y en otras CCAA. Hasta en Andalucía, donde su Gobierno regional del PP ya afirma a través de sus medios de comunicación que hay una lengua distinta del español. Es un sistema de expolio en el que las oligarquías de los partidos parasitan a la sociedad. El cálculo de las decenas de miles de millones que ayuntamientos, diputaciones provinciales, CCAA y Gobierno central –todos ellos órganos del Estado– dedican cada año a atacar a la Nación es inabarcable. Tanto como el número de bolsillos que llenan esos millones.

CAPÍTULO 12

EL GOLPE FEDERALISTA DE LOS PODERES DEL ESTADO

El proceso de involución puesto en marcha por el bloque de izquierda en comunión con los separatistas es de tal magnitud que han traido de vuelta el golpe de Estado clásico, lo que los siglos XVII y XVIII entendían como tal. La expresión comienza a perder significado a causa del abuso que de ella hacen actores políticos y medios de comunicación, que ven golpes en todas partes menos donde los hay. Con ello, unos obtienen un rédito político a corto plazo y los otros, audiencia. El golpe de Estado moderno es la subversión de lo constituido –típicamente el Gobierno– y lo realizan agentes externos. El clásico –explicaba Gabriel Naudé– es una acción por sorpresa que realiza el propio poder con el objetivo de fortalecer su posición.

Esto último es lo que sucede en la actualidad. Es el propio poder constituido el que lo impulsa y ejecuta. Si bien no lo hace de forma inesperada y rápida, sino –muy al contrario– de un modo gradual que quema etapas en su resuelto avance. Es el inicio de cada una de estas fases lo que sí sucede de súbito.

El golpe blando de signo federalista que hay en marcha guarda muchas similitudes con el golpe a la Nación llevado a cabo por la Generalidad de Cataluña. Si bien aquel lo ejecutaron instituciones del Estado de nivel regional, el actual tiene lugar impulsado por instituciones de ámbito nacional: los mismos poderes del Estado. Salvando las distancias y a sabiendas de que lo regional no es equiparable a lo nacional, resultan muy relevantes los procesos análogos que se pueden extraer de los acontecimientos.

Asistimos a un viaje de ida y vuelta de génesis constituyente por la puerta de atrás. En el inicio del 78, las CCAA replicaron las estructuras del Estado, principalmente se dotaron de un Ejecutivo y un Legislativo regionales. Diecisiete veces –más Ceuta y Melilla–. Ya en 2017, la Generalidad catalana materializó su golpe a la Nación mediante la puesta en acción de dos medios esenciales unidos a un tercer factor:

1. Unidad de poder concertada entre el Ejecutivo y el Legislativo regional.
2. El poder resultante de esa unidad concertada se arrogó una capacidad de acción sin límites y se declaró a sí mismo ajeno a toda forma de control por órganos que no fueran ellos.
3. El tiempo. Concentraron la acción del golpe a la Nación en un único día, el 6 de septiembre de 2017. Todo lo que aconteció después fueron actos emanados –y no impedidos– de la declaración de Cataluña como «sujeto político soberano» que había tenido lugar en esa jornada ominosa.

En la actualidad son los poderes Ejecutivo y Legislativo nacionales los que se han concertado y actúan en unidad de poder contra la Nación. El diseño del Régimen del 78 establece que el Legislativo elige al Ejecutivo. Este hecho unido a los incentivos perversos que genera el sistema electoral proporcional da como resultado que el Legislativo se pone de inmediato a las órdenes del Ejecutivo que elige. La unidad de poder es la cotidianeidad del 78. Pero la atomización del Congreso sumada a la disposición de Pedro Sánchez a pactar con el diablo para conquistar el poder y conservarlo han dado lugar a un escenario novedoso: un Ejecutivo al servicio de las minorías que integran el bloque de la mayoría. Señor de nombre y siervo de hecho, el Gobierno está gobernado por golpistas y terroristas separatistas. Los dos grupos mayoritarios que forman la primera coalición de Gobierno del régimen –PSOE y Podemos– están encantados de encontrarse en semejante compañía. La visión de conjunto de esta situación es capital para comprender el qué, el cómo y el porqué de lo que le pasa a España.

Concertados ambos poderes, se disponen a dar la puñalada final a la unidad del sujeto constituyente español. Lo exigen los socios minoritarios de Moncloa y en ello no encuentran reparos sus federalistas inquilinos, que han llegado a sentarse a negociar la integridad de la Nación en lo que llaman *mesa de diálogo*. Pero han aprendido las dos lecciones que les ha dejado el golpe a la Nación de la Generalidad.

- No realizan sus acciones con la pretensión de no estar sometidos a ninguna forma de control.
- No concentran sus acciones en un período breve de tiempo. Actúan en tiempos largos.

No se han arrogado un imaginario imperio extraconstitucional que los sitúe fuera del alcance del control y la fiscalización. En lugar de ello, hacen lo que la Generalidad no podía hacer por ser un órgano regional. La unidad de poder concertada entre el Ejecutivo y el Legislativo pone bajo su control a los únicos órganos que tienen capacidad —nominal— para controlar y fiscalizar sus acciones: la Justicia y el Tribunal Constitucional. Esto es, controlan al controlador.

Una evidencia de este designio fue el intento de tramitación de la Ley de Sometimiento, con la que pretendían subyugar al Poder Judicial y al Tribunal Constitucional. Lo hicieron mediante dos enmiendas coladas de rondón en el último minuto en la norma que derogaba el delito de sedición. Suponían la reforma de las dos leyes orgánicas por las que se rigen estos dos poderes constituidos. La avidez del Ejecutivo y de sus socios del Legislativo por poner a la corte de garantías bajo su control revela su objetivo: tienen intención de violar la CE y necesitan un TC feudatario que les fabrique una coartada para cada violación.

Las enmiendas llegaron a ser aprobadas por el pleno del Congreso. Pero no finalizaron su tramitación en el Senado. El TC suspendió su curso como medida cautelarísima solicitada en un recurso de amparo registrado por varios diputados del grupo parlamentario popular. Los poderes Ejecutivo y Legislativo comparecieron a medianoche para coaccionar al TC y al poder Judicial. Por parte del Gobierno lo hizo el ministro de Presidencia, Félix Bolaños; por parte de las Cortes, los presidentes de cada una de sus dos cámaras —Meritxell Batet y Ander Gil—. Varias cadenas de televisión interrumpieron sus programas nocturnos para emitir en directo la afrenta. El presidente del poder Ejecutivo hizo lo mismo a la mañana siguiente. Los cuatro mintieron al acusar al TC de haber suspendido la potestad legislativa de las Cortes. Era falso. La diputada Mertxe Aizpurua, portavoz de EH-Bildu —formación heredera de ETA—, se expresó esa misma mañana en términos muy similares a los utilizados por el presidente del Gobierno y los de ambas cámaras. El jefe del Ejecutivo, en particular, lanzó una nueva amenaza explícita a los vocales del CGPJ y a los magistrados del TC que no operaban a su dictado:

Pedro Sánchez: El Gobierno adoptará cuantas medidas sean precisas para poner fin al injustificable bloqueo del poder Judicial y del Tribunal Constitucional.

El señor Sánchez y sus socios consiguieron muy rápidamente lo que perseguían con estas matonerías disfrazadas de legalismo y solemnidad. En una de las dos únicas enmiendas cuya tramitación había dejado en suspenso el TC con arreglo a la Ley, amenazaban a los vocales del CGPJ con «responsabilidades penales». Unida esta amenaza a las nuevas y a las coacciones y calumnias lanzadas por televisión por los poderes Ejecutivo y Legislativo, el Judicial se derrumbó y se sometió voluntariamente. Una semana más tarde —en plena Navidad y en sesión extraordinaria—, el CGPJ nombró los dos magistrados del TC que el Ejecutivo y el Legislativo le exigían. Sumados a los dos que ya había propuesto Moncloa un mes antes, el bloque federalista se había hecho con el control absoluto del TC.

Con esto, la unidad de poder concertada daba cumplimiento a las dos lecciones aprendidas del golpe a la Nación de la Generalidad. Por un lado, ya tienen a uno de los dos controladores —el TC— bajo su control. Del segundo de estos posibles controladores, el poder Judicial, nada teme el bloque de poder que forman el Ejecutivo y sus amos separatistas del Legislativo; los magistrados del Tribunal Supremo —y los que aspiran a llegar a serlo algún día— han demostrado que carecen de la energía necesaria para actuar hasta las últimas consecuencias como lo que son: un poder del Estado. Sabedores de que el Ejecutivo y el Legislativo han violado la Constitución con los dos estados de alarma, nada han hecho. ¿Qué habrían de temer estos dos poderes de un Judicial que no se atreve a investigar la violación de las libertades y derechos fundamentales de 47 millones de ciudadanos? ¿Qué respeto infunden las togas que se acochinan ante las amenazas de matones que —investidos de ministerios y diputaciones— esgrimen leyes cachicuernas?

En cuanto a la segunda lección aprendida, actúan por etapas. De este modo acostumbran a la sociedad de forma gradual a cada uno de los pasos que dan. Así evitan la reacción popular que tendría lugar si la rapidez de sus acciones desnudara sus actos y evidenciara sus propósitos. Al ejecutarlos de forma escalonada, la ciudadanía no se apercibe de la realidad de lo que ocurre a su alrededor. Y si lo hiciera, cuentan con una enorme capacidad de movilización de masas para neutralizar mediante la intimidación callejera cualquier reacción de la Nación contra sus acciones liquidacionistas.

Poco importa ya cómo resuelva el TC el recurso de amparo por el que fue suspendida cautelarmente la tramitación legislativa de las dos enmiendas que constituían la Ley de Sometimiento. La corte de garantías ya está sometida tras las bajas y altas de cuatro de sus magistraturas. Y el poder Judicial está sometido de hecho por el terror pánico que tienen sus integrantes a jugarse la carrera y los trienios en un enfrentamiento con sus iguales. Aún así, el Ejecutivo mantendrá la presión hasta conseguir un CGPJ sometido también nominalmente, cosa que acabará por suceder. Cuando esto ocurra, el PSOE contará con un Gobierno de los jueces rendido a sus intereses y objetivos federalistas.

La actual legislatura finaliza su diputación en noviembre de 2023. Haya elecciones en ese momento o antes y al margen del resultado que arroje la TV a los 120 minutos del cierre de los colegios electorales, el PSOE tendría cautivos al CGPJ y al TC durante la siguiente legislatura. Hasta entonces, la única realidad es que el señor Sánchez está al frente del poder Ejecutivo y la señora Batet, del poder Legislativo.

¿Quién es Meritxell Batet? Su trayectoria replica el patrón clásico de joven militante y después profesora universitaria que es incluida en una lista electoral y resulta electa. Tiene escaño en el Congreso desde el año 2004. Es partidaria de la autodeterminación de Cataluña. Sus actos lo dicen con rotundidad, aunque sus palabras cambien con la coyuntura de cada momento y con la audiencia de cada ocasión. Votó a favor –lo hicieron 13 de los 14 diputados del PSC– de sendas iniciativas registradas por CiU e ICV, respectivamente, en febrero de 2013. Ambas instaban a Moncloa a dialogar con la Generalidad para celebrar un referéndum de autodeterminación en Cataluña. Dos años más tarde afirmó en una entrevista que su idea de Nación «depende del contexto»; también realizó insinuaciones sobre un eventual futuro proceso, diálogo y acuerdo «para renovar el pacto de 1978» y «encajar a Cataluña en el resto de España». Cuando fue ministra de Política Territorial en el primer Gobierno del señor Sánchez realizó unas declaraciones insólitas en las que se manifestó en contra de hacer valer la Constitución frente a quien quiera romper la integridad territorial de España.

Esta señora que no sólo cuestiona la Nación política española, sino que la ha combatido con su voto, ocupa la más alta magistratura de –supuesta– representación de la Nación. Meritxell Batet es la presidenta del poder Legislativo desde mayo de 2019. No ocupa este asiento a pesar de combatir a la Nación española. El señor Sánchez la ha puesto en ese cargo precisamente porque la combate y para que la combata. Desde ese asiento modificó los medios de elección de los miembros de la Comisión de Secretos Oficiales para dar entrada en ella a los golpistas de ERC y a los herederos de los terroristas de Bildu.

Convencida federalista, firmó junto a Manuel Cruz –ambos militantes del PSC fueron elegidos presidentes del Congreso y del Senado, respectivamente, al mismo tiempo– un texto al que titularon «Federalismo: tan posible como deseable». Fue publicado por la Fundación Pablo Iglesias en un libro colectivo editado por Rafael Simancas (PSOE). Esa pieza fue posteriormente rescatada por la Fundació Rafael Campalans e incluida en otra obra colectiva coordinada por Ferran Pedret (PSC) bajo el título *El futur és federal,* en la que también firmó una pieza el ex ministro de Sanidad Salvador Illa (PSC). La señora Batet participó en la presentación del libro junto a ambos en febrero de 2023. En el transcurso del acto afirmó:

> Meritxell Batet: Estamos profundizando en mecanismos federales. Todo el sistema de cogobernanza de la pandemia, [...] creo que son mecanismos que, por la vía de los hechos, pueden ayudar a ir implantando esta cultura federal.

«Por la vía de los hechos». Esto es, mediante la imposición de hechos consumados. Son las palabras con las que la presidenta del poder Legislativo ha descrito las acciones federalizantes realizadas por el poder Ejecutivo. Este ensayo federalista fue dictado por el Gobierno –con la cooperación del Congreso– durante una emergencia sanitaria con mil muertos diarios. Tuvo lugar mientras los ciudadanos se encontraban en una situación de detención ilegal en sus propios hogares que había sido dictada por los impulsores y ejecutores de este experimento político.

En este teatro de locos en el que los tres poderes del Estado están conjurados –por acción u omisión– en la quiebra de la Nación política de la que emanan, ha surgido un medio de acción política en uno de ellos. También esta idea había sido puesta en práctica durante la intentona golpista de la Generalidad. Ya estaba olvidada, pero ha aparecido de repente a nivel nacional como un géiser que se abre paso y estalla con pretensión de inundarlo todo. Fue propiciada en las horas siguientes al trascendental acuerdo del TC que suspendía la tramitación de las dos enmiendas de marras. Esta idea consiste en la fantasía de que el poder Legislativo lo puede todo porque ha sido elegido. Inmediatamente después del acuerdo adoptado por el plenario del tribunal de garantías, los presidentes de las cámaras legislativas, el Gobierno y la mayoría del Congreso que lo sustenta salieron en tromba. Todos con el mismo argumento: los diputados pueden decidir y aprobar todo lo que les parezca oportuno porque han sido elegidos; la potestad legislativa no tiene límites; todo es posible por arte de legislación; la democracia consiste en que el diputado está habilitado para hacerlo todo porque sus palabras y sus actos son los de la voluntad popular a causa de su elección. La razón del electo como causalidad de la omnipotencia da como resultado una legislación alternativa a la realidad. Basta que una disposición establezca que los gatos vuelan para que los legislómanos defiendan el derecho a volar de los felinos y hasta los vean surcar los cielos.

Los intelectuales orgánicos ya trabajan en la elaboración de un argumentario con el que justificarán una oportunista teoría de omnipotencia de las Cortes. Publicarán tribunas en los periódicos. Crearán una doctrina que será impartida desde las televisiones y radios por sesudos tertulianos. Citarán la Revolución Francesa con la conveniente omisión del Terror. Será la representación exacta del monolitismo intelectual setentayochista: todos ellos llegarán al mismo tiempo a las mismas conclusiones sobre las mismas cuestiones de colosal trascendencia política. Esta tesis afirmará de forma repetitiva, insistente y machacona una serie de mensajes sencillos. Los vestirán con una pretendida apariencia de razonable y llevarán en sí la semilla de la barbarie:

1. La democracia es la voluntad popular.
2. La voluntad popular es la que elige a los diputados.
3. Todo lo que aprueben los diputados es el resultado de la voluntad popular.
4. Nada puede oponerse a la voluntad popular.
5. La voluntad popular puede decidirlo todo.
6. La voluntad popular es la Ley.
7. La voluntad popular puede cambiar la Constitución sin necesidad de seguir el procedimiento de reforma porque la voluntad popular está por encima de todo.
8. Los referéndums de autodeterminación son legales si así lo decide la voluntad popular mediante sus diputados.

Esta omnipotencia de metacrilato se reduce a una única y luisiana cláusula cuyo enunciador es Pedro Sánchez: «Yo he sido elegido presidente del Gobierno. La voluntad popular soy yo».

Las implicaciones de esta idea de un parlamento todopoderoso son muy peligrosas. Así lo advirtió Benjamin Constant:

> Cuando se establece que la soberanía del pueblo es ilimitada, se crea y se lanza al azar un grado de Poder demasiado elevado en sí mismo y que constituye un mal en cualesquiera manos que se ponga.

La naturaleza de las Cortes es una convención social en la que entran en juego principios legales y morales. Afirmar y sostener que —en virtud de entidades ficticias como la «voluntad popular» o la «soberanía popular»— las Cortes están habilitadas para poder hacerlo todo es una transformación de la naturaleza de esa asamblea. Esta afirmación supone la mutación de unas Cortes ordinarias en unas Constituyentes. Y esta alteración de la naturaleza del poder que supone transformar lo constituido en constituyente fue lo que sucedió tras las elecciones generales ordinarias de junio de 1977. Darlo por bueno una vez equivale a darlo por bueno infinitas veces. El corolario sería que todas las legislaturas ordinarias serían, al mismo tiempo, constituyentes. La traducción política es la de estar inmersos en un proceso constituyente perpetuo. Un poder constituyente descontrolado y sin limitación temporal es la antesala de la tiranía.

CAPÍTULO 13

TRIBUNAL CONSTITUCIONAL, FÁBRICA DE COARTADAS

El Tribunal Constitucional (TC) se compone de doce miembros. El 83% de sus magistrados –diez de ellos– es nombrado de forma directa por quienes realizan los actos sobre cuya validez constitucional se pronunciarán tarde o temprano: cuatro por cada una de las dos cámaras del poder Legislativo –ocho en total– más otros dos por el Ejecutivo. Los dos restantes son nombrados por los mismos, pero de forma indirecta: son designados en una elección de tercer grado Ejecutivo-Legislativo-CGPJ en la que el órgano de gobierno de los jueces es el eslabón final.

Las atribuciones de este tribunal son únicamente dos. Velar por la constitucionalidad de las leyes y las disposiciones con fuerza de Ley; y tutelar las libertades públicas y los derechos fundamentales de todos los ciudadanos. Estos son sus únicos cometidos. Nada más. No forma parte de la Administración de Justicia. De hecho, sus magistrados no tienen por qué ser o haber sido miembros de la carrera judicial. Basta con estar titulado en Derecho y haber ejercido como abogado durante más de 15 años. O con haber sido profesor universitario o funcionario durante el mismo tiempo.

Cuando una sentencia del TC declara la inconstitucionalidad de una Ley, de una disposición o de un acto administrativo convierten a esa Ley o acto en nulos de pleno derecho. Esto quiere decir que los efectos de esa Ley o de esa acción de la Administración desaparecen, pierden su fuerza.

Lo realmente interesante del TC y de sus competencias es la secuencia cronológica que sigue a una declaración de inconstitucionalidad. ¿Qué sucede después de que un acto administrativo, un artículo de una Ley, toda una Ley o un acto del Gobierno pierdan su vigor tras haber sido declarados inconstitucionales por la corte de garantías? La respuesta es nada. No sucede nada. Los responsables fácticos de una violación de la Constitución no son responsables ante la Ley por haberla violado. Esto significa que los poderes Ejecutivo y Legislativo tienen privilegio de violación de la CE. La existencia de esta patente de corso no consta como tal en ninguna parte. Pero sus resultados están a la vista de todos. Lo peor que les puede ocurrir es que sus acciones ilegales queden sin efectos en el caso de que el TC así lo decida. Sin embargo, ninguna persona integrante de estos poderes ni ninguno de sus funcionarios son responsables personalmente cuando violan la CE ni de ello se deriva la imputación de ningún delito. La propiedad de una gallina es un bien jurídico más protegido que las libertades y derechos de los ciudadanos.

El devenir de la labor de esta curia en el cumplimiento de sus atribuciones debería estar libre de interferencias políticas, ajeno a los intereses y las pasiones del momento. La propia CE establece que sus miembros «serán independientes en el ejercicio de su mandato». Sin embargo, cualquier ciudadano informado puede saber de antemano cuál va a ser la posición de cualesquiera de sus magistrados. Para ello le basta con saber quién le propuso y confirmar la conclusión que de ello pueda extraer con la lectura del CV de su señoría.

El TC es una feria de facciones. Es una lonja en la que las libertades y derechos de los ciudadanos están en venta. O, no menos inquietante, una almoneda que comercia con lo que debería ser el sometimiento de los poderes del Estado a la Constitución. Las decisiones que se toman en su horrible sede retrofuturista pueden establecer que lo blanco es negro y también lo contrario. Cualquiera puede afirmar en su vida privada que algo es lo que no es sin importarle que para todos los demás sea evidente que no es. Sin embargo, que esa misma afirmación sea el fundamento de una sentencia que establece la constitucionalidad de una Ley o si ha existido una violación de libertades o derechos es algo que llega más lejos que un comentario de sobremesa entre amigos. La palabra del TC cuenta con tal fuerza que acaba impresa en el *BOE*, desde donde derriba y apuntala leyes.

La división del tribunal de garantías en partidas está establecida en los medios de elección que dispone la CE para sus magistrados. Cada una de las dos cámaras del Legislativo elige un tercio de los integrantes y tiene que hacerlo con una mayoría de tres quintos —de un 60% de los votos—. Este requisito es tan exigente que lo que de verdad prescribe es que quienes sean capaces de sumar esa mayoría —los dos principales partidos— se pongan de acuerdo para repartirse los nombramientos. Es imposible hacerlo de otra manera. No la hay. Es la propia CE la que dicta el reparto —la corrupción— de las magistraturas del TC. La creación de dos bandos en el seno de esta corte no sólo es inevitable, sino que es lo que manda la CE.

Pero no todas las facciones son iguales ni están dispuestas a comportarse de igual forma. Su división interna crea lo que los medios de comunicación llaman «corrientes». A una la califican de *progresista*. Esta aglutina al PSOE, a Podemos –con cualquier nombre que pueda adoptar en el futuro– y al pedigrí nacionalista contrario a la propia existencia de la Nación de la que emana la Constitución que habrán de defender. A la otra la llaman *conservadora*. Es la que rehúye la defensa de todo lo que dice defender. Se opone a la anterior de palabra. La función real del ala conservadora es la de consolidar la posición política de la progresista al cabo de unos años.

El hecho de que los medios de elección de sus miembros propicien la creación de estas banderías es, por sí mismo, algo que debería ser motivo de preocupación. Es una evidencia de que sus actos estarán marcados por el procedimiento de designación de sus magistrados. Pero lejos de crear la consciencia de la necesidad de un debate en la sociedad para darle una solución, la plaza pública azuza el fraccionamiento del TC como un deseable reflejo del taifismo que patrocina el 78.

Su existencia también revela sus fines. Si todos estos magistrados tuvieran como única y exclusiva preocupación el cumplimiento de sus obligaciones constitucionales, no habría lugar para estos bandos. De hecho, eso significaría que ni tan siquiera habría TC. El ser de estas facciones pone de manifiesto que la función del TC es la fabricación de una coartada para cada crimen que haya cometido el Ejecutivo al que deban el cargo.

La violación de la CE llega a veces tan lejos que no tienen más remedio que censurarla y negarle la coartada. Aun así, nada le sucede a la persona o las personas responsables de esa violación. En otras ocasiones, la inconstitucionalidad de una Ley es tan evidente y de tal magnitud que el aval del TC desplaza el marco de violabilidad de la CE. Esto sucede cada vez que el PSOE tiene el control del tribunal. Es decir, cuando la mayoría de los magistrados están adscritos a lo que los medios llaman la corriente progresista.

En los períodos de mayoría conservadora, la corte se limita a tratar de mantener desesperadamente ese marco donde lo había dejado la anterior mayoría. Esto ocurre mientras el PSOE y todos sus medios adictos ejercen una presión constante sobre esa mayoría para que ni se les pase por la cabeza hacer uso de ella. Tal y como está concebido, el TC es el órgano de casación al servicio del PSOE de todos y cada uno de los tres poderes del Estado.

Una consecuencia de que el cometido principal de este tribunal sea la producción de pretextos afecta a la motivación de cada magistrado para inclinar su voto en uno u otro sentido en cada caso. Si las sentencias son redactadas con el objetivo de proporcionar una coartada, es necesario que antes se haya producido un crimen. De esto se sigue que la coartada adoptará la forma que necesite la fechoría. La actuación de cada magistrado guardará entonces proporcionalidad con el origen de su propio nombramiento. De este modo, las sentencias del TC son dictadas por una coacción tácita que nace por razón de quién realiza la proposición de un nombre y que ese nombre arrastra durante los nueve años de togado constitucional. La aceptación de una coacción no mitiga su naturaleza. Está ahí aunque ninguna de las dos partes la mencione. Nada es gratis: lo sabe el que paga y el que ha recibido el pago.

Sin entrar en la disquisición de qué precede a qué —si la coacción o su resultado—, la nueva mayoría en el plenario del TC constituida a fin de 2022 se dispone a confirmar lo anteriormente señalado. Lo hará en dos de las que —a decir en el momento de cierre de esta edición— se contarán entre sus primeras sentencias. Una será la referida al aborto. Este recurso del PP pasó doce años y medio arrumbado en un cajón por la mayoría nombrada por el PP. La nueva mayoría —constituida con la fuerza del PSOE, Podemos y todos los separatistas— tardó exactamente 29 días en sacar el recurso del cajón y desestimarlo.

El nuevo presidente del tribunal, Cándido Conde-Pumpido, designó como ponente a la nueva vicepresidenta, Inmaculada Montalbán. Ella será la encargada de redactar la ponencia que avale la constitucionalidad de la nueva Ley del aborto. De este modo, el derecho a la vida que la CE afirma para «todos» será violado por una sentencia del tribunal cuyo cometido es garantizar el cumplimiento de la CE. Esto es, el TC avalará —una vez más— la violación de la CE. Volverá a mover el marco de violabilidad de la CE. Para ello, fabricará una coartada *ad hoc* para mantener la vigencia de una legislación que está en conflicto con la Constitución.

Esta nueva mayoría también será visible en la resolución de una cuestión de inconstitucionalidad presentada por el Tribunal Superior de Justicia de Cataluña (TSJCat) y un recurso registrado de forma conjunta por PP y Ciudadanos sobre el mismo asunto. En ambos casos, contra el Decreto-Ley y la Ley que aprobaron el Gobierno y el Parlamento regionales catalanes para impedir la escolarización en español dentro de Cataluña. Los objetivos de este TC se han manifestado de forma tan evidente que su nueva Presidencia —ocupada por Cándido Conde-Pumpido— asignó la ponencia del recurso a Laura Díez. La magistrada recién nombrada a propuesta del Gobierno ya se había pronunciado favorablemente sobre ello en dos dictámentes siendo vicepresidenta del Consejo de Garantías Estatutarias de Cataluña (CGEC). Se vio forzada a abstenerse en ambos asuntos, en la cuestión y también en el recurso.

La actual composición de la corte invita a concluir que estas dos normas regionales catalanas recibirán el aval del TC. El resultado de este asunto es de tal trascendencia que en él quedará revelado —de nuevo— la naturaleza adquirida por el nuevo colegio de magistrados de la curia constitucional. Una exposición del contexto del asunto facilitará la comprensión de esta particular envergadura. La secuencia cronológica de los hechos es la siguiente.

Una sentencia del TSJCat estableció en diciembre de 2020 que la Generalidad catalana estaba obligada a impartir la enseñanza en cualquiera de las dos lenguas oficiales de la región en un porcentaje no inferior al 25%. Esto es, si unos padres demandaban que su hijo fuera escolarizado en español, el Departamento de Educación catalán estaba obligado a impartirle la docencia en español durante un mínimo del 25% del tiempo lectivo. La Generalidad —que niega la existencia de un problema de escolarización en lengua española— recurrió ante el Tribunal Supremo (TS), que rechazó el recurso. La sentencia del 25% adquirió firmeza en enero de 2022. Al cabo de cuatro meses sin que la Administración diera cumplimiento a lo resuelto, el TSJCat abrió un incidente de ejecución forzosa de su sentencia. Dio 15 días a la Generalidad para que ejecutara su resolución.

La reacción de la administración educativa catalana fue enviar una carta a todos los centros. En la misiva los conminaba a rechazar y dejar sin respuesta cualquier requerimiento de los padres de los alumnos sobre esta materia.

Por otro lado, el Parlamento local registró una proposición de Ley para el incumplimiento de la sentencia. Fue registrada por cuatro grupos parlamentarios. La primera firma era la del PSC. El Gobierno regional dictó un Decreto-Ley con el mismo propósito, el de esquivar una sentencia judicial firme. La Constitución dice al respecto:

> Artículo 118. Es obligado cumplir las sentencias y demás resoluciones firmes de los Jueces y Tribunales, así como prestar la colaboración requerida por éstos en el curso del proceso y en la ejecución de lo resuelto.

Ambas normas fueron aprobadas y, a continuación, promulgadas en el *Diario Oficial de la Generalidad de Cataluña*. La hoy magistrada del TC Laura Díez avaló su legalidad –pese al evidente conflicto con la CE– en sendos dictámenes favorables del CGEC. Ahora están sobre la mesa del TC, pendientes de la decisión que adopte su colegio de magistrados. La magnitud de lo que este asunto dirime es tal que servirá para medir el grado de desmoronamiento del Estado.

Avalar la constitucionalidad de estas dos normas cuyo contenido tiene como único fin torear una sentencia judicial equivale a afirmar dos cosas cuyas consecuencias jurídicas engendrarán otras materiales que pueden ser imprevisibles.

La primera es que el artículo 118 CE no es de obligado cumplimiento. Las implicaciones políticas y jurídicas que se derivarían de esto son extraordinarias. La más obvia es que el Estado viola su propio ordenamiento. Esto significa que el Gobierno y el Parlamento regional catalán no se someten a la Ley y la quebrantan sin consecuencias, lo que es una característica típica de la tiranía. Que la arbitrariedad de estas dos instituciones del Estado adopte una apariencia de legalidad mediante el cumplimiento formal del procedimiento legislativo es exactamente lo que parece: el escarnio de la Ley. La Ley no puede violar la Ley. El ordenamiento creado *ad hoc* para transgredir el existente revela al tirano. Pero si escarbamos un poco más encontraremos el significado íntimo de avalar estas dos normas ilegales. Si esta curia dice que ambas son ajustadas a la CE –y la probabilidad de que lo haga no es pequeña–, de ello se seguirá que el TC habrá derogado el artículo 118 CE. Si la Generalidad de Cataluña no está obligada a cumplir las sentencias judiciales, nadie lo está. Esta derogación de hecho de esta cláusula habrá sido realizada mediante la usurpación del poder Legislativo –único actor facultado para aprobar esa modificación– y la violación del procedimiento que la CE establece para su reforma. Estaríamos entonces inmersos en un caos jurídico en el que habrían adquirido carta de naturaleza la violación de la CE, la usurpación de poderes del Estado por parte de terceros órganos constitucionales, el abuso de poder, la vulneración del procedimiento de reforma de la CE y la desautorización de todas las sentencias y resoluciones de todos los jueces y tribunales de Justicia de toda España.

La segunda repercusión es que cualquier sentencia o resolución judicial puede ser modificada con posterioridad por los otros dos poderes del Estado y hasta por asambleas y gobiernos regionales. Esto es un torpedo en la línea de flotación de todo lo que sustenta al Estado y de todo lo que sostiene la convivencia pacífica de la sociedad. Es la constitucionalización de la arbitrariedad por la vía de los hechos. Si los órganos del Estado pueden actuar de forma arbitraria sin consecuencias, todo el ordenamiento jurídico se desmorona y no queda viva ni una sola Ley. Sólo quedaría la fuerza coactiva del monopolio de la violencia ejercido por las Fuerzas y Cuerpos de Seguridad del Estado y esto sólo mientras estas fuerzas y cuerpos obedecieran a la cadena de mando que acaba en los poderes constituidos ya erigidos en tiranía. A partir de ese momento, nada ni nadie estaría protegido por la Ley ni por los Tribunales de Justicia.

Las leyes y las sentencias que no se cumplen no son leyes ni sentencias, son opiniones con membrete. Al ver la ciudadanía que sus gobernantes no atienden al ordenamiento ni a las resoluciones judiciales, tomaría ejemplo de ellos y los imitaría. A no mucho tardar, toda la sociedad se vería sumida en una anarquía que habría sido propiciada desde el Estado. De hecho, habría sido el propio TC el que habría constitucionalizado el Estado anárquico.

En el momento de cierre de esta edición aún está por ver qué resuelve la corte de garantías constitucionales sobre este asunto. Sí está visto ya el posicionamiento que adoptaron el presidente del TC y la magistrada que le disputó el cargo —Cándido Conde-Pumpido y María Luisa Balaguer, respectivamente— en las tres sentencias que declararon inconstitucionales los actos del Gobierno durante la epidemia de coronavirus (la cuarta sentencia del coronavirus declaró inconstitucional el cierre del Congreso, que —formalmente— fue una acción de la Mesa de la Cámara). Ambos emitieron votos particulares en los que avalaron como legal la violación de las libertades públicas y derechos fundamentales de 47 millones de ciudadanos en los dos estados de alarma y en la dimisión del Ejecutivo de sus responsabilidades, que no del cargo, al delegar sus obligaciones sucesivamente en las CCAA y, a continuación, en los Tribunales Superiores de Justicia. Estos dos magistrados sí censuraron la ilegalidad del cierre del Congreso de los Diputados adoptado por Meritxell Batet, presidenta del poder Legislativo.

El aborto y el 25% de escolarización en español en Cataluña exponen el patrón. Muestran el papel de este órgano en los planes de federalización de España. Estos ejemplos ilustran la peligrosidad de ciertas decisiones y hasta dónde pueden llegar sus consecuencias.

Los doce asientos del TC se cuentan entre las más altas magistraturas de la estructura del Estado. Cada uno de sus miembros tiene la encomienda de garantizar la unidad y la integridad del sujeto constituyente desde el punto de vista jurídico. La calamidad del 78 es tal que deposita tan grave responsabilidad en personas dispuestas a utilizar este cometido para traicionar a la Nación. Sin embargo, no es la primera vez que el TC ha contado entre sus magistrados a sujetos que han combatido activamente la integridad y la unidad de la Nación política española. Ahí está el caso de Carles Viver Pi-Sunyer.

El señor Viver formó parte de esta corte entre 1992 y 2001. Los tres últimos años fue su vicepresidente. El Gobierno del señor Rodríguez Zapatero le concedió en 2004 la Gran Cruz de la Orden de Isabel la Católica, que distingue «da lealtad acrisolada»; y en 2005, la Medalla de la Orden del Mérito Constitucional como premio a «sus actividades relevantes al servicio de la Constitución y de los valores y principios en ella establecidos». En el momento de recibir esta medalla, el señor Viver asesoraba en el proceso de redacción del proyecto de nuevo estatuto Estatuto cuyo arranque rezaba:

Artículo 1. Cataluña es una Nación.

Tras haber sido magistrado y vicepresidente del TC, Carles Viver ocupó entre 2004 y 2017 de forma sucesiva –y en algunos casos, acumulativa– los siguientes cargos dependientes de la Generalidad de Cataluña:

- Director del Instituto de Estudios Autonómicos (2004-2016).
- Presidente del Consejo Asesor para la Transición Nacional (2013-2015).
- Comisionado para la Transición Nacional (2015-2017).
- Director del Instituto de Estudios del Autogobierno (2016-2017).

El señor Viver ejerció durante el proceso separatista que culminó en el golpe a la Nación de 2017 como consultor legal de la independencia, como si una secesión fuera un expediente administrativo que pudiera tener un procedimiento establecido. Fue el cerebro jurídico de la rebelión de la Generalidad y colaborador esencial –si no su principal autor– de la redacción de las conocidas como leyes de Referéndum y de Transitoriedad. Fue con la aprobación de estas normas por el Parlamento regional catalán –el 6 y 7 de septiembre de 2017, respectivamente– con lo que dio comienzo la rebelión contra la Nación de esta institución del Estado.

Con estos antecedentes, a nadie debería sorprender que el TC sea en la actualidad una conejera de federalistas que pretenden liquidar la Nación política española mediante su expolio y reparto entre los caciques regionales.

Tras la toma de posesión de los magistrados nombrados a propuesta del CGPJ y del Ejecutivo quedaron cubiertas las plazas de los cesantes que ya habían cumplido nueve años en el cargo. Queda todavía, sin embargo, una vacante. Este doceno asiento plenario está pendiente de ser cubierto por el Senado tras la renuncia de Alfredo Montoya por enfermedad en julio de 2022. En febrero de 2023, el número de senadores adscritos a los liquidacionistas de la Nación política ascendía a 149, lo que supone más del 56% de la Cámara. Les faltan diez senadores para alcanzar la mayoría de tres quintos –el 60%– necesaria para nombrar a un magistrado del tribunal de garantías –aunque no es descartable que el PP le regale estos diez votos al bloque federalista para que nombren otro magistrado del TC que también ataque a la Nación–.

Sin necesidad de que llegue a cubrirse esta vacante –por la que nadie clama, por el momento–, la bandería progresista cuenta en sus filas a siete de los actuales once magistrados:

1. Cándido Conde-Pumpido. Presidente del TC. Magistrado del TS. Fue Fiscal General del Estado de 2004 a 2011, durante todo el mandato de Gobierno del señor Rodríguez Zapatero. Fue cofundador y portavoz de la asociación Jueces para la Democracia. Los miembros de la carrera judicial no pueden militar en ningún partido ni sindicato. Esta asociación es la filial del PSOE para jueces y magistrados. Fue propuesto como magistrado del TC por el cupo del Senado en marzo de 2017.

Su esposa, Clara Martínez de Careaga, era vocal del CGPJ en el momento en el que este organismo designó los dos magistrados de la corte constitucional que le correspondían y cuyo nombramiento era necesario para que su marido pudiera ser votado como presidente del TC. La vocal del CGPJ Martínez de Careaga participó activamente en la elección de esos dos magistrados.

2. Inmaculada Montalbán. Actual vicepresidenta del TC. Magistrada del TSJ de Andalucía. Tras haber sido vocal del CGPJ durante cinco años, fue designada experta por el poder Judicial de lo que la postmodernidad llama «igualdad» y que consiste en la discrimación por razón de sexo en flagrante violación del artículo 14 CE. Fue premiada por la Agrupación del PSOE de Cádiz. Su ascenso en el organigrama del TC ha sido meteórico. Ocupó la Vicepresidencia de la corte cuando sólo hacía poco más de un año que desempeñaba la magistratura. Lo habitual es que esto lleve alrededor de seis años. Nadie ha dicho que haya llegado tan lejos tan rápido en la curia constitucional por razón de su sexo, el del presidente y el de la contendiente que disputó la Presidencia sin éxito. Fue propuesta como magistrada del TC por el cupo del Congreso de los Diputados en noviembre de 2021.

3. María Luisa Balaguer. Catedrática de Derecho Constitucional de la Universidad de Málaga, aunque sólo ha ejercido como tal a tiempo completo durante dos cursos académicos. Los siguientes doce años –previos a ser designada magistrada del TC por el cupo del Senado– estuvo en situación administrativa de Servicios Especiales como consejera electiva del Consejo Consultivo de Andalucía. Ha formado parte de este órgano bajo la sucesiva Presidencia de la Junta de Andalucía de Manuel Chaves, José Antonio Griñán y Susana Díaz. Fue coautora en 2012 del informe *Por una reforma federal del Estado autonómico*, realizado por un «grupo de reflexión creado por el PSOE-A». En una entrevista concedida a *eldiario.es* afirmó que la CE «ha de actualizarse cada vez que se produce una sentencia» del TC, lo que equivale a afirmar que el TC es titular de un poder constituyente perpetuo. Es especialista en la transmisión de «ideología coincidente con el poder dominante» en la que «la TV constituye un caso esencial». Alcanzó esta especialización

con su tesis doctoral, titulada *Ideología y medios de comunicación. El caso de TVE*.

4. Juan Ramón Sáez Valcárcel. Magistrado de la Audiencia Nacional. Fue vocal del CGPJ (1996-2001) a propuesta de Izquierda Unida. Fue el ponente del auto judicial por el que el etarra Bolinaga fue puesto en libertad en 2012. También fue el encargado de redactar la sentencia que absolvió a los 18 imputados de un delito contra las instituciones del Estado por el asalto y asedio al Parlamento de Cataluña en 2011. Dijo de ellos que «la protesta suponía la defensa de la Constitución». Posteriormente, tras ser recurrido este fallo por la Fiscalía, el TS condenó a ocho de ellos a tres años de prisión por el delito por el que habían sido absueltos por la AN. El magistrado Sáez fue el ponente de la sentencia que absolvió al mayor de los Mozos de Escuadra Josep Lluís Trapero de los delitos de sedición y desobediencia por su participación en el golpe a la Nación de la Generalidad de Cataluña. El mayor Trapero fue absuelto en octubre de 2020. Pedro Sánchez era entonces presidente del Gobierno y la Fiscalía no recurrió esta absolución ante el TS tras haber solicitado diez años de prisión por un delito de sedición. Un año después de redactar este fallo, fue propuesto como magistrado del TC por el cupo del Congreso de los Diputados en noviembre de 2021 como cuota de Podemos.

5. María Luisa Segoviano. Ex magistrada del TS. Fue la primera mujer presidente de Sala del Alto Tribunal. Había sido declarada en situación de «jubilación forzosa por edad» dos meses antes de su nombramiento como magistrada del TC. Apenas 48 horas después de haber jurado el cargo concedió una reveladora entrevista al programa de radio *Más de Uno*, dirigido por Carlos Alsina en la cadena Onda Cero. Preguntada sobre la constitucionalidad de un eventual referéndum de autodeterminación, contestó: «Es un tema muy complejo, sumamente complejo. Es un tema con muchas aristas que hay que estudiar. No hay que rechazar de entrada nada, nada. [...] Yo lo que creo es que no hay que tener miedo a ningún planteamiento, a ninguna posición, a ninguna sugerencia que se nos haga. Hay que mirarlo serenamente y resolverlo. Y ya está. La CE creo que está fantásticamente hecha. Creo que es muy

completa y que todavía puede dar mucho de sí. [...] El Derecho es muchísimo más rico de lo que nos podemos imaginar. [...] Esto ya digo que es muy técnico, muy complejo y hay que mirarlo con muchísimo cuidado. Con muchísimo cuidado y yo diría que con sosiego y desapasionamiento, técnicamente». Fue propuesta como magistrada del TC por el cupo del CGPJ en sesión extraordinaria en plena Navidad de 2022 y bajo la coacción de los poderes Ejecutivo y Legislativo.

6. Juan Carlos Campo. Magistrado de la Audiencia Nacional, en excedencia desde 1997. Ex miembro del órgano de gobierno del poder Judicial. Ex miembro del poder Legislativo, fue diputado (PSOE) por Cádiz entre 2015 y 2020. Ex miembro del poder Ejecutivo (PSOE) como ministro de Justicia de enero de 2020 a julio de 2021. Pareja de la presidenta del poder Legislativo –Meritxell Batet (PSC)– en el momento de tomar posesión como magistrado del TC. Declaró abierta una crisis constituyente desde la tribuna de oradores del Legislativo en junio de 2020, cuando era ministro del Ejecutivo. Fue propuesto como magistrado del TC por el mismo Gobierno del que había formado parte.

7. Laura Díez. Catedrática de Derecho Constitucional de la Universidad de Barcelona desde enero de 2020, aunque nunca ha ejercido como tal según se desprende de su CV. Fue asesora de la Generalidad para la reforma del Estatuto que declaraba que Cataluña era una Nación. De nuevo fue nombrada asesora «en materia de desarrollo autonómico» del Gobierno socialista de la Generalidad presidido por Pasqual Maragall (PSC), pero sólo durante dos meses. Los seis años posteriores fue adjunta del *Síndic de Greuges* Rafael Ribó (PSUC y, posteriormente, ICV). En los años siguientes volvió a la docencia universitaria en la Universidad de Barcelona. Desempeñó varios altos cargos en el Gobierno de Pedro Sánchez: directora del Gabinete del secretario de Estado de Relaciones con las Cortes del Ministerio de Presidencia, puesto que simultaneó con el de vocal del Consejo Rector del Centro de Estudios Políticos y Constitucionales (ganó la cátedra mientras ocupaba estos dos cargos); y directora general de Asuntos Constitucionales y Coordinación Jurídica del Ministerio de la Presidencia entre 2020 y 2022. El 2022 fue su año. A principios de mayo fue

nombrada miembro del CGEC. Al cabo de 20 días era la vicepresidenta de este organismo. Y sólo siete meses después era magistrada del TC. Entre sus principales líneas de investigación académica está el estudio de los estados descentralizados. Fue propuesta como magistrada del TC por el mismo Gobierno del que había formado parte.

Entre estos siete magistrados del TC hay dos que han sido nombrados por el mismo Gobierno socialista del que han formado parte; un ex fiscal general nombrado por un Gobierno socialista y en cuya elección como presidente del Tribunal ha tenido una activa participación su esposa como vocal del CGPJ; una declarada federalista que ha desempeñado durante doce años un alto cargo en un organismo autonómico nombrada por un Gobierno regional socialista; una magistrada que recibe premios del PSOE; el magistrado que liberó a Bolinaga y absolvió al mayor Trapero; y una magistrada que declaró —48 horas después de jurar el cargo— que está dispuesta a aceptar la factibilidad de la disolución de la Nación española mediante un referéndum de autodeterminación.

Esta es la mayoría existente en el TC y que ha preparado el Estado —el 78— para demoler la Nación política española tras haber consumado la liquidación de la conciencia nacional de sus habitantes a lo largo de varias décadas.

Capítulo 14

Legislación contra el Derecho

La vida ofrece dos caminos a cada individuo. El más transitado es en el que las cosas resultan más o menos amables; la clave de su éxito reside en que proprociona una apariencia de seguridad vestida con andrajos de propaganda. En la vía elegida por los menos, la realidad está desnuda, sin máscaras ni apariencias. La inmensa mayoría elige la senda de la ficción *que nos hemos dado*. Optar por la incertidumbre consustancial a la libertad de elegir la realidad es aceptar las consecuencias que de ello se sigan. Este es un acto que requiere prudencia para discernir un camino del otro; fortaleza para ser responsable de la propia libertad; y templanza para perseverar.

La realidad española es la de un supuesto anticonstitucional máximo en ciernes, blando por sus medios, gradual por su ejecución y terrible por su alcance. Es un golpe calculado. Está promovido por los poderes del Estado Ejecutivo y Legislativo y cuenta con el apoyo de no pocas CCAA y de la nueva mayoría del Tribunal Constitucional, todas ellas instituciones del Estado. Este golpe está dirigido contra la Nación.

Han escogido los medios de acción, cómo articularlos y los efectos que persiguen. La única dificultad que encuentran es el factor tiempo. Los golpes se caracterizan por la rapidez de su ejecución. De hecho, su éxito se basa en que la celeridad a la que se sucedan los acontecimientos impida cualquier reacción que desbarate el plan. Sin embargo, no pueden materializar su conjura a la velocidad que requiere un golpe clásico por dos razones: las apariencias y la respuesta de la sociedad.

Al igual que la Generalidad catalana en su rebelión de 2017, necesitan mantener la apariencia de legalidad. Esta es la única forma de prestigiar el resultado dentro y fuera del Régimen del 78. En el Estado y sus alrededores, la propia nomenclatura de las clases política, dirigente y reinante necesita esa fachada para justificar sus conductas presentes de modo que puedan hacer lo mismo con las futuras tras la federalización de España que persiguen. Este *modus operandi* es un calco de la gestación y parto del 78 –aquel «de la Ley a la Ley» atribuido a Torcuato Fernández-Miranda–. Fuera del Estado, este legalismo contra el Derecho permite neutralizar una eventual respuesta de la sociedad.

Este teatro de las apariencias creará la ficción de que el proceso de liquidación de la Nación política española pueda ser conforme a Derecho. Esta fantasía estará basada en el procedimiento legislativo. Todas las formalidades serán respetadas para violar legalmente todos los principios elementales en los que están fundados los vínculos sociales en general y los que nutren y dan vida a la españolidad en particular. La iniciativa legislativa, los plazos, los informes, las comisiones, los debates y las votaciones, todo será hecho con exquisita observancia del reglamento. Será la legislación la que quiebre la integridad de la fuente –la Nación– de la que mana su propia legitimidad moral y legal. Esta violación será posteriormente avalada por el TC como ajustada al ordenamiento.

Este golpe blando de signo federalista que está en marcha aún no ha culminado y puede ser evitado. Para llevarlo a término necesitan contar con la mayoría absoluta en ambas cámaras o –al menos– en el Congreso. El argumentario de los liquidacionistas para acabar con la Nación refleja la sencillez del golpe:

- Las urnas nos dieron la legitimidad para aprobar esta legislación.
- Somos la expresión de la voluntad popular.
- Los poderes emanan del pueblo.
- El pueblo es el único soberano.
- Estamos investidos de la soberanía del pueblo.
- Cumplimos la CE.
- Quien se opone a esta legislación se opone a la CE.
- Todo ha sido hecho conforme a la CE, la Ley y el Derecho.
- Hemos cumplido hasta el último reglamento.
- El TC avala la legislación.

Esto último lo dirán una vez que la corte de garantías fabrique la coartada que necesiten para cada sucesivo crimen que cometan. Este órgano es más que una pieza en la ejecución del golpe. La federalización de España sólo puede triunfar –jurídicamente– con la colaboración de su curia. De ahí el empeño del Gobierno a fin de 2022 de forzar el nombramiento de los dos magistrados que le correspondían al CGPJ, para poder imponer —adicionalmente— los dos del cupo del Ejecutivo. Sin TC no hay golpe federalista. Con el TC bajo su control —como lo tiene ahora—, el señor Sánchez es una bomba que puede estallar en cualquier momento en cualquier dirección.

El respaldo del TC a la legislación contra el Derecho tiene —además de la jurídica— una función social. Es la de desactivar cualquier eventual resistencia que pueda surgir en la sociedad civil. Que tenga éxito en ello es algo que está por ver. Encerrar ilegalmente en sus casas a 47 de millones de ciudadanos aterrorizados por una epidemia de la que la TV les dice las 24 horas del día que van a morir todos es una cosa. Dejarlos a todos apátridas, huérfanos de Nación política para beneficio económico de una partida de caciques que les saquea los bolsillos es otra cosa muy distinta.

El uso de la legislación por parte de las élites para combatir a los individuos es muy común desde que Occidente entró en la era de los parlamentos de la mano de la Revolución Francesa. Esta técnica mediante la que el Poder somete a la población ha alcanzado un sobresaliente grado de refinamiento en las últimas décadas. El profesor Dalmacio Negro ha sintetizado esta evolución de un siglo de forma lapidaria:

> El totalitarismo blando no hace uso de la violencia, sino de la legislación.

La historia de la evolución de la Ley desde su origen divino —grecorromano y judeocristiano en el caso de Occidente— hasta la actualidad es la de la mengua de la libertad humana de forma gradual y sostenida. La Ley no es otra cosa que la limitación de las conductas para ordenar las relaciones humanas. Cada nueva norma es una restricción que se suma a las ya existentes. El propósito original de la Ley era el de dirimir los conflictos que surgían en el seno de las sociedades y resolverlos mediante reglas. Cuanto más compleja es una sociedad, mayor es la complejidad de sus conflictos y la de las reglas necesarias para resolverlos. Este crecimiento dual ha hecho de la legislación una bestia que devora a sus legislados.

La producción legislativa de las monarquías europeas posteriores a Roma era muy escasa. Esta austeridad normativa tenía como resultado un Poder con una capacidad de maniobra limitada. Otros beneficios eran que el Derecho y la costumbre mantenían incólume su fortaleza, cimentada en una inmutabilidad que era honrada en las escasas nuevas disposiciones. Los cambios constantes en la Ley convocan la pérdida de respeto por la norma cuya vida se presiente breve. Cuando sucede lo contrario, la permanencia del ordenamiento alimenta su gradual incorporación a la costumbre, en cuya esfera es reverenciado hasta la sacralización.

Las Cortes de León, el Parlamento de Londres y otras instituciones análogas en diversas naciones europeas nacieron –a partir de lo que algunos autores llaman la Plena Edad Media– como contrapoderes que moderaban la autoridad del monarca. Su función inicial era la de dar su consentimiento a la aprobación de un nuevo impuesto o a la recaudación de un subsidio que no formaban parte de la costumbre. Paulatinamente, adquirieron facultades en el proceso de producción legislativa. Estas atribuciones crecieron de modos distintos y a distintas velocidades en la Cristiandad.

El devenir de la institución parlamentaria desde la Edad Media hasta la actualidad fue señalado y marcado a fuego por Marsilio de Padua en el siglo XIV. Fue el primero en distinguir el poder Ejecutivo del Legislativo. Concibió la representación política. Y unificó estas dos ideas en el principio de que el poder Legislativo correspondía al pueblo a través de sus representantes naturales. Así empezó la revolución de la modernidad hace 700 años. Lo hizo con este italiano que presenció los conflictos de dos monarcas europeos con otros tantos papas. El primero, que contempló desde la Sorbona, enfrentó a Felipe IV con Bonifacio VIII, al que el Rey francés llamaba *Malifacio* y *sedicente Papa*. El segundo lo vivió aún más de cerca. Fue el que tuvo lugar entre el emperador del Sacro Imperio Romano Germánico Luis de Baviera y el Papa Juan XXII. El de Padua ejercía entonces como consejero personal del emperador. La modernidad de Marsilio había tenido su origen en una corriente de pensamiento vinculada a los hechos que vivió y que pretendía la separación de los poderes religioso y político –el trono y el altar–. La disputa entre el poder espiritual y el terrenal por la supremacía de uno sobre el otro había comenzado tras el Concilio de Nicea en el siglo IV –mil años antes– y aún habría de prolongarse varios siglos más.

La gradual adquisición de facultades legislativas por parte de las instituciones parlamentarias tuvo como consecuencia el debilitamiento de la costumbre. Ésta era un contrapoder que limitaba y moderaba la capacidad de acción de los monarcas. Los reyes medievales no podían hacer lo que les viniera en gana. Y, aun cuando producían una nueva Ley, su contenido había de estar conforme a la costumbre y al Derecho. Cuando Alfonso X de Castilla —llamado El Sabio— elabora las Siete Partidas no sólo atiende a ambos, sino que comienza la Primera Partida con un examen exhaustivo de las fuentes del Derecho. Cuando los barones ingleses se rebelaron contra Juan Sin Tierra y le impusieron un pacto de obligaciones y derechos recíprocos —la Carta Magna—, lo que hicieron fue forzarle a dejar constancia escrita y rubricada de un conjunto de costumbres que el monarca violentaba.

A medida que las asambleas legislativas adquirieron atribuciones y —con ellas— fuerza, lo hicieron a costa de la costumbre y el Derecho. Sus primeras producciones de leyes se limitaron a patentizar lo que ya era una realidad. A esto siguió una acreción de competencias que en cada Nación tuvo su propio proceso hasta alcanzar la potestad legislativa. La audacia del nuevo legislador no tardó en tornarse en temeridad durante la Revolución Francesa. Un congreso que era ordinario se declaró a sí mismo constituyente. Los diputados franceses se liberaron mediante este acto del resto de contrapoderes del Antiguo Régimen de los que la institución parlamentaria francesa también había formado parte —esto mismo se repitió en España dos siglos más tarde, en 1977, aunque sin las atroces consecuencias que tuvo en la Francia de fin del siglo XVIII—. Sin ya nada que le pudiera poner freno al órgano de representación, imposibilitada su propia contención e imbuidos de la delirante idea que convertía a los representantes en los representados, los diputados reunidos en París creyeron ser ellos mismos la Nación. Aquello no podía acabar bien y, de hecho, acabó muy mal: las rebeliones federalistas, el Terror de Robespierre, el genocidio de La Vendée, la corrupción del Directorio de Barras, el cesarismo de Bonaparte y Europa bañada en sangre.

Todo esto lo produjo la ensoñación de una omnipotencia parlamentaria que de nuevo asoma las orejas, ahora, en la actualidad española del siglo XXI. En esta idea anida el pretexto para establecer una serie de causas y efectos imaginarios que pueden desembocar en una realidad terrible. Lo primero que hacen es desdeñar —aun cuando los invocan— la costumbre y los principios generales del Derecho como antiguallas que la postmodernidad —un vicio al que han disfrazado de virtud— ya sabe mejorar. A continuación, adulan al cuerpo electoral con demagogias para obtener sus votos. Una vez ocupados los escaños y asumida una legitimidad falsamente ilimitada por mor de una elección ordinaria de los adulados, las cartas de la omnipotencia parlamentaria volverán a la tribuna de oradores. De ahí a la Ley impresa, sólo media el procedimiento legislativo.

La legislación, como apuntábamos en páginas anteriores, será el instrumento con el que atacarán al Derecho. El objetivo final es el reparto de la Nación política española entre los caciques regionales del 78 aunque ello implique su liquidación. En sus planes no está hacerlo de frente mediante una única Ley. Probablemente tampoco a través de un conjunto de disposiciones creadas *ad hoc*. La experiencia enseña que el señor Sánchez ha aprendido a deslizar nuevas regulaciones de forma tan disimulada como le es posible. Cuanto más trascendente es la nueva legislación que trata de aprobar, mayor es su disimulo. No tiene escrúpulos en ordenar a terceros que las introduzcan como enmiendas al articulado de otras normas en trámite. Tampoco tiene pudor en hacerlo momentos antes de que termine el plazo de registro de enmiendas ni le embaraza que la disposición a la que las añade no guarde ninguna relación con su contenido. Esta empiria invita a concluir que no pocos acontecimientos futuros puedan desarrollarse por esta senda.

Este proceso constituyente furtivo será un leal reflejo del carácter de su impulsor. Es improbable que adopte la forma de una Ley Habilitante como la nacional-socialista alemana de 1933 —canon de legislación contra el Derecho—. No obstante, sí que es de esperar una acumulación de legislarrea cuyo resultado de conjunto será el mismo que aquella norma única produjo en la República de Weimar. Sin tocar una coma de la Constitución de 1978, los poderes Ejecutivo y Legislativo del Estado se disponen a liquidar su fundamento —la Nación política española—. Para ello cuentan con la colaboración del Tribunal Constitucional mientras el poder Judicial y la Jefatura del Estado se desentienden de los acontecimientos.

Capítulo 15

Legislarrea

Al contrario de lo que pudiera parecer razonable, el régimen político del 78 establece y garantiza los medios para el expolio del Estado. No habiendo Constitución, Ley, poder, institución ni personas que lo impidieran, el Estado ha sido expoliado durante más de cuatro décadas. No han dejado más que las raspas. Comienza ahora un nuevo reparto, el de la Nación. Tampoco hay nada que lo evite y, a lo que parece, que lo estorbe. Nadie en toda la estructura del Estado ha dado la más mínima muestra –hasta el momento de cierre de esta edición– de estar dispuesto a jugarse los trienios en defensa de quien los paga.

La Constitución de 1978 no establece en su texto la separación de los poderes del Estado. De hecho, el verbo «separar» aparece sólo tres veces y en todos los casos lo hace con el sentido de privar a alguien de su cargo; y el sustantivo «separación» es un hápax de la CE cuya única aparición está relacionada con la disolución del matrimonio. Los «poderes del Estado» son mencionados como tales tan sólo en el primer artículo, que no distingue cuáles son esos poderes. La única alusión explícita a una potencia en todo el texto constitucional es la del «poder Judicial». Los poderes Ejecutivo y Legislativo no existen como tales en la carta del 78. Son traídos a colación tan sólo con el nombre que a uno le dio el siglo XX, el Gobierno, y el otro con el que ha sido denominado por la tradición política española desde su primera forma en León en el siglo XII, Cortes Generales. Sí aparecen otras expresiones que pueden pasar desapercibidas al ser utilizadas como testaferros del elemento político al que hacen referencia:

- Poderes públicos: 31
- Poderes administrativos: 1
- Poderes constitucionales del Estado: 1
- «Poderes» como sinónimo de facultades: 1

¿Por qué utiliza la CE la expresión «poderes públicos» y la repite nada menos que en 31 ocasiones? Porque de esta manera elude constitucionalizar el nombre del responsable de los actos, especialmente –en 28 de las 31– el nombre del Ejecutivo: el del presidente del Gobierno. Si el artículo 8 CE dijera que la «misión [de] garantizar la soberanía e independencia de España, defender su integridad territorial y el ordenamiento constitucional» corresponde a los «poderes públicos» no estaría claro a quién hace referencia. Esta confusión podría ser aprovechada por alguien para forzar al Estado a desertar de sus obligaciones para con la Nación política de la que emana. La afirmación explícita de que la CE confía esta misión a «las Fuerzas Armadas, constituidas por el Ejército de Tierra, la Armada y el Ejército del Aire» imposibilita la confusión que genera la expresión «poderes públicos». El uso reiterado de este sintagma crea un desconcierto en el que la responsabilidad de los actos queda disuelta en una muchedumbre de instituciones y cargos. De este modo, resulta eludida por la persona que ha sido investida para ejercerla.

Lo que interesa de esta cuestión es la ausencia de una delimitación explícita en la CE de cuáles son los tres poderes del Estado; también la falta de la atribución de las obligaciones de cada uno de ellos respecto a los otros dos para casos como el presente, el de un proceso constituyente iniciado por la puerta de atrás por uno o dos de ellos. El corpus legislativo español –sumado al que llega de la UE– es una montaña insalvable que cada año aumenta su volumen y altura. Los legisladores *que nos hemos dado* –nacionales y autonómicos– han creado una cordillera de leyes y reglamentos que dictan y establecen todas las conductas de los gobernados. Esta legislarrea parece no tener fin. Sin embargo, el ordenamiento no dispone de forma clara los límites de conducta más necesarios y elementales, los del Ejecutivo y el Legislativo. La libertad es un atributo humano, no del Estado. Jouvenel advertía al respecto:

La libertad del Poder se llama arbitrariedad.

La guinda de este pastel es la subordinación de hecho de los demás poderes al Gobierno.

Es el Legislativo –y no los ciudadanos de forma directa– el que elige al Ejecutivo. Pero esos diputados han conseguido su escaño porque la persona a la que votan como presidente del Gobierno ha sido quien previamente los ha colocado en una lista. El jefe de cada partido crea diputados y estos condicionan sus actos a los intereses de su jefe para ser creados diputados de nuevo al cabo de cuatro años. Este es el motivo por el que la mayoría existente en cada momento en el Legislativo y que elige al Ejecutivo se pone de inmediato a las órdenes de ese Ejecutivo.

A esto se añade el único poder que consta como tal en la CE, el Judicial. Sin entrar en disquisiciones políticas, el Judicial es –a día de hoy– un igual a los otros dos poderes del Estado. La institución investida de este poder es el Consejo General del Poder Judicial (CGPJ). Es el órgano de gobierno de los jueces y magistrados de toda España. No entra en las decisiones que toma cada juez o magistrado en su juzgado o tribunal. Pero tiene la potestad sancionadora sobre ellos y la capacidad de promocionar o no a un juez determinado en detrimento de otro.

El CGPJ está integrado por el presidente del Tribunal Supremo y por 20 vocales, según la CE. De esos 20 vocales, el texto constitucional prescribe los medios de elección de ocho de ellos y rehúsa deliberadamente establecer cómo habrán de ser elegidos los otros doce. Para ello remite a una futura Ley Orgánica. Esa Ley –impulsada por el Gobierno de Adolfo Suárez– no fue promulgada hasta un año después de la entrada en vigor de la CE. Contó con un apoyo abrumador del 93% del Congreso –incluido el PSOE– en la votación final tras la tramitación previa por ambas cámaras. Su artículo 12 establecía:

> Los Vocales del Consejo General de procedencia judicial serán elegidos por todos los Jueces y Magistrados que se encuentren en servicio activo.

Al cabo de cinco años y medio, el PSOE la derogó a iniciativa del Gobierno de Felipe González. El socialista fue el único grupo parlamentario del Congreso que dio su apoyo a esta nueva norma para regir el poder Judicial, que pasó de tener 54 artículos a contar con 508. Su artículo 112 estableció que todos los vocales del poder Judicial –los 20– serían elegidos a partir de entonces por el poder Legislativo:

> Los Vocales del Consejo General del Poder Judicial serán propuestos por el Congreso de los Diputados y por el Senado.

En su párrafo tercero fijó los nuevos medios de elección de los
doce vocales de procedencia judicial que hasta entonces eran elegidos
por los jueces:

> Cada una de las Cámaras propondrá, igualmente por mayoría de tres
> quintos de sus miembros, otros seis Vocales elegidos entre Jueces y
> Magistrados de todas las categorías judiciales que se hallen en servicio
> activo.

Esto es, los integrantes del CGPJ son decididos por el Gobierno y
el principal aspirante a ser Gobierno. Lo hacen en una elección de
segundo grado en la que los diputados que tienen su asiento tras ellos
materializan la exigente suma necesaria: tres quintos, que equivalen al
60% de cada cámara. Sólo existe un medio para alcanzar este grado
de acuerdo. Es un reparto al que el 78 llama consenso. No obstante,
no es un reparto parigual, sino alícuota. El jefe de Gobierno se lleva
siempre la mayor parte.

Así, de la suma de la CE y esta Ley Orgánica resulta que el
Ejecutivo tiene el control de los tres poderes del Estado. De esto sólo
puede seguir una conclusión: el régimen político vigente en España
en pleno siglo XXI concentra todo el poder en una única persona.
Aunque sus distintas funciones estén repartidas en varias instituciones, todas ellas se encuentran en último término bajo su control.
Añádase a esto que el TC también está bajo el dominio de esa misma
persona. Es imposible disponer de tal cantidad de poder sin
corromperse. Montesquieu lo expresó en estos términos:

> Es una experiencia eterna que todo hombre que tiene poder siente la
> inclinación a abusar de él y no se detiene mientras no encuentre una
> barrera.

Si ya es de temer el poder de una gorra de plato, ¿cuánto no habría
de inquietarnos la concentración de todo el poder del Estado en unas
únicas manos? El ordenamiento establece teóricos mecanismos
nominales de control del poder. Y eso es exactamente lo que son:
teóricos y nominales. No existen mecanismos materiales de control
del poder, de ninguno de los tres poderes. Ni uno solo de los
aparentes mecanismos tiene capacidad de acción independiente. Ya
hemos apuntado en páginas anteriores cómo la reciente violación de
la CE por parte de los tres poderes y de todas las CCAA no ha tenido
ninguna consecuencia. Las sentencias del TC que así lo han

establecido no han articulado ningún engranaje que ponga en marcha un reproche penal ni político.

La ausencia de mecanismos materiales de control del Poder es tan antigua en España que la sociedad no lo advierte por la costumbre de su inexistencia. Por ello es incapaz de desarrollar un reproche social a la violación de la CE. En tiempos más honorables que el presente, este acontecimiento extraordinario no sólo habría hecho tambalearse al Gobierno, sino a todo el Estado y, con él, al régimen político vigente, cualquiera que éste fuese. Acostumbrado a la impunidad de la arbitrariedad del Poder, al español ni se le pasa por la cabeza que el Poder deba estar sometido a la Ley y ser responsable de sus actos como cualquier ciudadano privado.

La Ley Orgánica del Poder Judicial de Felipe González entró en vigor en 1985. Desde entonces –paradigma de la legislarrea del 78– ha sido reformada nada menos que 70 veces. Las dos legislaturas que han hecho presidente al señor Sánchez ya acumulan a su dictado 15 modificaciones de esta norma en menos de cinco años. Sin haber cumplido un lustro en Moncloa, ya tiene la plusmarca de la media de cambios por tiempo transcurrido: 3,3 reformas por año. El récord en términos absolutos lo tienen –al cierre de esta edición– los señores Aznar y Zapatero, empatados cada uno de ellos a 17 remiendos de esta ley, lo que los sitúa muy por debajo del señor Sánchez en términos relativos con 2,1 y 2,4 reformas por año, respectivamente. La norma ha engordado hasta los 642 artículos. Los medios de elección de los vocales del CGPJ vigentes en la actualidad ahora se encuentran en el artículo 567.

Las 70 reformas legislativas sufridas por el ordenamiento del Judicial ponen de manifiesto hasta qué punto todos los poderes del Estado están subordinados a un único poder, el Ejecutivo. Éste concentra en sí toda la inmensa capacidad de acción del Estado moderno. El control material del Gobierno es un imposible porque quienes están investidos nominalmente para hacerlo se encuentran –en realidad– bajo el control del Gobierno. Quien debería ser controlado es quien controla a sus supuestos controladores. El presidente del Gobierno tiene, bajo el 78, más poder que un Rey absoluto. Al contrario de un monarca del siglo XVIII, no tiene enfrente ninguna potestad que modere su autoridad. Todos los contrapoderes que había desarrollado la sociedad desde la Edad Media hasta el Antiguo Régimen fueron destruidos por la fiebre revolucionaria roussoniana. En la España del 78 no existe ninguna institución que ejerza ningún tipo de control material sobre los actos del Ejecutivo.

Liberado de toda forma de control y con un cuerpo legislador –compuesto por 614 diputaciones– que opera a su dictado, produce una norma tras otra. Según el informe *La producción normativa en 2021*, elaborado por la CEOE, el número de leyes orgánicas, leyes ordinarias y decretos-leyes aprobados en España desde 1977 hasta 2021 asciende a 2.010. Los 1.250 legisladores autonómicos de las 17 CCAA aprobaron un total de 2.296 normas con rango de ley sólo entre 2014 y 2021, a un ritmo de 300 anuales. En el ámbito de la UE –705 europarlamentarios–, la legislación vigente supera con creces las 46.000 normas (directivas, reglamentos, decisiones, acuerdos internacionales, etc.). ¿Es posible ser libre cuando existe la obligación de dar cumplimiento a lo que establecen 50.000 leyes?

Esta legislarrea no protege al individuo contra el Poder ni a los bienes jurídicos que deben ser protegidos. Está diseñada para proteger al Poder contra el individuo, inerme bajo una montaña de legislación que lo expolia y cuyo inmensurable peso es obligado a soportar.

El Poder legisla de forma compulsiva para someter a los legislados y para protegerse a sí mismo de ellos. Esta adaptación constante del ordenamiento jurídico a los intereses de cada momento es un arma terrible en sus manos. La utiliza para atacar a quien no se rinde ante él y para atomizar a la sociedad en caladeros de votos que crea mediante el reparto de privilegios. De los ataques a unos y los privilegios a otros resulta una sociedad dividida en banderías cuyo grado de enfrentamiento es aumentado deliberadamente –en extensión y en intensidad– por la maquinaria legislativa. El Poder también hace uso de esta legislarrea para evadir todo mínimo resquicio de control material que pueda quedar. Esto se traduce en una impunidad irreductible.

Siendo esto así, podría no serlo. Si bien es cierto que Moncloa despliega su autoridad sobre el Legislativo y el órgano de Gobierno de los jueces, no la tiene sobre ningún magistrado en particular. Un juez sabe lo que tiene que hacer para llegar lejos en su carrera profesional. Pero también sabe que nada puede impedir que, si quiere hacerlo, se comporte como lo que es: un poder del Estado, un igual al Ejecutivo y al Legislativo. El dilema que enfrenta todo magistrado es si quiere hacerlo y llevarlo hasta las últimas consecuencias o no. En ello se jugaría la carrera porque el poder fáctico con el que se mediría es colosal. Le basta fabricar dos papeles falsos sobre un togado para triturarlo. Y ese eventual envite judicial ni siquiera habría producido ningún cambio ni mella en el estado de cosas. Pero si a ese magistrado siguiera otro de inmediato y después otro y otro más y otro… Ese Leviatán de pies de barro no se tendría en pie por mucho tiempo y todos esos jueces podrían ser posteriormente rehabilitados en sus carreras.

El de la concentración del poder en una única persona es un problema muy antiguo. Roma le dio una solución ingeniosa que tuvo gran éxito durante casi 500 años. La tradición habla de siete reyes –como siete colinas tiene Roma– más o menos míticos. El primer Rey de la ciudad fue su fundador Rómulo, amamantado por una loba junto a su hermano Remo. El último, Tarquinio el Soberbio. Su ascenso al poder ya estuvo impulsado por la corrupción, con lo que el vicio al que le debía la corona no podía sino crecer durante su reinado. Fue expulsado por una conjura de aristócratas que, de inmediato, proscribieron la monarquía. La sustituyeron por una diarquía: el Gobierno de dos cónsules simultáneos que compartían el poder y se frenaban y contenían de forma recíproca. Esta fórmula fue también replicada en otros muchos niveles de la administración por distintos cargos. Así lo describe el historiador y jurista Theodor Mommsen:

> Si Roma sustituyó el principio monárquico por el principio de colegialidad fue precisamente para que el poder supremo estuviera limitado y que la nueva magistratura bicéfala encontrara unos límites en ella misma.

El triunfo de un sistema político contiene en sí más causas que la sola organización de las instituciones de gobierno, de producción legislativa y de administración de justicia. A ello hay que sumar también el tamaño de la población, su ánimo, las tradiciones que la experiencia le hace desarrollar con el tiempo, la extensión del territorio que ocupa, los accidentes de su geografía, qué recursos naturales tiene bajo su control y en qué cantidad, las características de su economía, la tecnología disponible, la fortaleza militar y hasta la benevolencia y la adversidad meteorológica. Aún más, para medir ese éxito también hay que tomar en consideración a todas las poblaciones vecinas de ese sistema y las particularidades de cada una de ellas respecto a todos estos factores.

La sensatez atiende al contexto en el que se produce el éxito de Roma. No se deja seducir por él ni cree que su extrapolación al presente sea factible. No lo es. Las circunstancias que coadyuvaron a su triunfo de siglos ya no existen. Del mismo modo que tampoco existen las que hicieron grande a Atenas. El pasado no puede ser reproducido en el presente. No obstante, Atenas y Roma transmitieron a Occidente los principios esenciales de la libertad política como legado imperecedero. Y no hay ninguna razón por la que el presente deba renunciar a aprender de su padre, el pasado. Benjamin Constant advirtió —tras la caída definitiva de Bonaparte— del daño inherente a esa renuncia y de cómo evitarlo:

> Benjamin Constant: El peligro de la libertad moderna radica en que, absortos en el disfrute de nuestra independencia privada y en la búsqueda de nuestros intereses particulares, renunciemos con demasiada facilidad a nuestro derecho a participar en el poder político. [...] Lejos de renunciar a ninguna de las dos clases de libertad de las que les he hablado [la de los antiguos y la de los modernos], es preciso aprender a combinar la una con la otra.

Esta herencia de la libertad política clásica, a la que *monsieur* Constant llama la de los antiguos, consiguió pervivir a través de cientos de años. Si Santo Tomás —en el siglo XIII— justifica la rebelión contra una tiranía que resulta insoportable y que impone la aceptación o la realización de acciones pecaminosas, ahí late Lucio Junio Bruto al expulsar a Tarquinio el Soberbio. Cuando el padre Suárez sostiene en Salamanca en 1597 que «el fundamento de todo el orden moral es la libertad» es Roma la que habla. Gaetano Mosca apunta que *mister* Hobbes consideraba que los orígenes intelectuales de la Revolución Inglesa se encontraban en la educación clásica que había recibido la juventud que posteriormente hizo la revolución parlamentaria contra el Rey Carlos I. Según Hobbes, esta instrucción clásica difundió el concepto de libertad política en el siglo XVII inglés hasta hacer insoportable el absolutismo de la dinastía Estuardo. Esta misma idea está igualmente presente en Locke, que bebe de Roma y del padre Suárez cuando —al cabo de cien años de que lo hubiera hecho el granadino— afirma que «la libertad es el fundamento de todas las cosas». También es un hecho conocido que muchos de los Padres Fundadores de los EEUU tenían una sólida formación clásica. No sólo conocían a los grandes autores griegos y romanos, sino que leían con fluidez el latín y el griego.

El éxito de la República y la tradición de la libertad política no fue óbice para que Roma sufriera momentos de dificultad y luchas intestinas. Hubo tiempos convulsos en los que la ciudad entregaba el Gobierno a un dictador al que confería un poder absoluto durante un tiempo limitado. Y hubo otros en los que la pugna de las ambiciones resultó en una dirección política repartida entre tres, ajena al Derecho y que recibió el nombre de triunvirato. Hubo dos. El primero integrado por Pompeyo Magno, Julio César y Licinio Craso; el segundo, por Marco Antonio, Octavio y Lépido. Ambos acabaron en sendas guerras civiles. La primera se saldó con la victoria de Julio César, que se nombró a sí mismo dictador vitalicio. Esto le costó la vida. Su asesinato propició la segunda contienda interna. Enfrentó a los herederos de César —que formaron el segundo triunvirato— con los patricios que —con la muerte de aquél— trataron de salvar la tradición republicana de Roma. Este nuevo conflicto doméstico se saldó con la derrota de estos últimos. El resultado de estos acontecimientos fue —para Roma— el fin de la República y de la libertad política, sobre cuyas ruinas Octavio construyó el Imperio.

El triunvirato volvió donde nadie lo esperaba, la Francia revolucionaria de finales del siglo XVIII. El conocido como el golpe de 18 de Brumario puso fin al Gobierno del Directorio en noviembre de 1799. El levantamiento fue ideado por el abate Sieyès —actor protagonista en todas las fases de la Revolución— y ejecutado bajo la dirección del General Napoleón Bonaparte. Ambos integraron este triunvirato moderno junto a Roger Ducos —que venía de formar parte del Directorio— y se dieron el nombre de cónsules. Según afirma en las memorias que escribió durante su postrer destierro, le propusieron que fueran dos los cónsules y él pidió que fueran tres para no ser «empatado». El único que gobernó fue el primer cónsul, Bonaparte. Ninguno de los otros dos veteranos revolucionarios movió un dedo contra el orden alfabético. Una vez en el poder, puso de manifiesto su mesianismo y su ambición. De uno y de otra había dado ya sobradas muestras. Al cabo de poco más de dos años, se hizo nombrar cónsul perpetuo. Transcurridos otros dos, se coronó a sí mismo emperador.

> La Revolución ha concluido. Sus principios se han materializado en mi persona. El Gobierno actual es el representante del pueblo soberano. No puede haber oposición contra el soberano.

De modo no muy distinto declaró el señor Sánchez respecto a los rebeldes catalanes:

El procés ha acabado y estamos en ese momento de cierre de una etapa y de inicio de una nueva. [...] Apuesto por llegar a acuerdos. [...] Hay una apuesta de fondo, yo lo dije, con decisiones arriesgadas. Lo sé, son decisiones arriesgadas.

Conocida es también la afición del socialdemócrata a referirse a sí mismo como «mi persona». Pero observar a un gigante y a un hombrecillo no los equipara. Tanto dista lo que separa a estos dos tiranos –al corso del pomposo– que lo que en el primero era ambición desmedida de poder, en el segundo sólo hay un insaciable apetito de vanidad. El señor Sánchez «[apuesta] por llegar a acuerdos» con aquellos a los que *monsieur* Bonaparte aplastaría sin contemplaciones tras oírles una única palabra que cuestionara la unidad y la integridad de la Nación.

Mientras confraterniza con golpistas –y también con los herederos y amigos de los terroristas–, lanza a diario toda clase de improperios y dicterios contra toda la oposición, a la que acusa de ser oposición. No acepta más legitimidad que la propia. Infundido del cesarismo de quien ha hecho del Estado su patrimonio particular y se dispone a hacer lo mismo con la Nación, el señor Sánchez opera sin freno porque no existen mecanismos materiales para frenarlo.

La Nación política española está –por obra del Régimen del 78– a expensas de un azar benéfico que algún día le depare la *rara avis* de un gobernante virtuoso. Hasta entonces –si es que ese *entonces* fuera posible–, el motor político que es la CE llevará hasta la Moncloa –una y otra vez como ya ha enseñado la experiencia a quien quiera tomar sus enseñanzas– a gobiernos integrados por personas inicuas, o pusilánimes, o hasta locos dispuestos a ser chantajeados a cambio de ser homúnculos con cargo. Tras haberse dotado sucesivamente de un Ejecutivo tras otro que han repartido el Estado como un botín del que ya sólo quedan despojos, el 78 se dispone a jugarse la Nación con las apuestas del presidente de su Gobierno.

Capítulo 16

Los caciques

La voz *cacique* es una expresión antillana que designaba, originalmente, al jefe de ciertas tribus caribeñas. Durante la Restauración alfonsina se convirtió en la palabra que denominaba a las personas investidas de un poder informal en las zonas rurales de España. La organización política material en el último tercio del siglo XIX consistía en la alternancia en el Gobierno de dos facciones. A una la llamaban conservadora y a la otra, liberal. La primera estaba encabezada por el artífice del sistema, Antonio Cánovas del Castillo. La segunda, por Práxedes Mateo Sagasta. Ambos se turnaban para presidir el Consejo de Ministros. Este turnismo pactado necesitaba dotarse de la apariencia de ser el resultado de unos comicios. Ahí es donde entraba en juego el cacique. Su trabajo consistía en asegurar que el resultado electoral era el que tocaba –por turno– en cada ocasión. Con el andar del tiempo, su papel creció. Porque todo poder tiende a crecer –siempre a expensas de la libertad– mientras no encuentra un obstáculo que lo detenga.

La infraestructura de la administración era aún precaria. La velocidad de las comunicaciones se había incrementado notablemente con la implantación del telégrafo. Pero España sólo contaba con 359 estaciones telegráficas en 1879. La ratio por número de habitantes y por kilómetro cuadrado estaba muy lejos de la que ya habían alcanzado el resto de países occidentales. El teléfono era aún un recién nacido. El sistema de distribución radial del ferrocarril sólo llevó las locomotoras a capitales de provincia y a grandes poblaciones. Donde no llegaba el tren, el transporte de las personas y del correo era por tracción animal. En este contexto tecnológico y sin una burocracia oficial que tomara a su cargo la ejecución de las intrucciones de gobierno en el medio rural, el cacique suplió esta ausencia. No lo hizo de forma oficial, dado que el suyo no era un cargo que formara parte de la administración –al margen de que pudiera estar desempeñado por alguien que también fuera, por ejemplo, un alcalde–.

La organización real del sistema canovista era sencilla. En primer lugar estaban los dos dirigentes de cada una de las dos facciones y sus notables. Los gobernadores civiles de cada provincia cambiaban en función del turno y eran los encargados de ejecutar las decisiones de gobierno en su ámbito local. Para hacer esta labor en las zonas rurales se valían de los caciques, en los que depositaban su confianza. Esta relación personal directa fue lo que hizo crecer su influencia y, con ella, su capacidad de acción. Estos dos elementos se retroalimentaban mutuamente y se sumaban a la destreza resolutiva que tuviera el cacique en cuestión. El resultado final era un poder local ajeno a toda forma de control y que crecía sin cesar. El papel del cacique, el contexto en el que lo ejercía y el crecimiento de su poder dieron lugar a un conjunto muy similar al de los procesos de poder que desarrollaban los sátrapas en las satrapías que gobernaban, allá en los antiguos imperios del oriente asiático.

El cacique era el Estado informal en el medio rural. En tanto que Estado, estaba investido de su poder; y en tanto que informal, lo ejercía a su arbitrio. No se sometía a la Ley ni las magistraturas se atrevían a someterlo. El jurista oscense Joaquín Costa, promotor de un movimiento de regeneración política que pretendía acabar con el sistema de oligarquía y caciquismo de la Restauración, describió la situación en estos términos:

> Cacique y libertad eran incompatibles; para que ésta viviese, tenía que morir aquél.

La España del siglo XXI sigue plagada de caciques. No obstante, los actuales tienen ciertas diferencias con sus antecedentes. La primera es que su número ha menguado considerablemente. La tecnología ha permitido unos avances enormes en los medios de comunicación y de transporte. La distancia que separa cualesquiera dos puntos geográficos de España puede ser salvada en cuestión de horas. La cobertura telefónica y de conexión a internet alcanzan prácticamente todo el territorio nacional, con la única salvedad de zonas muy remotas. No queda ya rincón sobre el que el Estado y su burocracia no hayan extendido su dominio. Si a esto sumamos la tecnología digital, la recaudación de un tributo a cientos de kilómetros de distancia y pagadero por millones de personas en miles de lugares no requiere más que una persona que presione un botón. El sistema ya no precisa un ejecutor de sus actos en cada lugar.

Otra notable distinción es la de su relación con la Ley. Ya no necesita violarla porque el cacique moderno es quien hace la Ley. Es un productor de legislación. Ha dejado de ser el encargado del trabajo sucio para convertirse en una parte integral del sistema: la que establece los medios para el expolio del Estado y su utilización para sostenerse en la posición que le permite hacerlo. Crea disposiciones y dotaciones presupuestarias que destina a la compra de votos con la que mantiene una red clientelar. El feudatario moderno ha invertido su posición con respecto al medieval. Si hace mil años era el cliente el que pagaba un feudo a su señor, ahora es el señor quien se lo paga a su siervo. El amo ya no cobra a cambio de proporcionar seguridad y tierras de cultivo, ahora paga y reparte colocaciones y contratos para recibir los votos que le hagan amo. La nueva gleba sirve con su voto tras dejarse sobornar para ello.

Este es el *foedus* de la modernidad. ¿Por qué se ha invertido? ¿Qué magia ha operado aquí? En ambos casos se trata de un dinero que cambia de manos a cambio de una contraprestación que, llegado el momento, otorgará quien recibe el pago. ¿Por qué es ahora el amo quien paga y el siervo quien cobra? La respuesta está en la propiedad del dinero con el que se realiza el pago: no es de quien paga, es de los contribuyentes. El cacique de la Restauración actuaba a su costo. Lo hacía con cargo a los beneficios que le reportarían sus acciones con posterioridad. El setentayochista paga con dinero ajeno, el de los fondos públicos, el de los contribuyentes. El acuerdo cacique-cliente actual es el del reparto entre sí de la riqueza de los demás.

Los caciques de la España del siglo XXI operan a nivel regional. Los más importantes son los 17 que gobiernan cada una de las CCAA. Ningún gobierno regional está instituido por la CE, que sólo resuelve su posibilidad. Esto es, tan constitucional es la existencia de las CCAA como lo sería su inexistencia. Sin embargo, la carta del 78 estaba condicionada, como señalamos en páginas anteriores, por el Real Decreto-Ley que había restablecido la Generalidad de Cataluña de forma provisional.

Aunque el texto de su exposición declarativa dijera lo contrario, esta disposición subordinó de forma irrevocable el contenido de lo que posteriormente fue la Constitución. Este Real Decreto-Ley fue el que determinó el modelo de Estado que desarrolló el texto constitucional un año después. El Gobierno afirmaba en esta norma «la necesidad de la institucionalización de las autonomías». Resulta especialmente llamativa esta expresión. Fue –literalmente– la fórmula utilizada por el diputado Jordi Solé Tura (PCE) en la segunda sesión plenaria de la recién estrenada legislatura para exigir pasos hacia la federalización de España. Lo que decía el PCE en el Congreso sobre la organización territorial de España, lo firmaba el Rey al cabo de unas semanas. Y lo hacía con una petición de paciencia para este proceso al señalar que el «establecimiento estatutario de las autonomías» sólo sería posible tras la promulgación de la Constitución. Así le dijo Juan Carlos a los 165 diputados que sumaban los federalistas y los nacionalistas que él ya había aceptado la federalización de España y que ésta comenzaría –por lo pronto– con «la institucionalización de las autonomías».

Sólo habían transcurrido dos meses y medio desde el inicio de la legislatura que resultó de los comicios de junio de 1977. Al cabo de otros tres –a partir de enero de 1978–, comenzó la cascada preautonómica. Con intervalos de entre cuatro y ocho semanas –salvo durante el sagrado veraneo–, el *BOE* publicó sucesivos reales decretos-leyes y reales decretos de lo que llamaron regímenes preautonómicos. El modelo autonómico quedó diseñado antes de la CE. Toda la sucesión de los acontecimientos que se desarrollaron entre 1978 y 1983 y que dieron lugar a la caciquería autonómica existente fue arquitectada con anterioridad a la carta del 78. La CE fue redactada *ad hoc* para dar cabida a lo establecido en 30 disposiciones que precedieron a la CE –14 decretos leyes, 13 reales decretos de desarrollo de los anteriores y tres correcciones de errores–.

La decisión estaba tomada de antemano. Alguien ya había resuelto cuál y cómo iba a ser el modelo de Estado que iba a reflejar una eventual nueva Constitución para la que no se habían convocado unas Cortes Constituyentes.

El estado de cosas actual desenfoca la observación de lo que le precedió de forma inmediata. No es difícil confundir las reglas del juego presentes con las que había justo antes de las actuales. Que el señor Suárez fuera el presidente del Gobierno en el momento de la entrada en vigor de la CE no quiere decir que sus poderes como jefe del Ejecutivo fueran los mismos antes y después de la CE. Es necesario tomar en consideración este hecho para que cada acción pueda ser atribuida de forma correcta a su responsable material y no al aparente.

Las reglas del juego político vigentes en España antes de la promulgación de la CE de 1978 eran las de la dictadura del General Franco. Que la historiografía y los medios de comunicación llamen «Transición» a los tres años que precedieron a la CE no cambian los poderes de los que era titular el Rey Juan Carlos. Durante ese trieno fue un Rey absoluto. Ninguno de los dos presidentes del Gobierno que hubo durante la dictadura –el Almirante Carrero Blanco y el señor Arias Navarro– dio jamás un paso ni tomó una decisión sin el conocimiento y consentimiento del General Franco. Del mismo modo, tampoco el señor Suárez realizó una sola acción sin contar con la aprobación del Rey Juan Carlos, depositario último de los poderes Ejecutivo y Legislativo durante esos tres años. Que aparentara no usarlos ni tenerlos no significa que no los tuviera. Los tuvo todos hasta la entrada en vigor de la CE.

De este estado de cosas sólo es posible extraer una conclusión acerca de la llamada Transición. El Rey Juan Carlos era el responsable último de todas y cada una de las acciones del Gobierno del señor Suárez. Por lo tanto, la responsabilidad del diseño autonómico y de sus efectos federalizantes corresponde de forma inequívoca a Juan Carlos. El Gobierno al que hacía tomar sus decisiones era la pantalla tras la que se parapetaba para protegerse de la carnicería del juego político diario. La España de las autonomías fue decidida en Zarzuela. *Quod principi placuit, legis habet vigorem.*

Los partidos estaban encantados de cómo se presentaban las cosas. *Quod oligarchae placuit, legis habet vigorem.* Los intereses del momento hicieron coincidir los de un monarca que había heredado unos poderes absolutos de un régimen político en inevitable decadencia con los de una oligarquía naciente. Ambas partes consolidaron sus posiciones mediante su recíproca legitimación.

CAPÍTULO 17

EL CICLO CACIQUE

El resultado del gazpacho preautonómico fue una Constitución que –a lo largo de todo su articulado– hace una única referencia a la Nación política de la que emana mientras realiza 74 menciones a las «Comunidades Autónomas», que en ese momento ni tan siquiera existían. Adicionalmente, su texto utiliza la voz «Estado» en al menos 13 ocasiones para evitar hacer uso de la palabra «Nación» –como si fueran sinónimas y una pudiera sustituir a la otra–; del mismo modo, califica hasta diez veces de «estatal» lo que es «nacional».

Esto sólo podía tener un desenlace, que es el que ha tenido. El camino recorrido por España hasta llegar a la situación en la que se encuentra en 2023 estaba empedrado de su propio tránsito. Donde todos son iguales de partida, pero hay varios que, queriendo dotarse de privilegios sobre los demás y ser más que ellos, lo consiguen, pronto serán imitados por los otros. Así comienza una progresión política geométrica en la que unos pocos arrastran a todos los demás. Es una escalada en tres fases:

1. Autonomista.
2. Nacionalista.
3. Separatista.

Una vez iniciada, nada puede escapar de esta sucesión que se alimenta del incentivo cacique. Toda persona investida de un poder tiende a abusar de él; igualmente, todo poder tiende a crecer y sólo puede hacerlo a expensas de la libertad o de la mengua de otro poder. La acreción del poder regional a costa del nacional no recibe castigo; el abuso del poder tampoco recibe castigo. Cuando la deslealtad es premiada y la lealtad es la castigada, el incentivo está en la perfidia. A esto se unen los medios de elección de cada cacique regional. Las reglas del juego establecen un mecanismo perverso en el que el poder de cada momento no encuentra freno que le impida utilizar los fondos públicos para mantener la red clientelar de compra de votos que le asegure la posición. No es que el ordenamiento no pueda evitar el ciclo cacique, sino que es el que lo establece.

Una vez asegurada la posición, comienza el abuso del poder y con él, su acreción. El Régimen acumula ya dos oleadas de estatutos de autonomía y barrunta la tercera. La primera tanda estuvo compuesta por 17 en un proceso que se prolongó durante algo más de tres años. La culminaron las –desde entonces– ciudades autónomas de Ceuta y Melilla doce años más tarde. El número de entidades autónomas ascendía a 19 en 1995. Esos 19 primeros estatutos acumulan –a cierre de esta edición– 71 reformas. Los únicos que no han realizado ninguna modificación en su articulado original son los del País Vasco –aprobado en 1979– y los de las plazas de Ceuta y Melilla. Sí hubo un intento de nuevo ordenamiento estatutario para el País Vasco. Fue el primero, su votación en el Congreso tuvo lugar en febrero de 2005, un año y medio antes del segundo estatuto catalán. Su impulsor fue el entonces *lehendakari* Juan José Ibarretxe (PNV). Esta propuesta de reforma fue rechazada en su debate a la totalidad del texto, que es la primera fase de tramitación de una Ley.

En cierto modo, fue un ensayo de inicio de una nueva etapa del ciclo cacique. El señor Rodríguez Zapatero venía empujando en ese sentido desde antes de llegar a la Moncloa. Pero el cacique vasco aceleró demasiado antes de tiempo al tratar de pasar del primer estadio al tercero sin hacer la debida escala en el segundo. Y aún más importante, sin tener en cuenta el saldo de deudas internas del PSOE. Por un lado, el ya presidente socialdemócrata le debía más a los catalanes del PSC que a los vascos del PSE-EE. Por otro, para una legislatura de mayoría socialista no es lo mismo aprobar un nuevo estatuto patrocinado por otros socialistas que por el PNV.

Pese a su fracaso, dejó dos perniciosos rescoldos que –casi dos décadas después– aún humean copiosamente. El señor Ibarretxe fue el primer actor político español en sumergirse en ese magma que es el llamado lenguaje inclusivo. Era célebre su tabarra de «vascos y vascas». La trasladó al proyecto de reforma del Estatuto de Guernica que se llevó a Madrid en la marmita. La expresión utilizada fue «ciudadanas y ciudadanos». La repite 29 veces en 69 artículos. El segundo vestigio que dejó fue el de la locución «derecho a decidir», al que el proyecto dedicó su artículo 13 bajo el título de «Ejercicio democrático del derecho a decidir». En él arroga a «las instituciones de la Comunidad de Euskadi» las diferentes potestades necesarias para autorizar, proponer, convocar y celebrar referéndums que la CE reparte entre el Rey, el Congreso y el Gobierno. El plebiscito que pretendía realizar era de autodeterminación y así lo exponía el artículo cuidándose de no utilizar esa palabra. El sintagma «derecho a decidir» fue prolijamente utilizado en Cataluña a partir del año 2010.

Un total de siete de los 19 estatutos de la primera oleada han sido derogados por uno nuevo de la segunda serie impulsada por el señor Rodríguez Zapatero antes de haber llegado a la Moncloa. Estos siete nuevos ordenamientos autonómicos acumulan ya 14 reformas.

El avance de las distintas fases del ciclo cacique puede ser medido de forma objetiva. En la oleada de creación de las CCAA fueron seis las que se definieron a sí mismas como «nacionalidades»:

- País Vasco
- Cataluña
- Galicia
- Andalucía
- Comunidad Valenciana
- Islas Baleares

La segunda hornada de estatutos ha añadido dos *nacionalidades* más:

- Aragón
- Canarias

Tres que conservan su ordenamiento primero –con varias reformas cada uno– se hicieron llamar «entidad regional histórica» según una expresión que la CE recogía en su artículo 143.1 para hacer referencia a provincias sueltas. Dos de ellas eran antiguas provincias de Castilla:

- Cantabria
- La Rioja
- Murcia

De las tres anteriores, la primera reformó su estatuto para cambiar su primigenia denominación de «entidad regional histórica» y convertirse por arte de legislación en «comunidad histórica». La segunda era la provincia de Logroño, a la que dieron nombre de vino. Ambas habían formado parte de la Castilla y León preautonómica como lo que siempre habían sido, las provincias de Santander y Logroño. Pero alguien pensó que una comunidad de tal extensión pudiera constituir una amenaza para planes futuros. Por esta razón, el régimen preautonómico castellano-leonés previó una sorprendente reserva sobre su propio territorio, del que decía:

Ello no prejuzga la futura organización de las once provincias bajo alguna de las modalidades que la Constitución establezca.

De los 14 regímenes preautonómicos puestos en marcha antes de la existencia de la Constitución, el de Castilla y León es el único que presenta esta reserva de posible partición de su territorio inicial. Logroño y Santander fueron desarraigadas de la Castilla de la que siempre habían sido parte.

La tercera comunidad uniprovincial de las arriba señaladas, Murcia, fue una sola provincia que —tras perder la compañía de Albacete y para apuntar a algo más que su unicidad— se llamó a sí misma «Región de».

Extremadura utiliza en solitario la expresión «identidad regional histórica» para describirse. Es una variante de la «identidad histórica» que recoge el artículo 147 CE y a la que se acogió Aragón en su primer estatuto antes de ser una nacionalidad por votación. De hecho, lo que establece esta cláusula constitucional es que las CCAA adopten en sus estatutos «la denominación de la Comunidad que mejor corresponda a su identidad histórica». Siguiendo estas instrucciones, Castilla y León pasó de ser los antiguos reinos de Castilla y de León en su primer estatuto a reivindicarse como «comunidad histórica y cultural» en el segundo. Diríase que muchos muy ilustres procuradores de estas Cortes regionales pensaron que adoptar ese chascarrillo de quienes querían aparentar lo que no habían sido era ser más que lo que era haber sido los reinos de León y de Castilla. Cosa similar sucedió con el Principado de Asturias, que —mediante una reforma de su articulado— también se cosió la etiqueta de «comunidad histórica» como si eso pudiera añadir algo a su ser.

De los 26 estatutos de autonomía aprobados y sus 85 reformas realizadas, sólo cinco entidades autonómicas han resistido la tentación de dejar por escrito en una Ley Orgánica que el suyo es un plato especial en el puchero español. Esas cinco son:

- Castilla-La Mancha
- Navarra
- Comunidad de Madrid
- Ceuta
- Melilla

De estas últimas, Navarra sí es un caso particular y distinto a todos los demás por hechos fácticos jurídicos y no por palabras mágicas votadas como legislación. La de Navarra es Comunidad Foral porque en ella perviven sus fueros tradicionales, que fueron confirmados por la –vigente– Ley de 25 de octubre de 1839, promulgada al término de la Primera Guerra Carlista como parte del acuerdo de paz de esta terribilísima guerra civil española.

En todo el proceso de creación de cacicatos impuesto por la llamada Transición a través de la CE tuvieron lugar tres casos que el tiempo ha dejado en el olvido y cuyo recuerdo es pertinente. El primero tuvo lugar en Almería. El asunto es tan bochornoso que raramente es recordado o mencionado –sin estar muy claro cuál de estas dos cosas es el motor de la otra–. Fue un trágala en toda regla. La sucesión de los acontecimientos fue la siguiente.

País Vasco y Cataluña se habían constituido en CCAA a fin de 1979. Galicia lo había hecho en abril de 1981. Las tres accedieron a este estatus mediante una disposición transitoria de la CE que establecía que así lo podían hacer las regiones que hubieran tenido un estatuto de autonomía en el pasado. La cláusula había sido incluida específicamente para ellas. Las tres siguientes fueron Andalucía, Asturias y Cantabria, con sus respectivos ordenamientos regionales aprobados en la víspera de fin de año de 1981.

La CE había establecido diferentes fórmulas de acceso a lo que los intereses del momento llamaban el autogobierno. Las dos primeras comunidades uniprovinciales lo obtuvieron por la vía establecida en el artículo 143 CE. Andalucía fue la única región de toda España que invocó lo que se llamó la vía rápida para alcanzar el techo competencial. Estaba regulada en el artículo 151 CE. Esta fórmula fijaba una serie de severos requisitos adicionales; entre ellos, la celebración de un referéndum que ratificara la iniciativa autonómica con «el voto afirmativo de la mayoría absoluta de los electores de cada provincia». Cuando la CE dice «de los electores» quiere decir exactamente eso: del cien por cien del censo electoral y no de los votos emitidos. Este sintagma se reveló crucial en el devenir de los acontecimientos.

La región andaluza celebró este referéndum el 28 de febrero de 1980. La abstención en Almería fue del 48,9%. Los votos en contra fueron tan pocos que hasta hubo más sobres en blanco que sufragios negativos. Pero los almerienses le habían dado la espalda al proyecto de creación de una comunidad autónoma andaluza con una abstención que sentenció el resultado. Los votos a favor a duras penas pasaron del 42,3% «de los electores» de la provincia. Según lo establecido por la CE, Almería se quedaba fuera del proceso autonómico andaluz, aunque el resto de provincias podía seguir adelante. Eso es lo que habían dicho las urnas.

Sin embargo, el estatuto andaluz incorporó a Almería como provincia integrante de la comunidad autónoma cuando fue aprobado a fin de 1981. ¿Qué había sucedido entre estos dos acontecimientos? Sucedieron dos leyes orgánicas creadas *ad hoc*. Resolvieron el partido a favor de la caciquería que impulsaba el Régimen mediante un cambio del reglamento del juego después de que hubiera finalizado el partido. De hecho, lo hicieron a los diez meses de que hubiera sonado el pitido final. Ambas normas fueron aprobadas sucesivamente el mismo día y publicadas consecutivamente en la edición del *BOE* de la Nochebuena de 1980.

La primera de estas dos leyes reformó la legislación por la que se regía el resultado del referéndum y dotó a esta modificación de unos antijurídicos efectos retroactivos. Su contenido tuvo un doble efecto: convirtió la circunscripción electoral provincial de Almería en regional para un proceso electoral ya concluido y habilitó a los diputados y senadores almerienses para aprobar lo que las urnas no habían aprobado. La segunda norma consistía en que las Cortes daban su aprobación al hecho de que los electos almerienses hubieran usurpado —al amparo de la disposición anterior— lo que las urnas no habían aprobado. Ambas estaban en flagrante conflicto con el procedimiento establecido en el artículo 151.1 CE. Probablemente también lo estaban con el 68.2, que establece que la circunscripción electoral es la provincia y no ninguna otra cosa que pueda decir ninguna Ley, ni aunque ésta fuera aprobada por unanimidad.

Lo acontecido en Almería no fue la única polémica que rodeó al referéndum de iniciativa autonómica andaluza. Jaén también se había quedado corta. Los resultados provisionales la dejaban fuera del proceso autonómico. Pero una serie de votos que habían sido computados inicialmente como nulos por contener más de una papeleta del mismo sentido fueron final y convenientemente considerados válidos. Gracias a esta maniobra, Jaén dio su aprobación con el apoyo favorable del 50,07% «de los electores»: sólo 0,06 puntos porcentuales por encima del mínimo que requería la CE.

El segundo de los casos —por mor del orden cronológico de los hechos— que es pertinente recordar es el de Madrid. La CE dice que las «provincias con entidad regional histórica» podrán seguir la moda política del momento y convertirse en una comunidad autonóma uniprovincial. Pero no definía qué era eso de la «entidad regional histórica». Si quería decir que hacía referencia a provincias que por sí mismas hubieran tenido en el pasado la consideración de regiones, eso sólo podía ser aplicado a Asturias y a Navarra, dos antiguos reinos. Ni Cantabria, ni La Rioja, ni Murcia cumplían este requisito. Sin embargo, las tres se habían constituido ya en CCAA afirmando explícitamente que sí lo cumplían. El régimen preautonómico de Castilla-La Mancha había establecido la posibilidad de que Madrid formara parte de esta región. Pero contar con la capital de la Nación significaba que la capacidad de acción regional acabaría absorbida por la potencia política y económica de Madrid. Los castellano-manchegos rechazaron la incorporación de la provincia madrileña.

No obstante, el sistema del cacicato estaba decidido. No podía quedar ninguna provincia suelta. Madrid tenía que tener su propia caciquería. La CE contaba con su calzador de CCAA, el artículo 144. Así que las Cortes se tomaron la molestia de redactar, tramitar y aprobar una Ley Orgánica para decirles a los madrileños que —a diferencia del resto de todos los españoles— ellos no habían tenido ningún lugar en la Historia porque habían carecido de ella hasta entonces. Condescendientes, las Cortes españolas, emplazadas en el corazón de Madrid, autorizaron a Madrid «por razones de interés nacional» a unirse al archipiélago de la caciquería.

La última de las anomalías registradas durante el ineludible imperio de imposición del cacicato tuvo lugar en Segovia. Sus municipios se habían declarado contrarios a su incorporación a un eventual ente autonómico que, finalmente, fue el resultante y aún existente, el de Castilla y León. La Diputación Provincial segoviana invocó el artículo 143.2 CE para comenzar el proceso que la llevara a constituirse en comunidad uniprovincial. El ciclo cacique se había acelerado antes de lo previsto. Tras haber desmembrado Castilla privándola de Logroño y Santander, una tercera desmembración iba a ser demasiado. El proceso fue reconducido mediante la repetición de votaciones y la creación de discordia en la población de la provincia, lo que generó una demora que fue instrumentalizada. De nuevo entró en funcionamiento el calzador autonomista. El poder Legislativo invocó el artículo 144 CE para «sustituir la iniciativa de las Corporaciones locales».

De este modo, Segovia fue obligada a incorporarse a la comunidad de Castilla y León por una Ley Orgánica que arrolló lo que habían decidido inicialmente la Diputación y los ayuntamientos segovianos. Esta ley fue recurrida ante el TC por 54 senadores. El tribunal de garantías desestimó el recurso y apuntó que la permanencia –por la demora generada– de una provincia en el «régimen común» era una «situación no prevista» por la CE. Resultó ser obligatorio lo que no estaba prohibido.

La incorporación de Segovia a la comunidad de Castilla y León en marzo de 1983 puso fin al grueso de la primera fase del proceso federalizante. Sólo quedaban pendientes las plazas de Ceuta y Melilla. Una disposición transitoria de la CE prevé que ambas se conviertan en sendas CCAA. Finalmente se constituyeron como ciudades autónomas en 1995.

Una sutil evolución tuvo lugar en estos dos estatutos que culminaron la primera fase del ciclo cacique, la autonomista. Muchos de los ordenamientos de esta primera hornada habían utilizado la expresión «pueblos de España» en el sentido tradicional que le había dado la impronta de los siglos y que había sido cultivada con normalidad durante la dictadura del General Franco. A medida que pasaban los años, una nueva expresión adquirió fuerza estimulada por el PSOE y los separatistas: *territorios*. El ciclo cacique se abría paso. La difusión de esta palabra perseguía un efecto deliberado. Creaba un desvarío perfundido de la fantasía de que las piedras, los montes, los valles, los llanos y los ríos son sujetos titulares de libertades y derechos como lo son los seres humanos. Su uso reiterado acaba por convertir –de hecho, por trasvasar– las libertades y derechos de titularidad individual en libertades y derechos de titularidad territorial.

Este discurso se extiende como el aceite sobre el agua. El mecanismo es el siguiente: cada individuo es un recipiente que contiene libertades y derechos; cambian ese contenido a otro recipiente, lo que llaman «territorio»; el porqué de este proceso tiene su respuesta en la pregunta acerca de quién tiene el control –la propiedad política– sobre el territorio. Lo tienen los partidos del 78, que hace mucho que llegaron a la conclusión de que la federalización de España les daría lo que la propaganda de los señores Lenin y Trotsky daba a los *soviets*: todo el poder para el cacique.

La segunda fase del proceso de federalización –la nacionalista– comenzó en 2006 con el segundo Estatuto catalán. El 78 trascendió la imposición ideológica de la «nacionalidad» para forzar un nuevo debate: el de las regiones que se pretenden naciones en el concierto internacional. El berlanguiano «como nacionalidad vuestra que soy» desembocó en un grotesco sainete que tuvo su clímax en la asonada de la Generalidad de 2017. Este golpe a la Nación siempre estuvo condenado al fracaso. Jamás tuvo la más mínima posibilidad de éxito. Pero precisamente ésa era su función política: fracasar para dejar abierta la puerta a ulteriores intentonas. Esto es, para dar inicio a la tercera etapa del proceso de federalización de España.

El tercer estadio del ciclo cacique –el período separatista– comenzó con Pedro Sánchez en la Moncloa. Pero no lo hizo a su llegada en junio de 2018 tras la rocambolesca moción de censura que lo aupó al Poder. La fermentación final del ciclo cacique principió en enero de 2020 con su investidura al frente del primer Gobierno de coalición del 78. El señor Sánchez cuenta, desde entonces, con el apoyo de todos los enemigos de la unidad de España. Ha pactado con golpistas y con terroristas; su discurso ha rebajado a sedición lo que antes había calificado de rebelión; ha indultado a sediciosos convictos; ha derogado el delito de sedición para que la comisión de este delito no pueda ser castigada; ha abaratado las penas por malversación para que rebeldes y sediciosos se sirvan del dinero de los contribuyentes para destruir la Nación de esos contribuyentes; se ha prestado a sentarse a negociar la integridad de la Nación política española; ordena al Legislativo hacer leyes para someter al Judicial y al TC; y calla mientras ex ministros y ex presidentes socialistas se pronuncian en público contra la integridad de España y a favor de la entrega de territorio español a Marruecos. Este es el escenario en el que ha comenzado la tercera fase de la federalización de España.

El pesimperio del 78 ha consolidado las bases necesarias para hacer saltar por los aires la integridad de la Nación política española. Las CCAA son caciquerías con ínfulas de estados federados. Replican de forma sistemática al Estado del que son parte mediante la reproducción de instituciones, estructuras y legislación. Todas están dotadas de gobiernos y asambleas; de defensores del pueblo, de consejos consultivos y hasta de tribunales paralelos de garantías; reiteran con entusiasmo la legislarrea nacional hasta multiplicarla por 17,…

Este afán de imitación ha alcanzado tal grado de ebullición que todas las CCAA –salvo Asturias y Navarra– dicen tener *poderes*, como si fueran Estados. Esta es la situación al término de la Fase 2 del ciclo cacique de federalización. Tras la aprobación de más de media docena de nuevos estatutos y las sucesivas reformas de otros nueve, todas las CCAA pretenden ser estados de hecho. En el articulado de sus ordenamientos utilizan un vocabulario de evidentes aspiraciones constitucionales. Es estrafalario. Que un Estatuto de Autonomía hable de libertades, derechos y deberes de los individuos tiene el mismo valor que el que lo hiciera un bando del alcalde de la aldea de Don Quijote o un folio pegado en el ascensor por el presidente de una comunidad de vecinos.

Dada la disparatada evolución de los acontecimientos, no es descabellado que puedan pretender celebrar un eventual referéndum de autodeterminación al que den cualquier otro nombre para fingir que es otra cosa y que sea organizado por el Gobierno de España para destruir España. El ex ministro Salvador Illa –catedrático pardo de «lecciones de constitucionalismo y patriotismo»– y posterior candidato socialista a la Presidencia de la Generalidad aseguró en diciembre de 2022 que habría una consulta en Cataluña y que tendría otro nombre:

> Salvador Illa: No habrá autodeterminación, pero sí consulta a los catalanes.

En el momento en el que tenga lugar la primera consulta de este tipo, el fuego federalista prenderá como pólvora por toda la geografía nacional. Expresiones como «cogobernanza», «plurinacional» y «multinivel» –o cualesquiera otras de nuevo o viejo cuño– harán girar sobre ellas el debate público dirigido desde el Estado para forzar a la Nación a aceptar su federalización mediante hechos consumados. El 78 y sus medios de comunicación orgánicos lo presentarán como un hecho inevitable. Esto no sólo puede ser evitado, sino que debe ser evitado a cualquier precio.

Capítulo 18

La expertocracia académica

La Universidad es una –otra más– de las grandes luces que la Baja Edad Media legó a la ensimismada posteridad que la califica de edad oscura. Su propósito esencial es el de reunir en un mismo lugar a las personas con los mejores conocimientos disponibles para transmitírselos a la siguiente generación. La pervivencia del conocimiento acumulado y su traslado recurrente –aumentado si fuera posible– a otros es el fundamento de todo desarrollo tecnológico. Para que cada ciclo de descendencia de la especie sea capaz de fabricar una azada con la que cavar la tierra para sembrarla es necesario que alguien de cada período haya adquirido nociones metalúrgicas.

La sociedad occidental del siglo XXI da por sentados ciertos saberes a los que no atribuye el suficiente valor como para tomarse la molestia de mantenerlos vivos en cada generación. Esto puede acabar por constituir una amenaza para la supervivencia de esa sociedad a medio o largo plazo. Centrar el foco de la atención en el desarrollo tecnológico reporta grandes beneficios, pero hacerlo a expensas de olvidar el conocimiento previo sobre el que se sustenta ese desarrollo no está exento de peligros.

La academia actual ha comenzado a dar signos de que ya no es el templo de la acumulación de conocimiento que había sido durante siglos. Este es un fenómeno que afecta a todos los países occidentales. La Universidad española –que, lamentablemente, no destaca por su excelencia– no es ajena a esta tendencia. De hecho, el régimen político del 78 la ha permeado y su estado presente no es muy distinto del que sufren todas las instituciones que –de una u otra forma– han sido infiltradas de setentayochismo. El resultado en todos estos casos es el del abandono de sus fines para poner la institución de la que se trate al servicio de los intereses del Poder de turno en la Moncloa. O quizá sea más apropiado decir al servicio de los intereses del PSOE y de los que su jefe tenga en cada momento, dado que el PP da indicios regulares de estar decidido a verificar tantas veces como sea necesario que es otro PSOE a plazos.

España cuenta con 84 universidades según el informe *Datos y cifras del Sistema Universitario Español: Publicación 2021-2022* editado por el Ministerio de Universidades. De éstas, 50 son públicas y 34 son entidades privadas. La academia pública española impartió en el curso 2020-21 un total de 4.987 titulaciones de grado y máster para las que disponía en 2020 de 107.357 profesores. Esto son unos 2.150 profesores por universidad pública y más de 21 para cada titulación. Con una población de estudiantes de casi 1,25 millones el ratio de personal docente por estudiantes está en un profesor para cada 11,6 alumnos.

El universitario es uno de los ámbitos predilectos del Poder. Su control reporta grandes beneficios en distintos aspectos. Una gestión sostenida en el tiempo basada en la satisfacción de unos intereses concretos genera una institución rendida al Poder. La liberación de las cátedras de los intereses partidistas a los que se han sometido precisará tanto tiempo como ha durado su entrega voluntaria a ese Poder. Este dominio político sobre la Universidad trabaja en tres niveles distintos: el de colocación de personal afín, el de adoctrinamiento del alumnado y el de máquina de encubrimiento académico.

Los tres funcionan retroalimentándose recíprocamente. El más relevante es el último. Del mismo modo que el TC actúa como una fábrica de coartadas jurídicas que proporciona cobertura legal —*a posteriori*— para cualquier ilegalidad, así opera la Universidad a nivel académico. Este campo de acción ha estado limitado hasta muy recientemente al Derecho y, especialmente, al ámbito del Derecho Constitucional. Si el TC provee de constitucionalismo a medida, son cientos los profesores dispuestos a prestigiar con su birrete lo que haga falta y que beneficie al Poder sin que sea necesario para ello que nadie les imparta una sola instrucción. Los de ese número saben lo que tienen que hacer para pagar su colocación y para llegar lejos en sus carreras profesionales.

Este es el rol político fundamental que el 78 ha asignado a la Universidad: vestir de academicismo decisiones que han sido tomadas con antelación. La secuencia cronológica real de los acontecimientos es que una decisión es tomada por la persona competente para tomarla y, a continuación, el contenido de la medida cascadea hacia abajo hasta que le llega a alguien que, *motu proprio*, aporta razones académicas que la justifican. Es la sucesión temporal inversa a la que exige la racionalidad.

Esta forma de proveer un fundamento académico para una decisión determinada también opera en distintos rangos sociales y políticos al tiempo que desencadena unos graves efectos académicos. Por un lado, prestigia socialmente la medida, que es presentada con un aval de categoría universitaria. Y por otro, la protege desde el punto de vista político porque oponerse al dictamen del experto es oponerse al conocimiento, a la ciencia. Esta expertocracia comenzó su andadura durante el mandato del señor Rodríguez Zapatero, cuando los expertos veían crecer la hierba de los brotes verdes. El fortalecimiento y consolidación de esta fórmula ha generado un monolitismo intelectual que amenaza muy seriamente las bases mismas del método científico basado en la demostración empírica de las premisas.

Así nació la expertocracia, un sansimonismo de baratillo que es la tecnocracia del revés. No es el conocimiento al servicio de la mejora de las condiciones de vida del hombre, sino el testaferro que hace de pantalla de protección del Poder para que éste justifique sus actos y eluda su responsabilidad en ellos. Esta técnica ha sido llevada hasta el paroxismo por el señor Sánchez. Llegada la epidemia de coronavirus, el jefe del Ejecutivo descubrió que tenía una chistera de la que sacó expertos como los prestidigitadores, conejos. Esto es, al engaño del experto que justifica una decisión tomada de antemano con una hoja de cálculo creada *ad hoc*, añadió una innovación. Inventó grupos de expertos que nunca existieron y con cuyo sesudo criterio inventado el Gobierno justificó medidas draconianas con las que violó las libertades y derechos de todos los ciudadanos.

De hecho, el señor Sánchez creó una forma de Gobierno de nueva planta que impuso transitoriamente mediante hechos consumados y en paralelo a la forma establecida en la CE. Fue una suerte de partitocracia de gabinete.

El Gobierno de Gabinete británico nació tras la muerte de *mister* Cromwell y la vuelta de los Estuardo. Tuvo motivos prácticos. La pertenencia al Consejo Privado del Rey se había convertido en un medio para distinguir y premiar lealtades. Su número aumentó hasta inutilizar sus encuentros. Carlos II lo solventó mediante la reunión de un grupo reducido de miembros. Este Consejo Privado reducido recibió el nombre de «gabinete». La muda de dinastía por los Hannover alemanes en 1714 propició un cambio drástico que se ha mantenido hasta la actualidad. El primero de los Hannover, Jorge I, no sabía inglés. Este hecho tuvo como consecuencia que el gabinete comenzara a reunirse sin el Rey, que firmaba lo que éste decidía sin su presencia. Esta forma de Gobierno no existía en la Constitución inglesa. Sin embargo, es la vigente desde entonces.

El Gobierno del señor Sánchez operó de modo similar —adoptando para sí el papel de monarca— durante los estados de alarma posteriormente declarados ilegales por la curia constitucional. Unos «expertos» no electos a los que nadie conocía se reunían y tomaban decisiones sin la presencia del presidente del Gobierno. A continuación, el jefe del Ejecutivo hacía lo que había sido decidido en esas reuniones a las que él no asistía. Si el resultado de las medidas adoptadas era bueno, el señor Sánchez reivindicaba el mérito para *su persona*. En caso contrario, los «expertos» se habían equivocado. Era el Gobierno sin responsabilidad.

Al cabo del tiempo, Moncloa reconoció que esos «expertos» no habían existido nunca. Su inexistencia, en todo caso, ya había sido amortizada por el Ejecutivo. Éste se había exonerado a sí mismo de la responsabilidad de sus actos. El debate sobre la identidad y, posteriormente, sobre la existencia de estos «expertos» desvió por completo la atención sobre la cuestión elemental que se dilucidaba: sólo el Gobierno es responsable de los actos del Gobierno.

La utilización de lo que el relato estándar llama «la ciencia» como medio de justificación de medidas políticas contiene implicaciones indeseables. La primera es que esa ciencia va a comenzar a recorrer de inmediato el camino que resulte de interés para el Poder y ningún otro. Muy convenientemente, todas las conclusiones a las que llegue la ciencia serán las que más acomoden a las decisiones planificadas o tomadas. Esto ya sucede con las líneas de investigación académica. La financiación de unas líneas determinadas y no otras tiene como resultado inevitable la orientación ideológica de «la ciencia». De este modo, el conocimiento resultante no es el del Universo, el de la naturaleza y su funcionamiento, sino el que es de utilidad política para el Poder. Dicho con crudeza, «la ciencia» ya ha comenzado a ser lo que decide quien pone el dinero. ¡Pobre de ti, Galileo!

Esto genera censura y autocensura en el ámbito universitario. Posicionarse contra el discurso dominante puede ser peligroso para la carrera profesional. El monolitismo intelectual se ha convertido en un lugar común entre los afines al Poder que deben sus puestos académicos a la discrecionalidad de aquél y no a sus propios méritos personales. Cuando los intereses del Poder necesiten prestigiar y argumentar académicamente la federalización de España, surgirán federalistas de toda la vida como setas en octubre.

No hay que irse muy lejos para encontrar ejemplos recientes de este procedimiento de utilización de la Universidad como instrumento de manipulación política. La Generalidad de Cataluña creó en 2013 un organismo al que llamó Consejo Asesor para la Transición Nacional (CATN). Su función era la de «analizar e identificar todas las alternativas jurídicas disponibles sobre el proceso de transición nacional»; esto es, sobre el intento de secesión de Cataluña que se tradujo en un golpe a la Nación. El presidente de esta entidad fue Carles Viver, ex magistrado del TC. Doce de los 14 miembros que integraban este consejo eran catedráticos o profesores universitarios de Derecho Constitucional, Derecho Internacional, Relaciones Internacionales, Economía, Hacienda, Sociología o Ciencias Políticas. Este CATN elaboró una serie de informes que posteriormente fueron publicados por el Gobierno regional catalán con el título de *Libro Blanco de la Transición Nacional de Cataluña*. La presencia de doce catedráticos y profesores universitarios entre los 14 autores de esta obra tenía como función política proporcionar un halo de academicismo y de prestigio universitario a la pretensión separatista que la impulsaba.

El papel que ejerce el informe *Por una reforma federal del Estado autonómico* editado en 2012 por una fundación adscrita al PSOE es el mismo. Cuenta con 16 autores, de los que 14 eran catedráticos o profesores universitarios. De ellos, cinco catedráticos y seis profesores de Derecho Constitucional, además de un catedrático de Derecho Financiero, otro de Hacienda Pública y un profesor de Filosofía. Una de estos 16 autores es hoy una magistrada del TC en ejercicio, María Luisa Balaguer. Alguien podría decir que aquí hay un patrón.

Capítulo 19

Felipe, ¿Emperador de los caciques?

La Pascua Militar conmemora cada 6 de enero la toma de Mahón y la recuperación de la isla de Menorca de manos del inglés en 1782. El Palacio Real de Madrid acoge la solemne ceremonia, que hace un balance de la vida castrense en el año recién acabado y plantea los desafíos del que comienza. Asisten los Reyes —que la presiden—, el presidente del Gobierno, ministros, el Estado Mayor de la Defensa, representantes de los tres ejércitos de las Fuerzas Armadas, de las Reales y Militares Órdenes, así como de la Guardia Civil y de la Real Hermandad de Veteranos. Cierra el acto el Rey con un discurso en el que pasa revista a lo que habrá de deparar el año entrante a las Fuerzas Armadas.

En la Pascua Militar del año 2019, el diario *elconfidencial.com* publicó una tribuna con el título «La hora del Rey (por una monarquía federal)». *Sic.* La firmaban el catedrático de Filosofía Contemporánea de la Universidad de Barcelona Manuel Cruz —entonces diputado socialista— y el periodista José Antonio Zarzalejos. Cruz, que fue elegido presidente del Senado cuatro meses después de la publicación de la tribuna, es un activo federalista, ex presidente de la asociación *Federalistes d'Esquerres*. Zarzalejos, ex director de los diarios *El Correo* y *ABC* y hermano de Javier Zarzalejos —mano derecha en Moncloa de José María Aznar durante su Presidencia—, había sido el primer periodista en informar de la abdicación de Juan Carlos. Esta exclusiva —del mismo diario digital— fue ilustrada con una extraña imagen de Juan Carlos en Marruecos que muestra al monarca español leyendo un discurso bajo la mirada del sultán Mohamed VI, que le observaba admonitorio desde una fotografía con el escudo marroquí.

En la fecha de publicación de la pieza que firmaron los señores Cruz y Zarzalejos hacía poco más de un año que la Generalidad de Cataluña —una institución del Estado— se había rebelado contra la Nación española. La sala de lo Penal del Tribunal Supremo ya había dictado auto de apertura de juicio oral contra los procesados bajo la calificación jurídica de delito de rebelión. Las sesiones estaban a punto de comenzar. El señor Sánchez llevaba seis meses al frente del Gobierno y no daba señales de pretender convocar las elecciones a las que se había comprometido. El presidente regional catalán, Joaquim Torra, acababa de afirmar en un discurso televisado que tenía intención de ejercer la autodeterminación de Cataluña y que iba a tramitar nueva legislación de igual contenido a otra suspendida por el TC. Unos días antes, el Rey Felipe había pronunciado unas enigmáticas palabras en su tradicional mensaje de Navidad. Tras alabar la Constitución y relatar con devoción lo que había expuesto como sus bondades, añadió:

> Debemos ser conscientes de la nueva realidad que nos impone el siglo XXI y ser capaces de alcanzar consensos cívicos y sociales que aseguren el gran proyecto de modernización de España.

¿Cuál era esa «nueva realidad» de la que los españoles no eran —no son— «conscientes» y que les viene «impuesta» por el siglo XXI? ¿Quién la impone, con qué medios y con qué fines? ¿Qué son esos «consensos cívicos y sociales» que nadie ha aclarado? ¿Cuál es su naturaleza? ¿Quién los tiene que alcanzar y por qué? ¿En qué consiste ese «gran proyecto de modernización de España» del que nadie le ha hablado a los españoles? ¿Qué distingue el ordenamiento presente de esa «modernización»?

El Rey venía de conmemorar el cuadragésimo aniversario de la Constitución hacía tan sólo unas semanas. La idea del «gran proyecto de modernización de España» resultaba aún más extraña a la luz del discurso que había pronunciado ante las Cortes con motivo de esta celebración. En presencia de los poderes Ejecutivo y Legislativo y como síntesis del pretendido éxito de la CE, afirmó entonces con rotundidad:

> España se ha modernizado.

¿Qué pasó entre el 6 y el 24 de diciembre de 2018 para que España pasara de haberse modernizado a necesitar el aseguramiento de un «gran proyecto de modernización»?

Al cabo de unos días, los señores Cruz y Zarzalejos instaron al Rey a involucrarse en un eventual proceso de federalización de España. Esto es, pidieron al monarca que cooperara en la liquidación de la Nación política de la que emanaba el Estado cuya Jefatura ejercía. El contenido del artículo no consistía en una relación de insinuaciones. Era de una claridad expositiva diáfana. Sus autores no titubeaban, sabían a quién se dirigían y lo hacían de forma directa, sin circunloquios ni apelaciones a terceros. El tenor de la tribuna es el siguiente.

Describen España como «[un país] de composición territorial plural». Esta expresión es un magnífico exponente de ese lenguaje bachillero con ínfulas intelectuales que resulta estar huero de contenido y de los procesos cognitivos más elementales. Ni los territorios están compuestos ni son plurales. Territorio es una porción de tierra. Y nada más. El «territorio plural» es la charlatanería de los vendedores de crecepelo federalista.

Apelan al «espíritu de transacción» (*sic*) de la CE en el momento de exponer los objetivos que persiguen:

> Una amplia reforma del Título VIII, federalizando el Estado pero sin abrir un innecesario e incontrolable proceso constituyente.

En términos políticos, esta propuesta es un proceso constituyente a espaldas del sujeto constituyente –de hecho contra el sujeto constituyente, que son los ciudadanos– y realizado por los poderes constituidos. En términos coloquiales, esto es la sugerencia de otro golpe a la Nación ejecutado –de nuevo– por el Estado para imponer por la fuerza un nuevo modelo de Estado sin el enojoso engorro de contar con los ciudadanos, no vaya a ser que éstos tomen sus propias decisiones y estén en conflicto con los intereses de las élites.

Esta es la primera carga de profundidad de la tribuna firmada por los señores Cruz y Zarzalejos. La segunda es una petición explícita al Rey Felipe –de cuyo papel apuntan que «debería ser determinante»– para que se ponga al frente del golpe a la Nación que proponen:

> Es preciso en este momento que Felipe VI sea el «motor de la reforma» actualizando la Corona como el vértice de una monarquía federal.

La naturaleza y la sustancia de las cosas no cambia porque alguien les ponga un nombre distinto para disimularlas. Las cosas son lo que son. Un golpe es un golpe aunque sea calificado como «reforma» por un diputado socialdemócrata y un periodista del que toda la nomenclatura del 78 sabe que cuenta con fuentes en la más alta magistratura del Estado.

Los autores de la tribuna exponen una serie de paralelismos con los que pretenden fortalecer su demanda:

- Juan Carlos — Felipe
- «Poderes autocráticos» — «Neutralidad activa»
- Transición — Federalización

Sugieren así una recreación de la llamada Transición en una *nueva* Transición. Con ello invocan el mito fundante del 78 como un conjuro mágico que pudiera ser repetido en el presente y el futuro. En páginas anteriores hemos apuntado esto mismo: cómo el PSOE planea utilizar el devenir de los acontecimientos de la Transición como si se tratara de una plantilla en la que se pudieran introducir unos datos y accionar una palanca para obtener el resultado político perseguido. El artículo abunda en animar al Rey a dar por liquidada la Nación política española y hasta apunta que sus obligaciones constitucionales se lo «exigen»:

> Los poderes arbitrales que la Constitución atribuye al Rey le exigen esa neutralidad activa a la que nos referimos y le otorgan capacidades de aliento, impulso y tutela del proceso de reforma y de conciliación de los ciudadanos sea cual sea su identidad territorial.

Mientras procuran lo contrario, esas palabras contienen la clave esencial que revela que la Corona tiene la grave responsabilidad y la inabdicable obligación de defender la unidad de la Nación. Esa «neutralidad activa» a la que hace referencia el texto es una expresión confusa. La utilizan a modo de catáfora. Con ella pretenden adelantar la idea que transmiten a continuación y darle el sentido que persigue su plan golpista. Esa idea es que el monarca es titular de unas «capacidades de aliento, impulso y tutela». Muy bien. Si esto es así, ¿por qué habría el Rey de utilizar esas capacidades para destruir la Nación en lugar de hacerlo para protegerla de quienes –como los señores Cruz y Zarzalejos– proponen destruirla mediante su federalización?

La sucesión de acontecimientos tendentes a un golpe blando de signo federalista tras la publicación de esta tribuna ha sido enorme. Después de unas elecciones estériles en abril de 2019 y una repetición de comicios en noviembre, el señor Sánchez formó un Gobierno de coalición con el señor Iglesias. El jefe socialista se había puesto a sí mismo en una situación en la que sus únicos aliados posibles eran todos los que estaban en contra de la existencia de la Nación política española y la combatían en la medida de sus posibilidades. Esas posibilidades crecieron exponencialmente cuando el señor Sánchez los eligió como aliados. La peste de coronavirus declarada a los dos meses de la formación del nuevo Ejecutivo no detuvo los planes federalistas, acaso los aceleró. Fue a los cinco meses de su toma de posesión cuando el entonces ministro de Justicia y posterior magistrado del TC declaró abierta una «crisis constituyente». Y a la vuelta de otros tres meses, el aún vicepresidente Iglesias insistió en ello, para lo que reivindicó y presumió de la compañía de golpistas, terroristas y separatistas —a los que describió como «los demócratas de este país»— para:

> Emprender las reformas necesarias para afrontar una nueva transición que haga un país mejor.

Ese Gobierno que se jactaba de su cercanía a sus propios enemigos fue el que indultó a los rebeldes convictos por sedición. La Sala de lo Penal del TS había informado «negativamente la concesión de cualquier forma de indulto —total o parcial— a los condenados» por el golpe a la Nación de 2017. La legislación vigente sobre el indulto —que data de 1870— exige un informe favorable del tribunal sentenciador. El abogado Jorge Sánchez de Castro fue el primero en apercibirse del significado político de los acontecimientos que convergían sobre Zarzuela. Existía una colisión entre dos poderes del Estado: el Ejecutivo y el Judicial. La CE establece que «El Rey arbitra y modera el funcionamiento regular de las instituciones». El conflicto propiciado por la pretensión de indulto a los condenados por sedición constituía una irregularidad en el funcionamiento de dos instituciones, el Ejecutivo y el Judicial. En este estado de cosas, la CE obligaba al Rey a «arbitrar y moderar». Sin embargo, no fue eso lo que hizo. No pidió a ambos poderes del Estado que dirimieran sus diferencias hasta resolver el enfrentamiento que le planteaban a él. En lugar de ello, tomó partido por el poder Ejecutivo y firmó los indultos en contra de lo expresado por el poder Judicial. Todo el capital político que había acumulado con su discurso de 3 de octubre de 2017 fue dilapidado en este acto.

En su mensaje de Navidad de 2022 identificó la existencia de tres amenazas —a las que la moderación le hizo llamar «riesgos»— en la

España de hoy: la división de la sociedad, el deterioro de la convivencia y la erosión de las instituciones. Pronunció estas palabras 48 horas después de haber firmado —cumpliendo aquí sí con lo que le obliga la CE y como consecuencia política de haber firmado antes los indultos— la derogación del delito de sedición que el Ejecutivo había ordenado aprobar al Legislativo.

Fueron acertadas esas palabras porque describían la realidad. El señor Sánchez ha generado deliberadamente mediante sus acciones una profunda división de la sociedad. Como consecuencia de esto, la convivencia entre españoles ha sufrido un deterioro de una magnitud hasta ahora desconocida durante el Régimen del 78 y que evoca tiempos pasados. Todo esto lo ha hecho mediante el uso personalista de las instituciones, cuyo vigor y credibilidad ha erosionado hasta dejarlas exhaustas y acreedoras de todas las sospechas imaginables.

Está por llegar el momento en el que las palabras dejen de ser suficientes. No ha de tardar mucho, lamentablemente, la situación en la que el Rey tendrá que elegir. No podrá cruzarse de brazos y esperar a que escampe como hizo el señor Rajoy durante la rebelión de la Generalidad. La tormenta se presentará con el señor Sánchez aún en la Moncloa, con quien le suceda en el cargo o con el siguiente. No mucho más allá. Si la Corona aceptase el cambalache federalista, eso sería su ruina. Si a esta institución le queda algún rastro de utilidad, ésta se concentra exclusivamente en la conservación de la unidad y la integridad de la Nación. El envite federalista implica la liquidación de la Nación política española aunque mil catedráticos nacidos para ello digan lo contrario. Una monarquía federal hará que truenen los tres jamases del general Prim y será el acabamiento definitivo —esta vez sí— de la dinastía Borbón en España.

Un Rey federal no sería otra cosa que un Emperador de caciques.

CAPÍTULO 20

EL CONCIERTO INTERNACIONAL

España fue la cuna del Derecho Internacional con los padres Francisco de Vitoria y Francisco Suárez de la Escuela de Salamanca. Aquello fue en el siglo XVI. La embajada con más solera del orbe es la española ante la Santa Sede, establecida en el año 1622. Suma ya más de 400 años. España cuenta en la actualidad con 115 embajadas repartidas por todo el mundo, pero carece de política exterior. No es que tenga una acción más o menos acertada con una u otra potencia, aliada o no. La cancillería española no sólo no tiene norte, sino que no dispone ni de brújula. Sólo da tumbos a tumba abierta.

Tener amigos poderosos —o aparentarlo— no convierte a nadie en poderoso. Tener poder en el concierto internacional es tener la capacidad de defender eficazmente por sí mismo los intereses propios ante terceras potencias. España perdió esa capacidad con la invasión del francés en 1808. Fue la primera Nación que infligió una derrota al tirano Bonaparte. Enseñó a Europa que el corso podía ser vencido. Sin embargo, ningún beneficio sacó de ello allende la península. Nuevas fronteras surgieron por todo Occidente. Sus trazados, el retorno al Antiguo Régimen y la forja de nuevas alianzas centraron los debates del Congreso de Viena entre 1814 y 1815. Las potencias europeas dibujaron el mundo postnapoleónico en las nuevas alianzas que acordaron en esta convención. La capital austríaca fue el teatro que escenificó el declive español en el plano internacional.

La flaqueza comenzó a nivel interno. La huida de la familia real a la casa del invasor y el espectáculo de las abdicaciones de Bayona dieron inicio a los terribles doscientos años que le aguardaban a España. Doscientos años de guerras civiles. En la América española, auspiciadas en no poca medida por el inglés. En la península, fruto de un enfrentamiento secular nacido de la deserción de los borbones y dirimido con espadones, luchas dinásticas y repúblicas sin republicanos.

Han pasado 45 años desde la entrada en vigor del Régimen del 78; más de 30 años desde la creación de la UE —de la que España fue socio fundador en 1992—; y más de 20 años desde que el euro comenzó a circular y sustituyó a las monedas nacionales de la UE continental –excepto en Alemania, donde sólo cambió de nombre–. El proceso de consunción de la vitalidad española ha desembocado en un desmadejamiento que ha relegado a España de su reciente puesto de segundón con aspiraciones de ascender a la primera división a país de tercera fila.

Ser una potencia soberana exige una serie de requisitos que hay que cumplir. En las dos últimas décadas, España ha consolidado sus debilidades en el terreno militar, en el energético, en el industrial y en el económico. Estas cuatro esferas son ámbitos clave en los que un país tiene que tener capacidad para tomar decisiones por sí mismo. Si no es así, serán otros que sí tengan esa capacidad los que tomen esas decisiones y las impongan a quien no la tiene.

El primero de estos requisitos es el de la fortaleza militar. En un mundo nuclear sólo hay soberanía donde hay disponibilidad de armas nucleares. Un aliado de quien las tiene no es más que eso, un aliado. Todas las potencias nucleares tienen aliados. El estupendismo de este siglo pueril ha difundido la idea de que el aliado está en sinonimia con el interés. Nada más lejos de la realidad. Los aliados son meros *no enemigos*. Si dos potencias son aliadas y una de ellas comparte intereses económicos o de dominio geográfico con una tercera que es enemiga de la otra, esa relación de aliados entre las dos primeras será tan sólo nominal. Lo que establecerán los hechos es que los verdaderos aliados son los que comparten intereses. Las capacidades militares de España son limitadas. La cualificación de sus mandos es de un nivel óptimo. Sin embargo, el equipamiento y los recursos disponibles están lejos de dar satisfacción a sus necesidades militares. La realidad de este imperativo radica en la obligación de disponer de suficiencia disuasoria para evitar tentaciones a la temeridad. El armamento nuclear garantiza la serenidad de cualquier veleidad temeraria de terceros. Su no disponibilidad en el presente aconseja a la prudencia dotar a las Fuerzas Armadas de equipo y recursos suficientes para disuadir a quien deba ser disuadido.

El segundo eslabón de la soberanía consiste en la disponibilidad de energía abundante y barata. Esto no tiene una resolución única y universal. Existen diferentes medios para alcanzar este fin. Lo que no lo hace es dinamitar centrales térmicas de producción de electricidad, ni decretar el cierre gradual de las centrales nucleares existentes y prohibir la construcción de otras nuevas, ni enemistar a España con sus proveedores, ni proscribir la explotación de los recursos propios. Las necesidades de abastecimiento de energía no van a desaparecer. Que una potencia se prohíba a sí misma producir la energía que necesita tiene como consecuencia inevitable su importación. Esto da lugar a dos derivadas: dependencia de terceros y encarecimiento de la factura.

La tercera esfera en la que una potencia necesita ser fuerte para ser soberana es la industrial. Si no hay industria manufacturera no puede haber desarrollo tecnológico. Las nuevas tecnologías no surgen de la nada por arte de subvención. Son la respuesta a necesidades industriales que necesitan ser satisfechas para incrementar sus capacidades. Esto requiere disponibilidad de energía barata y una economía fuerte con una moneda propia que no dependa de los intereses económicos de terceros. La deslocalización de industria beneficia al país receptor y al capital que reduce sus costes de producción. Para el país que la pierde es una tragedia. Es vital la relocalización y la creación de condiciones favorables para la implantación de nueva industria –y mejor si su capital es nacional–.

Los sucesivos Gobiernos de las últimas décadas han propiciado el debilitamiento progresivo –¿progresista?– de España en estos cuatro ámbitos. Esto no ha tenido lugar de forma cataclísmica de un día para otro. Ha sido un proceso largo, un trabajo de minado constante de los intereses de los ciudadanos. Los españoles están hoy militarmente desprotegidos, endeudados con una deuda impagable que crece a diario contraida por quienes tienen la responsabilidad de reducirla, expuestos a los intereses económicos de quien controla su moneda, con un desempleo estructural que es el más alto de los países OCDE y que triplica el de su media, desindustrializados y con un incremento exponencial de su dependencia energética. En este estado de cosas, el Gobierno del señor Sánchez ha añadido la apertura de un proceso constituyente por la puerta de atrás.

Esta es la situación a la que ha sido conducida España por sus gobernantes, por el 78. La circunstancia global de la Nación es lo que explica cuál es su papel en el concierto de las naciones. Una Nación débil es una Nación desprotegida y, por lo tanto, susceptible de ser instrumentalizada al servicio de los intereses de terceras potencias de cuya fortaleza ha llegado a depender. Este estado de dependencia es descrito a los dependientes como lazos de amistad. La realidad es que no es una relación entre aliados. Dos aliados son dos iguales.

España no es un igual de los EEUU. España no dispone de armamento nuclear ni tiene acceso a uso militar de una base naval o aérea en territorio useño para defender sus intereses en América. Los Pactos de Madrid suscritos por ambas potencias al inicio de la Guerra Fría –en 1953– permitieron a los EEUU la utilización de las bases aéreas de Torrejón de Ardoz (Madrid), Zaragoza y Morón de la Frontera (Sevilla), así como el de la base naval de Rota (Cádiz) a cambio de ayuda económica y militar. Este convenio fue sustituido en 1988 por el Acuerdo de Cooperación para la Defensa, que ha sido revisado posteriormente por tres sucesivos protocolos de enmienda –en los años 2002, 2012 y 2015–. El despliegue militar de los EEUU en España está circunscrito en la actualidad a la base aérea de Morón de la Frontera (Sevilla) y a la naval de Rota (Cádiz).

Ambas acogen ocho mil efectivos de los que 6.450 son militares y operan 36 aviones en Morón –principalmente de reabastecimiento en vuelo y transporte– y otros 31 desde Rota que realizan labores de patrulla y vigilancia marítima. En la base gaditana operan cuatro destructores de la Armada norteamericana que incorporan el sistema de misiles guiados Aegis. Según informó el Gobierno estadounidense en junio de 2022 durante la cumbre de la OTAN en Madrid, los EEUU quieren incrementar hasta seis el número de destructores de su Armada desplegados en Rota; esto es, dos más sobre los cuatro especificados en el Acuerdo de Cooperación para la Defensa. Según este convenio –aunque no especifica bajo qué circunstancias–, las dos bases podrían recibir un contingente adicional de hasta 2.285 efectivos de los tres ejércitos de los EEUU, entre ellos 900 combatientes del Cuerpo de Marines de su Armada.

Ningún presidente de los EEUU visitó España durante el mandato del señor Rodríguez Zapatero. Sólo en dos ocasiones ha visitado un presidente useño España en los últimos 20 años. Joe Biden lo hizo en junio de 2022 para acudir a la cumbre rotativa de la OTAN que ese año tocaba organizar a España y que tuvo lugar en Madrid. Barack Obama voló a la capital española en 2016 tras asistir a una cumbre de la OTAN que había tenido lugar en Polonia y cuando ya sólo le quedaban unos meses en la Casa Blanca. Este viaje tuvo un componente anormal en la agenda. De las once visitas de presidentes de los EEUU a España, la de *mister* Obama ha sido la única que ha incluido reuniones con los actores políticos de la oposición del momento. Se entrevistó con Pedro Sánchez (PSOE), Albert Rivera

(Ciudadanos) y Pablo Iglesias (Podemos). Nunca ha trascendido el porqué de estos encuentros ni los asuntos tratados.

Si esas reuniones tuvieron lugar fue por expreso deseo del señor Obama. Que un presidente de los EEUU de viaje en el extranjero tenga encuentros –ajenos a la Jefatura del Estado y al Gobierno del país visitado– con diputados que aspiran a dirigir ese Gobierno sólo puede ser explicado en términos de injerencia. Esta anomalía sólo sucede en una potencia que no es soberana de sí.

Algo más que una injerencia por parte de los EEUU parece haber tenido lugar en el Mar Báltico en el marco de la Guerra del Gas por la hegemonía económica, energética, industrial y militar. Las gasoductos Nord Stream 1 y Nord Stream 2 conectaban de forma directa a Rusia y Alemania a través del Báltico para el transporte del gas que los segundos adquirían a los primeros. Una serie de explosiones submarinas ocurridas el 26 de septiembre de 2022 destruyó los tubos. El coste conjunto total en mar y tierra de esta infraestructura estuvo por encima de los 24.000 millones de euros. Los EEUU acusaron a Rusia de haber destruido el medio de transporte de su propio gas. Cinco meses después, el periodista norteamericano Seymour Hersh publicó una información en la que relató cómo los EEUU habían destruido estos gasoductos con la ayuda de Noruega. Al día siguiente de la destrucción de los tubos Nord Stream, Noruega y Polonia inauguraron un gasoducto que transportaría gas noruego hasta territorio polaco. Esta infraestructura gasística comenzó a operar a plena capacidad dos meses después de que su competencia fuera destruida.

Rusia ha dejado de ser el principal suministrador de gas a los países del centro de Europa. Ha sido desbancada por los EEUU, que lo suministran como gas licuado que cruza el Atlántico en barcos metaneros. Para comprender el comportamiento de ciertos países hay que recordar que el presente es siempre un producto del pasado. Alemania es una potencia ocupada desde el fin de la II Guerra Mundial. Décadas de paz sostenida no han cambiado este hecho, aunque sí es cierto que la presencia militar norteamericana se ha reducido gradualmente con el paso de los años. De las cerca de 300 en las que llegaron a operar, el Ejército y la Fuerza Aérea de los EEUU aún están desplegados en 40 instalaciones militares en Alemania con unos 39.000 efectivos, según datos del Mando Europeo de los EEUU (*US European Command*), con base en

Stuttgart. Pese a esta notable reducción de presencia militar —a fin del siglo XX eran 100.000 los soldados useños destacados en Alemania—, la naturaleza de este *statu quo* no ha cambiado. El canciller alemán, Olaf Scholz, visitó la Casa Blanca en marzo de 2023. Su única agenda era un breve encuentro con el señor Biden. Este era el segundo viaje de *herr* Scholz a Washington. El primero tuvo lugar en febrero de 2022. Ya entonces, y en presencia del nuevo jefe de Gobierno de Alemania, *mister* Biden fue diáfano acerca del futuro del gasoducto:

> Joe Biden: Si Rusia invade Ucrania, entonces ya no habrá Nord Stream 2. Le pondremos fin.

El Gobierno de Berlín no ha rechistado acerca de la destrucción de sus gasoductos. Este es un terreno peligroso. Alguien en algún sitio debería trabajar sobre las consecuencias de estos hechos a medio y largo plazo y prever escenarios. La voladura de los tubos Nord Stream unida a una nada inverosímil eventual quiebra del Deutsche Bank provocada desde el exterior —y facilitada por su propia situación contable— podrían llegar a ser para la Alemania de hoy lo que Versalles fue para la de Weimar. El mundo es aún el mundo.

Estos recientes acontecimientos podrían inducir a alguien a establecer relaciones de causa y efecto entre la entrevista que tuvo el secretario de Estado de los EEUU Henry Kissinger con el presidente del Gobierno español Luis Carrero Blanco y el asesinato del Almirante al día siguiente de esa reunión. Si acaban de realizar contra los intereses de Alemania —su aliado nominal en la actualidad— una acción que constituye un acto de guerra, ¿qué no habrán hecho en España en los últimos 50 años? ¿Con qué propósito se reunió *mister* Obama con tres diputados españoles de la oposición —jefes de sus respectivos partidos— durante su visita a Madrid en 2016?

España no es una potencia como cualquier otra desde el punto de vista geoestratégico. Su localización geográfica hace de ella un país único. Sólo hay que desplegar un mapamundi y observar dónde está. España se encuentra en el centro. Si el dominio de los mares es el dominio del mundo, su ubicación la convierte en un actor esencial. Sin embargo, no está jugando el papel que podría y debería. Hay una partida en marcha en la que España es espectadora pudiendo ser protagonista.

La puerta oriental del Canal de Suez se encuentra en el Golfo de Adén, dominado al norte por Yemen y al sur por Somalia con el llamado *cuerno de África*. Los EEUU anunciaron en diciembre de 2020 —aún con *mister* Trump en la Casa Blanca— la retirada de las tropas que tenía desplegadas en Somalia. El Pentágono informó un año y medio después de su intención de volver a enviar fuerzas militares al país africano con el pretexto de combatir al grupo terrorista islamista Al Shabab, que opera en Somalia. Nada más se ha sabido al respecto desde entonces. Al otro lado del golfo, Yemen está inmersa en una guerra civil desde 2014 e invadido por Arabia Saudí desde 2015. La costa sur yemení —la que da al Mar de Adén— está en manos de una facción secesionista.

El Estrecho de Mandeb al oeste del golfo es la entrada sur al Mar Rojo, que separa África de la península arábiga hasta Suez. Está dominado por Yibuti (al norte de Somalia) en la costa africana y por Yemen. Este cuello de botella para la navegación marítima cuenta con la que quizá sea la densidad de presencia militar internacional más alta del mundo. Nada menos que cinco potencias distintas tienen bases militares en la jovencísima Yibuti: Francia, EEUU, Japón, Italia y China. Al otro lado, precisamente la porción de tierra yemení que crea el estrecho en el lado oriental está en su mayor parte bajo control saudí al cierre de esta edición.

Arabia Saudí es un aliado tradicional de los EEUU. Esta relación ha estado basada desde el fin de la II Guerra Mundial en un acuerdo muy sencillo: los árabes venden su petróleo en dólares a todos sus clientes a cambio del apoyo militar de los norteamericanos. Este arreglo podría estar a punto de sufrir un vuelco. El ministro de Economía saudí, Mohammed Al-Jadaan, declaró a la agencia de noticias *Bloomberg* en enero de 2023 que su Gobierno estaba dispuesto a negociar la posible comercialización de su hidrocarburo en una moneda distinta al dólar. Está por ver la reacción de los EEUU si esto llega a suceder; aunque, por supuesto, no sería visible como acción ueña, sino como súbitos acontecimientos en la península arábiga.

Según Sudáfrica, Arabia Saudí ha solicitado formalmente —junto con Irán— su incorporación al grupo BRICS, integrado por Brasil, Rusia, India, China y Sudáfrica. Este grupo de países más que pujantes representan el 42% de la población global y son los responsables de más del 26% de la producción mundial (el llamado PIB mundial, de cuya tarta los EEUU producen otro 25%). Egipto —propietaria y operadora del Canal de Suez— podría ser otra potencia candidata a incorporarse a este grupo de poder emergente. De hecho, el parlamento egipcio aprobó en enero de 2023 su adhesión al Nuevo Banco de Desarrollo, con sede en Shangai (China) y creado por BRICS en 2014. Esta entidad podría revelarse como una institución clave en la orientación geopolítica mundial y convertirse en una alternativa al Banco Mundial y al Fondo Monetario Internacional –ambos controlados por los EEUU– para la financiación de estados.

Rusia se unirá próximamente a las otras cinco potencias internacionales que tienen bases en la zona de acceso sur al canal. El país euroasiático llegó a un acuerdo con el Gobierno de Sudán en febrero de 2023 para construir una base naval en Puerto Sudán –en la costa africana del Mar Rojo– a cambio de equipamiento militar.

A las áreas militares de estos seis estados en las inmediaciones de la entrada sur a Suez habría que sumar el intenso y extenso tráfico de vigilancia marítima de armadas de diversas potencias en el Océano Índico, en el Golfo de Adén y en el Mar Rojo. Todas estas misiones son justificadas de cara a la opinión pública occidental como labores de seguridad y patrulla contra la piratería. Si bien es cierto que esta piratería existe, su escala no es la del tráfico de tierras raras que viajan de África a China.

Esta es la competición que más arriba decíamos que está en juego: una partida por el control del Canal de Suez, por el que navega el 12% del tráfico comercial marítimo mundial. El informe anual más reciente de la actividad en el Canal de Suez es el referido al ejercicio 2019. El número de tránsitos de ese año fue de 18.800 barcos que transportaron más de 1.200 millones de toneladas de distintas mercancías de uno a otro punto del canal. Las cifras del Canal de Panamá –que une los océanos Atlántico y Pacífico sin rodear América por el sur– permiten valorar la importancia de Suez. El istmo de Panamá fue transitado en el año 2019 por 13.785 barcos que transportaron 470 toneladas. La magnitud del transporte marítimo la refleja mejor el tonelaje que el número de barcos. La cantidad de mercancías que transitaron por Suez en 2019 fue un 157% superior a la que atravesó Panamá. Suez duplica con creces a Panamá en tonelaje transportado.

La costa occidental de la península arábiga está bañada por el Mar Rojo, que es el acceso sur a Suez. Aproximadamente el 10% del tráfico de petróleo por mar atraviesa el canal egipcio. Y nada menos que el 30% del transporte de contenedores sigue esta ruta. Según datos del Consejo de Transporte Marítimo Mundial (*World Shipping Council*), de los diez primeros puertos del mundo por volumen de tráfico de contenedores, siete son chinos; los nueve primeros están todos en el sudeste asiático y sólo el décimo es europeo, Róterdam. La navegación por el Canal de Suez reduce en diez días la conexión marítima entre el sudeste asiático y los puertos de Róterdam, Amberes y Hamburgo. Si ampliamos la perspectiva a los 20 primeros puertos del mundo de este ránking, 15 están en el sudeste asiático, uno en la península arábiga, tres en la europa atlántica y sólo uno de ellos —el de Los Ángeles, en el puesto 17— hace poco o ningún uso de la vía marítima que une al Mar Mediterráneo con el Océano Índico.

El extremo mediterráneo de Suez no es Puerto Said en Egipto. La puerta occidental del Canal de Suez es el Estrecho de Gibraltar.

Los EEUU podrían quedar próximamente en fuera de juego en el control de la entrada oriental al paso del istmo de Suez. Ni a los EEUU ni al Reino Unido les interesa una España que tome sus propias decisiones en función de sus propios intereses. Prefieren que todo continúe como hasta ahora, con una España que trabaja para los suyos, los de EEUU y el Reino Unido. El Peñón de Gibraltar es mucho más que un casino *online*, que un lavadero de dinero y que una antigualla del Tratado de Utrecht que ya debería haber sido revertida. Mucha ganancia han obtenido y obtienen los EEUU y el Reino Unido de una España dividida hasta el tuétano y eternamente ensimismada en conflictos intestinos.

Existe otro factor —adicional al de su localización geoestratégica— por el que a los EEUU le interesa una España desunida y, en consecuencia, débil. La vocación natural de una España fuerte y sensata es la de impulsar un fructífero comercio de ida y vuelta con sus naciones hermanas de la América española. Y también con Brasil de la mano de Portugal. La suma de esta población supera los 700 millones de habitantes, más del doble de la de los EEUU —que es de 331,45 millones—. Según el censo useño del año 2020, el país norteamericano cuenta con 62 millones de hispanos. El informe anual del Instituto Cervantes publicado en 2022 señala que hay 41,75 millones de hablantes de español en los EEUU. Este estudio también apunta que en menos de 40 años será el segundo país del mundo por número de hispanohablantes —sólo por detrás de México— y que su población de origen hispano será el 27,5% del total.

Una comunidad comercial iberoamericana que sea una fuente de prosperidad para todos sus integrantes es una amenaza a largo plazo para la hegemonía de los EEUU en su propia isla-continente. Quien más y mejor puede impulsar esa comunidad es España. Pero antes de tener capacidad de unir a la América española, tiene que ser ella misma fuerte, para lo que necesita estar unida y liberada de pugnas domésticas estériles. Una España infestada de federalistas, caciques y separatistas es música celestial para los oídos del imperialismo useño.

Es imperiosa la necesidad de sentar las bases y poner en marcha cuanto antes esta comunidad iberoamericana de libre comercio. China y Rusia ya han tocado tierra americana de la mano de Brasil con el grupo BRICS. Existe incertidumbre, no obstante, sobre la posición que pueda adoptar el nuevo Gobierno carioca del *senhor* Lula da Silva en su relación con el resto de BRICS. El actual presidente brasileño fue uno de sus fundadores en 2009. Pero las cosas han cambiado mucho desde entonces. No sería sorprendente un giro de Brasilia auspiciado desde Washington. Esta posibilidad está reforzada por la muy presumible evolución de próximos acontecimientos. Sudáfrica acoge la XV Cumbre BRICS en agosto de 2023. Es muy posible que en ella sea anunciada formalmente la incorporación de nuevas potencias. Todo indica que entre ellas se cuenten Irán y Arabia Saudí. La entrada conjunta de ambos países en este grupo sería el corolario del éxito obtenido por la diplomacia china tras haberlos sentado juntos en la misma mesa en marzo y en abril de 2023. Esto sin olvidar el odio atávico que se profesan por razones religiosas la Arabia Saudí suní y la Irán chií. Una animadversión de 1.400 años es más fuerte y desencadena más energías que cualquier coyuntura de intereses comerciales.

En páginas anteriores señalábamos cómo la consideración nominal de aliados entre dos o más potencias es –en realidad– una relación de no enemigos. España no tiene aliados de hecho en sus aliados nominales de los EEUU y los países de la UE. Próxima a su propio colapso, la UE es el instrumento de Alemania y Francia para someter a sus intereses al occidente continental. Francos y tudescos tienen intereses enfrentados, pero ambos mantienen entre sí una relación de concordia que está en conflicto con la realidad de ese enfrentamiento de intereses. Hace tiempo que Francia –también presa de su propio ensimismamiento– perdió el norte. Su política es la del seguidismo de Alemania. Lo hace en el ámbito exterior con efectos en el doméstico. La potencia germánica no está en una posición mucho mejor que la francesa. Es el instrumento mediante el que los EEUU imponen su hegemonía en la Europa continental occidental.

El Reino Unido, por su parte, sí es un aliado de hecho –y no meramente nominal– de los EEUU. Tuvo la visión de abandonar el barco de la UE justo antes de que fueran visibles las vías de agua que lo hunden. Siempre artero, lo hizo tras haber obtenido de la UE todo el provecho que pudo durante décadas. La población de los demás estados miembros comienza a apercibirse de que la del Brexit no es la historia que le contaron sus gobiernos y los dirigentes de la UE. Berlín –que ha impuesto su moneda con otro nombre– trata de hacer prevalecer sus propios intereses en el seno de la UE, pero no toma una sola decisión contra los de los EEUU. Y aunque París pueda andar algo perdida, nunca lo va a estar tanto como para olvidar que perjudicar a España redunda siempre en su propio beneficio.

La sociedad española necesita verificar urgentemente por sí misma que sus aliados nominales no lo son de hecho. El caso del forajido Puigdemont es muy esclarecedor. Tras ejecutar un golpe a la Nación desde una institución del Estado, huyó junto a varios golpistas más –sin encontrar ningún obstáculo a su huida por parte del Gobierno de España– y juntos atravesaron toda Francia hasta recalar en Bélgica. También ha dado paseos ocasionales por Finlandia, Dinamarca, Alemania e Italia. Otra de las huidas –Clara Ponsatí, sobrina de Raimón Obiols, histórico del PSC– fijó su residencia en Reino Unido (era profesora en una Universidad escocesa). El Tribunal Supremo de España dictó una orden europea de detención y entrega de los prófugos a las autoridades españolas. En alguno de estos países aliados han sido detenidos y puestos brevemente a disposición judicial. Todos ellos le han negado a España la extradición de estos golpistas.

La legislación española permitió que varios de ellos fueran candidatos en las elecciones al Parlamento Europeo celebradas en mayo de 2019. La cámara de la UE dio la consideración de eurodiputados al fugado Puigdemont y a Antoni Comín. Tras la salida del Reino Unido de la UE, la reconfiguración del Europarlamento dio entrada a otra golpista huida, la mencionada señora Ponsatí. Ninguno de ellos ha sido acreditado por España como miembros del Parlamento Europeo. Ocupan escaños, disfrutan de privilegios de inmunidad parlamentaria y reciben retribuciones sin haber presentado documentación oficial alguna de la Junta Electoral Central española que los acredite como electos. Esto es, el Parlamento Europeo ha designado de forma unilateral a estas tres personas como eurodiputados españoles en contra de la Ley española. Llevan años participando en votaciones de la Cámara de Bruselas/Estrasburgo en fraude de Ley. Todas esas votaciones son nulas.

Estas intromisiones no son las únicas. El Gobierno alemán ha participado proactivamente a través de una empresa de su propiedad –la compañía T-Systems, que es filial de Deutsche Telekom– en dos referéndums de autodeterminación que han amenazado la integridad de España. Ante todas las numerosas injerencias que se han producido en este asunto por parte de este enjambre de potencias aliadas, el número de acciones del Gobierno de España para revertir esta situación durante los cinco años siguientes ha sido de cero. Lo que sí ha hecho Moncloa en este tiempo es difundir –y en varios casos filtrar como fuente no identificada– desinformación sobre una supuesta participación de Rusia en el golpe a la Nación española ejecutado por una institución del Estado español. Existe un gran interés en poner en Rusia el foco de lo que hace el Estado español con sus instituciones y en la participación en ello de potencias nominalmente aliadas de la Nación española. El forajido Puigdemont, sin embargo, no está en Moscú. Vive en Waterloo (Bélgica) con ingresos que proceden en su integridad de los contribuyentes españoles y tiene la consideración –en fraude de Ley– de miembro del Parlamento Europeo.

Quienes más beneficio obtienen de la desestabilización constante de España son sus *aliados* de la UE. Y aún más provecho saca de ello el deslealísimo *aliado* del sur, Marruecos.

El sultán magrebí inició en 2022 una ofensiva contra España de enormes proporciones y que continúa en marcha un año después. Todo comenzó con una muy hábil jugada de Marruecos dos años antes. Mohamed VI –como su padre Hassan II– tiene muy buen olfato para la debilidad española. Sabe ver su oportunidad y aprovecharla. Negoció en secreto con la Casa Blanca un acuerdo a tres bandas. Los EEUU reconocerían la soberanía marroquí sobre la antigua provincia española del Sáhara Occidental a cambio de que Marruecos estableciera relaciones diplomáticas con Israel. Cuatro semanas antes del término de su mandato, en contra del Derecho Internacional y de las resoluciones de la ONU, *mister* Trump sancionó un edicto por el que los EEUU reconocían a Marruecos la soberanía sobre el Sáhara Occidental. Como contrapartida, el reino alauita reconoció a Israel como Estado y estableció relaciones diplomáticas.

Marruecos se convirtió en el sexto país de la Liga Árabe en reconocer a Israel, aunque ambas partes mantenían relaciones no oficiales desde tiempo atrás, lo que incluía la adquisición de material militar por parte del reino magrebí.

Pocos meses después de la culminación de este acuerdo, la ofensiva marroquí tuvo un preámbulo en la primavera de 2021. El líder del Frente Polisario Brahim Ghali entró en España con pasaporte falso en un vuelo militar procedente de Argelia que aterrizó en la Base Aérea de Zaragoza. Voló a España para recibir tratamiento médico. Fue hospitalizado en Logroño. El servicio de inteligencia marroquí –que alcanza todos los rincones de España– levantó la liebre rápidamente. Marruecos escaló la tensión hasta hacerla estallar con un acto que sólo puede recibir la calificación de hostil. Como represalia a la acogida del polisario Ghali, Rabat provocó sendas avalanchas sobre las ciudades de Ceuta y Melilla. Más de 8.000 personas entraron ilegalmente en territorio español. Unos 1.500 eran menores de edad. Esta marcha verde suave fue una amenaza de invasión en toda regla. Moncloa no reaccionó.

Entonces ocurrió algo que no trascendió hasta transcurrido un año. En los mismos días en los que varios miles de civiles marroquíes desarmados invadieron Ceuta y Melilla a instancias del Gobierno del sultán, el teléfono móvil del señor Sánchez fue intervenido por una potencia extranjera. Le extrajeron un total de 2,7 GB de datos en dos sucesivas intrusiones que ocurrieron con varias semanas de diferencia. También el terminal de la ministra de Defensa, Margarita Robles, sufrió un ataque en el que le sustrajeron 9 MB de datos. Las tres razias fueron realizadas mediante la aplicación informática *Pegasus*. La comercializa la compañía israelí NSO Group y su venta y utilización sólo está disponible para Estados y mediante licencias de exportación que otorga el Gobierno de Israel.

Para tomar perspectiva sobre la sucesión de acontecimientos resulta interesante subrayar que los ataques a ambos teléfonos móviles tuvieron lugar sólo unos meses después del establecimiento de relaciones diplomáticas entre Marruecos e Israel.

El cambio abrupto de la posición del Gobierno de España sobre el Sáhara Occidental sucedió después de la invasión de Ceuta y Melilla y de que le hubieran extraído al presidente del Gobierno 2,7 GB de datos de su móvil. El señor Sánchez no consultó este giro ni informó de él a ningún miembro de su Consejo de Ministros.

Tampoco al Rey. Tomó esta decisión –contra la postura mantenida por España durante casi 50 años– a solas y sin el asesoramiento de su Ministerio de Asuntos Exteriores, sobre cuyo ministro, José Manuel Albares, pasó como si no existiera. El señor Albares aceptó los hechos consumados sin rechistar.

Este cambio se sustanció en una carta que el señor Sánchez envió a Mohamed VI. Estaba fechada el 14 de marzo de 2022 y fue filtrada a la prensa orgánica española unos días después. El arranque de la misiva comenzaba con la afirmación de que ambos países iban a iniciar una «nueva relación». Este sintagma se repite tres veces a lo largo de la breve epístola. El señor Sánchez transformó la posición española sobre el Sáhara Occidental con una sola oración:

> España considera que la propuesta marroquí de autonomía presentada en 2007 como la base más seria, creíble y realista para la resolución de este diferendo.

Este enunciado era un reconocimiento tácito de la soberanía de Marruecos sobre el Sáhara. No sólo iba contra la posición tradicional de España en este conflicto, sino también contra el Derecho Internacional y todas las resoluciones de la ONU.

El tono del texto resultaba extraño. La redacción del documento tenía unas peculiaridades pintorescas. No era la sintaxis de un hablante nativo de español que supiera expresarse por escrito. Había cambios insólitos en la forma en la que se dirigía al destinatario, pasaba del cortés tratamiento de usted al plural mayestático para después volver al usted; sorprendentes discordancias de género; repeticiones; relativos superfluos; omisión de conjunciones; errores de puntuación; el uso del galicismo «diferendo», ajeno al español hablado en España;… La composición de la carta no era muy brillante. La fórmula de despedida –«Le ruego acepte, Majestad, la expresión de mis más distinguidos sentimientos»– constituía otro galicismo, que era un dislate en el idioma español.

La misiva tiene aún más compango, por lo que dice y por cómo lo dice. La carta no fue redactada en Moncloa. Fue pasada a firma del presidente. La forma y el contenido del texto señalan a gritos quién y cómo la escribió. Lo que firmó el señor Sánchez es una traducción al español –realizada por un funcionario marroquí– de una carta escrita en francés en Rabat a partir del texto en inglés del edicto del presidente de los EEUU de diciembre de 2020. Esto puede ser constatado mediante el análisis comparado del párrafo nuclear de la comunicación rubricada por el señor Sánchez y de dos extractos de la proclama presidencial del señor Trump.

> Donald Trump (2020): Instamos a ambas partes a iniciar, sin demora, un diálogo con el plan de autonomía de Marruecos como el único marco para negociar una solución mutuamente aceptable. [*We urge the parties to engage in discussions without delay, using Morocco's autonomy plan as the only framework to negotiate a mutually acceptable solution.*]
>
> Pedro Sánchez (2022): Reconozco la importancia que tiene la cuestión del Sáhara Occidental para Marruecos y los esfuerzos serios y creíbles de Marruecos, en el marco de Naciones Unidas, para encontrar una solución mutuamente aceptable.
>
> Donald Trump (2020): Los EEUU ratifican su apoyo a la propuesta de autonomía de Marruecos —seria, creíble y realista— como la única base para una solución justa y duradera al conflicto sobre el territorio del Sáhara Occidental. [*The United States [...] reaffirms its support for Morocco's serious, credible, and realistic autonomy proposal as the only basis for a just and lasting solution to the dispute over the Western Sahara territory.*]
>
> Pedro Sánchez (2022): España considera que la propuesta marroquí de autonomía presentada en 2007 como la base más seria, creíble y realista para la resolución de este diferendo.

El inopinado cambio de posición de España realizado personalmente por el señor Sánchez sólo es explicable si asumimos que lo ha hecho bajo presión externa. Esto es, la única explicación plausible es que el señor Sánchez opere bajo chantaje de Marruecos.

¿Cuál es la naturaleza del chantaje? Es doble. Por un lado, la amenaza de una invasión total y ocupación de Ceuta y Melilla por población civil marroquí. Ante esto, el Gobierno sólo podría reaccionar con el recurso a la fuerza militar o con el abandono y entrega de territorio español a la invasora Marruecos.

Por el otro lado está una más que plausible posibilidad de extorsión personal. La extorsión sólo es posible si lo que Marruecos pueda saber del señor Sánchez son hechos que el chantajeado no quiere que trasciendan a la opinión pública. Esto sólo pueden ser actos ilegales realizados por el propio señor Sanchez o por terceras personas lo suficientemente cercanas a él como para afectarle personalmente. La única alternativa a lo anterior es que se trate de hechos que, no siendo ilegales, resulten tan reprobables que el señor Sánchez no podría sostenerse en Moncloa si llegaran a ser de conocimiento público. La traducción de lo anterior es que España está amenazada de una invasión de la que su Gobierno no tiene intención de defenderse y que también está sometida a la extorsión de Marruecos porque quien preside su Gobierno prefiere que España sea chantajeada a abandonar el cargo. Esto es, el señor Sánchez prioriza su beneficio privado y ambición personal sobre el interés de España, de cuyo Gobierno está investido para lo contrario. En este punto es oportuno recordar que este caballero empeñó su honor en ello al prometer el cargo.

La sucesión de acontecimientos posteriores a la carta es una acumulación de disparates insólitos en las relaciones entre dos potencias que mantienen un conflicto desarmado –por el momento– que es irresoluble: la pretensión marroquí de anexionarse Ceuta, Melilla y las Islas Canarias.

El presidente Sánchez viajó por sorpresa a Rabat semanas después del envío de la misiva. Allí suscribió una declaración conjunta junto al rey marroquí bajo el encabezado «Nueva etapa del partenariado entre España y Marruecos». Su texto afirmaba que la carta del señor Sánchez había abierto «una nueva página en las relaciones entre el Reino de España y el Reino de Marruecos». La declaración conjunta relaciona una serie de puntos de lo que llama una «nueva hoja de ruta». El primero de sus puntos reproduce de forma literal el párrafo nuclear de la misiva en la que el jefe de Gobierno español había cambiado la posición española respecto a su antigua provincia del Sáhara Occidental.

En el transcurso de la visita, se dejó fotografiar sonriente junto al sultán con la bandera de España del revés. El izado de una bandera en posición invertida significa en términos militares la rendición de esa bandera. No fue la única vez. Madrid acogió una cumbre de la OTAN dos meses después de esta escena. De nuevo el presidente del Gobierno de España sonrió y hasta aplaudió ante una bandera de España invertida. En esta ocasión lo hizo en la reunión de más alto nivel de esta organización militar, rodeado de jefes de Estado y de Gobierno acompañados todos ellos de sus estados mayores. A ninguno le pasó desapercibido este hecho.

A la vuelta de aquel verano, el jefe del Ejecutivo español acudió a Nueva York para dirigirse a la Asamblea General de la ONU. Allí tuvo la indecorosa ocurrencia de mentirle a los embajadores ante la ONU del mundo entero. No sólo no les informó de su cambio de postura sobre el Sáhara Occidental en contra de las resoluciones de la organización a la que se dirigía, sino que aseguró que España mantenía su posición anterior a la carta enviada al sultán magrebí:

España apoya una solución política mutuamente aceptable, en el marco de la Carta de Naciones Unidas y de las resoluciones del Consejo de Seguridad de Naciones Unidas.

A partir de aquí tomaron el testigo de la campaña a favor de Marruecos y contra España el ex presidente Rodríguez Zapatero y varios de sus antiguos ministros. El ex jefe del Ejecutivo y José Bono –ex presidente del Legislativo y también ex ministro de Defensa– han defendido desde entonces en repetidas ocasiones la soberanía marroquí sobre el Sáhara y la propuesta del Gobierno magrebí. Lo hicieron en Las Palmas de Gran Canaria en un ciclo de conferencias coordinado por el Movimiento Saharauis por la Paz, una organización que opera al servicio de los intereses de Marruecos. El señor Rodríguez Zapatero repitió en una conferencia que se prestó a dar en la Universidad Privada de Fez, *El diálogo y la cooperación como imperativo político*. El señor Bono también insistió en ello en una prolija entrevista concedida al periódico digital magrebí *marruecom.com*.

El eurodiputado socialista y ex ministro de Justicia Juan Fernando López Aguilar calificó al reino alauita como «socio estratégico» en un foro organizado por el periódico *Diario de Avisos* de Tenerife. Su conclusión sobre este carácter estratégico fue:

Tragando saliva o sapos, si hace falta.

Pronunció estas palabras después de haber votado en el Parlamento Europeo en contra de una resolución que instaba «a las autoridades marroquíes a que pongan fin a su vigilancia de los periodistas, también a través del programa espía Pegasus de NSO». Diversos medios de comunicación publicaron que el sentido del voto de los europarlamentarios del PSOE fue una orden recibida en Moncloa desde Rabat y transmitida desde el Gobierno español a estos eurodiputados. Insólito. Los diputados del PP en Bruselas/ Estrasburgo se ausentaron de la cámara en el momento de la votación para evitar pronunciarse. Raro.

El señor Sánchez sólo tardó una semana en tragarse personalmente dos de esos sapos de los que había hablado el eurodiputado canario. Viajó de nuevo a Rabat en febrero de 2023 a lo que iba a ser una «Reunión de Alto Nivel». El jefe del Ejecutivo español acudió acompañado de once ministros. El jefe del Ejecutivo marroquí, el sultán Mohamed VI, no se presentó. Fue una cumbre bilateral en la que la parte anfitriona eligió no estar. En lugar de ello, envió a su Gobierno, que carece de la capacidad de decisión –y por tanto de negociación– que la Constitución española sí otorga al presidente del Gobierno español. La delegación desplazada desde Madrid aceptó la descortés ausencia de su anfitrión y despachó con quienes nada podían decidir. El segundo sapo se lo tragó satisfecho el señor Sánchez –como un señor Gómez Labrador, también Pedro– ante los mandados del sultán en el transcurso de la conferencia. Afirmó que la integridad territorial española era una ofensa para Marruecos y que, por ello, renunciaba a defenderla:

> Vamos a evitar todo aquello que sabemos que ofende a la otra parte, especialmente en lo que afecta a nuestras respectivas esferas de soberanía.

La ex ministra de España más activista a favor de Marruecos y en contra de la integridad territorial de España es la socialista María Antonia Trujillo, que ocupó la cartera de Vivienda con José Luis Rodríguez Zapatero. Sus palabras en un evento organizado por la Escuela Normal Superior de Tetuán hablan por sí mismas:

> Los casos de Ceuta y Melilla –y los peñones e islotes– suponen una afrenta a la integridad territorial de Marruecos. [...] La reivindicación marroquí está plenamente justificada. Está inscrita en su ideario nacional y es irrenunciable.

Repitió estas afirmaciones en una entrevista que concedió unas semanas después al diario *online* marroquí *rue20.com*. En ella argumentaba que España debería cambiar su posición respecto a sus dos ciudades –Ceuta y Melilla– del mismo modo que la había cambiado respecto al Sáhara Occidental. En declaraciones ulteriores a otro medio marroquí –*alalam.ma*–, escaló hasta la amenaza:

> La marroquinidad de Ceuta y Melilla no debe ser cuestionada por la salud colectiva de los españoles.

La entrevista en la que la señora Trujillo vertió estas amenazas contra España fue eliminada con posterioridad por el medio de comunicación que la publicó.

Todas estas declaraciones insólitas de ex miembros del Gobierno contra los intereses españoles y hasta contra la integridad territorial de España se concentraron entre los meses de septiembre de 2022 y enero de 2023. Resultan especialmente llamativas las de la señora Trujillo, que pide la entrega de territorio español a una potencia extranjera. Cuesta imaginar que haga esto gratis. ¿Está la señora Trujillo —ex ministra del Gobierno de España— a sueldo de Marruecos para socavar la integridad territorial de España? ¿Es la única que cobra? ¿Es el PSOE una quinta columna de Marruecos en España? ¿Hay otras quintas columnas? En el momento de cierre de esta edición, ni la Fiscalía ni ningún juzgado han practicado ninguna diligencia para investigar si las acciones de la señora Trujillo —o las de cualesquiera otras personas en relación con este asunto— pudieran ser constitutivas de algún delito.

Muy alto es el número de músicos del concierto internacional a los que interesa una España siempre ocupada en solucionar conflictos internos. Mientras está a lo doméstico no está a lo que ocupa al mundo. Nada hay reprochable en que las naciones del mundo se preocupen por sus propios intereses y los protejan en todo momento en la medida de sus posibilidades, sin importarles si con ello perjudican a terceras potencias. Sí hay mucho que reprochar a los sucesivos gobiernos de España que no sólo no se ocupan de defender los intereses de los españoles en ese concierto internacional, sino que trabajan a favor de los intereses de terceros sin importarles si con ello perjudican a España y a los españoles. Acaso haya en ello, además del merecido reproche, delitos que investigar.

España se encuentra ante el mundo exactamente en la misma posición que el resto de potencias del orbe: sola. Lo que distingue a unas de otras es el estadio del proceso de maduración de las naciones en el que se encuentra cada una. Las pueriles apenas alcanzan a sobrevivir por sí mismas; las adolescentes quisieran que el mundo fuera como sueñan y las bofetadas de la realidad les hace revolverse contra sí y contra el mundo; las adultas —que hoy son la mayoría— ya han aprendido cómo es el mundo y actúan en función de cómo es y no de cómo les gustaría que fuese; y, en último lugar, están las que chochean —entre las que se cuenta buena parte de Occidente con España a la vanguardia—, que han perdido todo sentido de la realidad y, confusas y tambaleantes, van de vuelta al estado pueril a través de la senilidad.

La élite política occidental ha adoptado el hábito de basar su acción en el engaño a las masas. Cuanto más descarado el embuste, mayor el aplauso que obtienen. Todo compromiso adquirido es inmediatamente transformado en lo opuesto. Sin embargo, engañar a tus gobernados no es lo mismo que engañar a tus iguales de las demás potencias. Ese engaño es distinto en sustancia y en efectos.

Si en la política doméstica los hechos son creados a través de las palabras, en el concierto internacional las palabras no tienen más valor que el que le dan los hechos. Las capacidades de una potencia tienen que llegar allí donde estén sus intereses. Si no puede, su potencia se reduce a servidumbre de la potencia que sí tenga esos intereses bajo su control.

EL 78 CONTRA EL PUEBLO

El Régimen del 78 ya tiene las últimas orejas puestas. El partido vertebrador de lo existente, el PSOE, va a acabar con él mediante una réplica del proceso político que lo concibió. Su rumbo es el de una España federal desnacionalizada mediante la atomización de su Nación política en caciquerías. Es el propio Estado el que dirige su nave hacia ese puerto. Esto quiere decir que los nombres de las personas que ocupan los cargos son irrelevantes para el resultado final. Decir que es el Estado el que ha puesto proa contra el pueblo es decir que es el 78 el que trabaja contra el pueblo. Esto es, contra la Nación de la que emana su legitimidad y su legalidad. El PSOE aspira a convertir España en un Estado federal y cuenta para ello con el apoyo de prácticamente todos los ingredientes del puchero español: golpistas, terroristas, separatistas y hasta con ese otro PSOE a plazos que es el PP.

De entre las instituciones que pueden hacer frente a la deriva federalista para impedirla, los jueces y magistrados no están dispuestos a hacer valer hasta las últimas consecuencias su posición como poder del Estado; el TC ha sido neutralizado y cuenta ahora con una mayoría que opera al dictado socialista; y, por último, el Rey tomó partido por el derrotero federalista cuando firmó los indultos a los rebeldes convictos por sedición.

El proceso de federalización en el que se encuentra España comenzó en la génesis del Estado setentayochista. Nace y se alimenta de la afirmación contenida en el artículo 2 CE —e impuesta por el PSOE— de que la Nación española está integrada por «nacionalidades y regiones» en lugar de por sus ciudadanos.

La evolución hacia un modelo federal se materializa desde hace décadas. Lo hace de forma gradual. Pero no ocurre a través de hechos discretos visibles y que puedan ser señalados porque tengan lugar en un momento dado. No avanza mediante la consecución de hitos que culminen fases de un plan maestro. No funciona así. La federalización de España es una tendencia no escrita, pero sí impresa en la Constitución. Es una inercia que no se detiene porque no encuentra ninguna oposición en su avance.

Este formato no es casual. Su formulación buscaba lo que, en no poca medida, ya ha sucedido: una paulatina desaparición de la conciencia nacional a la que siguió la reivindicación provinciana del localismo. La sociedad española ha sido instruida durante más de cuatro décadas para que aplauda su desposeimiento de todo lo que es mediante la liquidación de todo lo que fue. Esta pauta de acción ha tenido un gran éxito a lo largo de los años. De hecho, ha convertido la abolición de la Nación española a través de su federalización en una floreciente industria de la que viven decenas de miles de españoles. Esta realidad económica dificulta –aunque no imposi-bilita– la reversión del estado de ánimo que este devenir político ha impreso en la sociedad. Quien tiene su medio de vida en la partición de España se resistirá a todo intento de fortalecer su permanencia.

Aunque la tendencia federalista no cuenta con un manual de instrucciones, el campo de observación de más de cuatro décadas posibilita la identificación de patrones. Y con ellos, los medios de acción que se han revelado en el transcurso de los años. La atención a los acontecimientos y a las conductas es lo que nos ha permitido distinguir esta inercia y cómo se ha desarrollado. El avance federalista está articulado en lo que hemos llamado el ciclo cacique, que consta de tres etapas: la autonomista, la nacionalista y la separatista.

La primera de estas fases es la de consolidación del proyecto. Es el inicio que prepara el terreno. La segunda anima a los que son leales con la unidad nacional a imitar a los que son desleales con ella. Lo hace con la promesa de los premios a la deslealtad que ve recibir un año tras otro a los desleales. El último estadio es el más delicado. Se corresponde con el del arranque de la embestida final. El fomento del separatismo es el golpe de falsa bandera, la opereta que sirve para justificar que los liquidacionistas de la Nación impongan los objetivos de su agenda.

Ésta última etapa es el instrumento para la presentación del modelo federal como la solución moderada entre los dos extremos que el PSOE identificará como «la tentación centralista» y «la tentación secesionista». A los primeros los acusará de inmovilistas y a los segundos de ir demasiado lejos en sus pretensiones. De este modo, este intento de liquidar la Nación política mediante su federalización será presentado como una posición «moderada».

No obstante lo anterior, es razonable preguntarse por qué habría de estar tan próximo el zarpazo federalista si es algo que no ha ocurrido hasta ahora. La explicación es más sencilla de lo que pudiera parecer. El 78 ha sobrevivido durante medio siglo mediante el reparto del Estado. Sucesivos Gobiernos y legislaturas lo han rateado entre las CCAA como si se tratara de su patrimonio particular, como monarcas bárbaros enseñoreados de su hacienda. Pero ya no queda Estado que repartir. Los caciques cortijeros ya tienen en el bolsillo todo el botín setentayochista al que podían llegar a aspirar. No les basta. La experiencia humana enseña que quien ha tenido algo de Poder nunca ha considerado que ya tenía suficiente. Una vez agotados los despojos de la esfera de la política, ya sólo quedan los de la esfera de lo político. Hay 17 buitres al acecho. La federalización de España es el reparto de la Nación.

Tras casi medio siglo de caciquerías promotoras de resentimientos artificiales que buscan la discordia y de atropellos contra la españolidad de España, es casi un milagro que aún perviva una conciencia nacional. El 78 le tomó el pulso con su ensayo de la asonada del año 2017. Fue tal la reacción espontánea de la sociedad en reivindicación de sí misma y de su españolidad, que el Régimen vio temblar sus cimientos cuando un millón de ciudadanos salieron en tromba en Barcelona el 8 de octubre de aquel año. La rebelión de la Generalidad fue un golpe a la Nación ejecutado por el Estado. La Nación derrotó al Estado entonces. Pero el Leviatán aprendió sus lecciones. Apenas tres semanas más tarde, el Estado neutralizó a la Nación mediante las medidas adoptadas al amparo del artículo 155 CE y, con ello, desactivó su reacción.

Todo indicaba —a primera vista— que la aplicación del 155 tenía como objetivo sofocar la rebelión —que se prolongaba desde hacía ocho semanas sin resistencia por parte del resto del Estado—. Sin embargo, la sucesión de acontecimientos que le siguió apunta a otra cosa. Fue la siguiente. Los golpistas que quisieron huir, lo hicieron sin encontrar oposición. Los que se quedaron, fueron indultados año y medio después de haber sido condenados. El delito por el que fueron convictos fue posteriormente derogado. Las dos instituciones del Estado que ejecutaron la rebelión —el Gobierno y el Parlamento de la Generalidad catalana— mantienen intactas las capacidades de acción de las que se valieron para su alzamiento. La neutralización y desactivación de la Nación, sin embargo, continúa férrea.

La documentación generada por el PSOE, las palabras de sus dirigentes a lo largo de décadas, sus actos y también sus compañías, todo responde a un impulso federalista disfrazado de lo que de cuando en cuando llaman segunda o nueva transición. El laboriosamente fabricado prestigio del mito fundante del 78 es un activo que sus propios liquidadores aprovechan en su beneficio. Esta es una de las razones por las que recurren reiteradamente a distintas escenas de esta mitopoeia sin épica.

Lo anterior unido a una no pequeña falta de inventiva y creatividad hace de ellos una partida con cierto grado de previsibilidad. No es por ello aventurado concluir que la fórmula con la que traten de sustanciar esta otra transición sea la consabida «de la Ley a la Ley». Sin embargo, es improbable que el Congreso se arrogue inopinadamente poderes constituyentes para elaborar una nueva Constitución como sucedió tras las elecciones generales ordinarias de junio de 1977. Acaso sea más plausible una chicuelina de los poderes Ejecutivo y Legislativo: proyectos o proposiciones de ley de carácter orgánico, ordinarias por su forma y constituyentes por su contenido. Esto es, la transformación de la iniciativa legislativa en iniciativa constituyente.

Entre el registro de la iniciativa y su publicación en el *BOE* sólo mediaría el procedimiento legislativo. Si el reglamento es observado y cumplimentado en lo negro y en lo blanco, ¿quién y cómo va a impedir que una mayoría parlamentaria formada por federalistas y separatistas apruebe la celebración de referéndums de autodeterminación con otro nombre? No hay indicios de que vaya a hacerlo este Tribunal Constitucional.

Cualquiera de los poderes del Estado que, sin mediar una previa convocatoria electoral a tal efecto, se arrogara un poder constituyente —ya fuera mediante una iniciativa, ya mediante su aprobación— haría con ello un acto de usurpación a la Nación política. Pero realizar acciones que operen sobre la integridad misma de la Nación es ir aún más allá, donde sólo llega la violencia, de donde sólo mana la violencia. La Nación es el ordenamiento de la violencia que es el Poder. Sin ella, la violencia queda desencadenada porque la existencia de la Ley que la contiene está vinculada a la de su fuente.

Este es un juego muy peligroso. La selección de élites políticas que genera el ordenamiento vigente ha dado lugar al pesimperio, el mando de los peores: una oligarquía que desconoce la naturaleza de los cargos a los que aspiran y que ocupan. Esta ignorancia produce en ellos una temeridad que no conoce medida. Es alarmante la ligereza con la que se desentienden de las consecuencias de sus acciones. Son niños que juegan al poder ignaros de su sustancia terrible. Persiguen los cargos, los honores y los salarios ajenos a las repercusiones de sus actos. Es aquí donde está el peligro, en esa inconsciencia de niños que –por recién nacidos– aún son unos salvajes amorales que necesitan ser educados por sus padres para vivir en sociedad. La imposición forzada de un cambio del modelo de Estado no es un mero discurso ni un manifiesto al viento carente de consecuencias. A la realidad no le importan las intenciones. A la realidad no le importa que a los inconscientes no les importe la realidad.

Todo llamamiento a quebrar la integridad de España y de su Nación política es –en último término– un llamamiento a derramar sangre. La responsabilidad será entonces compartida por quienes atenten contra su unidad y por quienes no sepan, puedan o quieran impedirlo cuando esa sea su función. Llegados a tal extremo, ¿habría acaso quien –en flagrante perjurio– rehusara defenderla estando investido para ello por el cargo o el uniforme? La energía y la fuerza de lo que mantiene unida a España es tan arrolladora que los federalistas y los separatistas jamás tendrán la más mínima posibilidad de éxito final. Sin embargo, todo el mal que han dejado hecho en el camino durante más de 40 años está aún ahí, hecho. Ese mal debe ser revertido. Y el que aún puedan hacer –que no es pequeño– debe ser evitado. La muy deseable libertad política de los españoles puede poner remedio a este horror. Pero para que viva la libertad política, debe morir el 78.

Acaso ya esté muerto y sólo falte arrojarlo a su sepultura. Acaso sea un muerto viviente cuyo aliento son los apuntes contables del Banco Central Europeo con dinero que no existe, que sólo son números en una pantalla. Su sostenimiento es una inercia que convocan ciertos intereses económicos y financieros. Constituyen una variable social de clase reinante que teme un cambio político de calado como es el de la consecución de la libertad política. La libertad política es la madre de todas las libertades y de la sagrada propiedad privada. Libertad y responsabilidad. La barra libre que ha supuesto el 78 para ciertas élites no podrá tener continuidad tras la muerte de este régimen. Para que haya cambios, las cosas deben cambiar de forma material además de nominal.

La inconsciencia de la élite política española a la que aludíamos más arriba es muy similar a la que Jouvenel describía del merovingio Clodoveo:

Cuando un bárbaro como Clodoveo se encuentra ante el mecanismo administrativo del Bajo Imperio, no lo comprende. No ve en él más que un sistema de bombas aspirantes que le proporcionan una corriente de riquezas de las que disfruta.

Del mismo modo, los setentayochistas no entienen el Estado como el ordenamiento de la Nación, no distinguen que su cometido es el de garantizar la libertad y la seguridad de los miembros de la comunidad nacional de la que nace. En lugar de ello, lo que perciben en él es un sistema extractivo. Son bárbaros que perforan el Estado como si fuera un campo petrolífero. Ése es el petróleo con el que compran votos para la conquista y conservación del Poder. Tras más de cuatro décadas de explotación han agotado todas sus reservas. Necesitan aumentar la profundidad de perforación para llegar hasta la sustancia misma de la constitución material de la sociedad: la Nación política. Este es el nuevo reparto.

Pero, ¿qué argumentación intelectual esgrimen estos federalistas de secano para justificar sus objetivos y los medios con los que pretenden alcanzarlos? Al cierre de esta edición, no ha trascendido que hayan utilizado un solo razonamiento con contenido intelectual sobre la cuestión a lo largo de los últimos 45 años. Todo lo más a lo que llegan es a utilizar fórmulas pueriles como «más democracia» y «otras democracias avanzadas de nuestro entorno» −siempre acompañadas de la enésima referencia a Alemania como modelo a imitar; la Alemania derrotada de la II Guerra Mundial, porque no hay otra−. No se les conoce ninguna mención argumental al padre del federalismo socialista −*monsieur* Proudhon, enemigo encarnizado de *herr* Marx−, ni a su vástago español, Francisco Pi i Margall. Es más, imponer un modelo federal desde el Poder −desde arriba hacia abajo− como pretende el PSOE, es literalmente lo opuesto al federalismo socialista. Tampoco tienen nunca un recuerdo para la experiencia federalista española, que desencadenó una locura cantonalista con declaraciones de guerra entre poblaciones vecinas constituidas en naciones y que mató a la Primera República en cuestión de meses.

Si no hay un sustrato intelectual bajo la pretensión federalista, ¿a qué obedece su impulso? La respuesta es la compra del Poder. Es un medio de conquista y sostenimiento del cargo, la evolución natural del *statu quo* generado por el 78. *Do ut des*. La federalización de España no es otra cosa que la entrega de la Nación como botín a cambio de los votos que puedan ser necesarios para conquistar el Gobierno y del apoyo para mantenerse en él.

El PSOE ya no puede dar marcha atrás. Se ha puesto a sí mismo en una posición en la que sus únicos aliados posibles son todos los enemigos de la unidad y la integridad de la Nación política española. Esto no es posible deshacerlo. Ya no puede volver al *statu quo* previo a sus pactos liquidacionistas. Pero, ¿acaso desea volver a ese estado de cosas anterior? ¿Quién podría decir que el PSOE está incómodo en la compañía de golpistas y terroristas? Todo lo contrario, su discurso es cada día más cercano al de sus compañías. De hecho, se ha colocado a la vanguardia de esas amistades para enfrentarse al resto de los españoles. ¿No se puso acaso en pie todo el PSOE en el Congreso —como un solo hombre— para escenificar su voto favorable a la derogación del delito de sedición? Así recogió ese momento el *Diario de Sesiones*:

> Durante la votación, la señora Oria López, al emitir su voto, con las señoras y los señores del Grupo Parlamentario Socialista puestos en pie, ha dicho: «Aquí estamos todas las y los socialistas juntos, sin fisuras. Sí».— (Aplausos de las señoras y los señores del Grupo Parlamentario Socialista).

«Sin fisuras». El PSOE con todos los enemigos de España, «sin fisuras». Declarado por el mismo PSOE en el Congreso de los Diputados. ¿Qué es esto sino la manifestación de que el 78 ha destruido la conciencia nacional para sustituirla por la conciencia de partido, de clan, de tribu? La patria setentayochista ya no es la Nación política común, sino la facción enfrentada a las demás facciones. El partido escenifica su propia unidad irreductible y «sin fisuras» contra la unidad de la Nación.

Los socialistas ya sólo pueden salir ganando cuando también ganan quienes aspiran a constituirse en Nación extravagante en detrimento de la única Nación existente en España. Lo que Podemos llama ahora «plurinación» en un prentendido carácter «plurinacional» de España es un imposible material. El PSOE ya utilizó esa expresión en los llamados años de la Transición. El PCE empleaba entonces términos similares cuando afirmaba que España era «multinacional y multirregional».

Sin embargo, uno de los caracteres distintivos de la Nación política es su singularidad, la unicidad. Sólo puede haber una porque sólo puede haber un sujeto constituyente –que está compuesto de la reunión de todos los individuos que forman parte de una misma comunidad nacional–. De cada sujeto constituyente emana un Derecho. Si hubiera más de un sujeto, habría más de un Derecho. Esto implicaría –inevitablemente– una lucha que sólo tendría fin cuando uno de esos dos –o más– Derechos se impusiera a cualquier otro que le disputara la posición. Esto es, un enfrentamiento hasta que un único Derecho prevaleciera en toda la comunidad nacional. Esto son las guerras desde el inicio de los tiempos: la pugna de un Derecho contra otro.

Si grave es la posición federalista que ha adoptado el PSOE a nivel doméstico, no lo es menos la que exhibe en el ámbito externo. No sólo prentenden trocear el hecho fáctico histórico que constituye la Nación española en 17 caciquerías, sino que persiguen la subsunción del conjunto de esa hipotética federación en otra de carácter internacional. Quieren crear una *Europa* federal a partir de la existente UE, un club que no es de iguales, sino uno en el que unas potencias se ponen en servidumbre voluntaria al servicio de otras. No parece muy favorable a los intereses de los españoles servir a los de terceros. Tampoco hay mucho honor en ocupar una alta magistratura española con el objetivo de disolver España, sea en esa Europa o en cualquier otra ocurrencia.

En cualquier caso, el problema esencial actual está en todos los pasos que pueda dar el señor Sánchez –o quien le siga– hacia la federalización. Cada nuevo centímetro recorrido en esa dirección será camino adelantado que un eventual Gobierno del señor Feijóo –o de cualquier otro candidato del PP– dará por bueno y que no revertirá. Así avanza la agenda federalista. Con un paso tras otro durante casi 50 años que jamás son retrocedidos por los populares. O, como apuntamos en un capítulo anterior, los da *motu proprio*, como fue el de la supresión del servicio militar obligatorio, uno de los más decisivos en esta senda terrible y que fue obra de José María Aznar.

Es muy probable que la formación política del señor Abascal (Vox) obligue al TC a intervenir mediante la presentación de recursos contra esos pasos. En tal caso, este tribunal hará el trabajo para el que el señor Sánchez ha designado a sus magistrados soldados. Avalarán como constitucional todo lo que los liquidacionistas le pongan por delante. Esto será lo que distinga la acción de los poderes Legislativo y Ejecutivo nacionales en lo por venir de la del Parlamento y Gobierno de la Generalidad en 2017. Una vez que el TC haya constitucionalizado la celebración de un referéndum de autodeterminación en obvia violación de la CE, ¿se atreverán a pronunciarse las magistraturas del Tribunal Supremo? ¿Y el Rey?

El Estado de hecho viola al de Derecho. Y lo hace sin consecuencias. Sin que ello genere un reproche social, político ni penal. Los mecanismos de control nominal no son capaces de ejercer un control material real sobre las acciones del Poder. Esta es la realidad del 78, en la que los poderes materiales de hecho no son los poderes nominales del Estado —Ejecutivo, Legislativo y Judicial—, sino los partidos, que han privatizado el Estado como su patrimonio particular.

Así ha llegado el régimen a una estatalización creciente de forma constante y en la que el Poder avanza sin freno porque no encuentra a su paso ningún contrapoder con capacidad material para frenarlo. Todo lo ocupa el Estado sin hallar resistencia. Allí donde avanza, lo hace a costa del retroceso de la Nación. El Estado de hecho ha sometido al de Derecho: las libertades y derechos individuales son de papel, a punto de ser papelillos de carnaval.

¿Cuál es el papel del Rey en este carnaval? Los federalistas y separatistas de todo pelo responderán con monarcomanía sobrevenida que su oficio es el de la neutralidad, que nada debe ni tiene que decir acerca de la partida política en desarrollo. No es eso, sin embargo. Lo que dice el ordenamiento y lo que demanda el sentido común es otra cosa. Según la CE, el Rey «arbitra y modera el funcionamiento regular de las instituciones». Esto significa que el monarca tiene una obligación de no hacer —de no intervenir— mientras las instituciones funcionen de forma regular, conforme a Derecho. Si esto no fuera así, la CE sí impone al Rey una obligación de hacer, la de arbitrar y moderar. Felipe ya violó este mandato constitucional cuando tomó partido por uno de los poderes del Estado durante un conflicto entre dos de ellos. El Ejecutivo le pasó a firma nueve indultos en contra del criterio vinculante del Judicial. Al firmarlos se posicionó junto al Ejecutivo en oposición al Judicial. Esto fue una acción política por parte del Rey, que desobedeció a la CE para obedecer al Gobierno.

Esta experiencia no es tranquilizadora sobre cuál pueda ser la reacción de Zarzuela ante la embestida federalista. La razón por la que el Rey no puede participar en la acción política es porque él no forma parte de la esfera de la política, sino de otra, que es la de lo político. No tiene poder constituyente, pero tampoco es un poder constituido. Su función es la de la defensa de ambos: la de lo constituyente y la de lo constituido. En este papel, la Corona no es ni puede ser neutral, sino rotundamente beligerante. Si a la dinastía le queda alguna esperanza de permanencia, es en este envite federalista contra lo constituyente y lo constituido en el que se la juega.

Enorme problema el que enfrenta. Es una paradoja política irresoluble. Su obligación de defender lo constituido implica preservar todo lo que ataca a lo constituyente.

Así es el carnaval del 78, en el que las CCAA son el resultado del gallinero estatal. Estos subestados regionales son la genuina esencia setentayochista. El artículo 2 CE condena a muerte a la Nación política para construir un emporio federal con sus futuros despojos. Esta condena fue dictada el 25 de agosto de 1977. En esa jornada tuvo lugar la primera reunión de trabajo de la Ponencia Constitucional surgida de unas Cortes ordinarias. Aquel día dejaron por escrito el primer borrador de los artículos 1 y 2 de su anteproyecto de texto constitucional. La primera de todas las versiones del artículo 2 ya afirmaba que España estaba integrada por «nacionalidades y regiones». Este sintagma voló de forma directa a la Constitución Española desde los documentos internos de los dos congresos del PSOE inmediatamente anteriores a la cita electoral de 1977, el célebre congreso de Suresnes y el que le siguió, que tuvo lugar en diciembre de 1976.

Un mes después de la primera jornada de trabajo de los siete ponentes con voto de silencio, el Gobierno restableció la Generalidad de Cataluña. La redacción del anteproyecto finalizó en noviembre de 1977. El texto fue publicado en el *Boletín Oficial de las Cortes Generales* el 5 de enero. Un día antes, el Consejo de Ministros aprobó dos decretos-leyes de régimen preautonómico para País Vasco y Navarra, que el *BOE* publicó el día siguiente —el festivo día de Reyes— de que el *BOCG* hiciera lo propio con el borrador de CE. La cascada de regímenes preautonómicos continuó a lo largo de todo el año. Desde entonces y hasta noviembre, el Gobierno aprobó otros once. Todos ellos entraron en vigor antes de que la CE fuera sometida a referéndum. El hecho jurídico autonómico precedió a la existencia de su marco legal.

La CE contenía diversos medios para que las distintas regiones alcanzaran el estatus de lo que llamó «comunidad autónoma». Además de estos medios, señalaba puertas traseras para reiterar cualquier intento de acceso a la autonomía que pudiera fracasar en el camino. Sin embargo, no establece ninguna fórmula para desescalar desde la autonomía y volver al régimen común. Es como si el proceso de constituirse en comunidad autónoma fuera obligatorio *de facto* sin serlo *de iure*. Para verificar este extremo sirva la experiencia de Almería y Segovia. Ambas fueron forzadas a abandonar el régimen común e incorporarse a sendas CCAA contra su voluntad expresa. Así lo constató el TC en su sentencia sobre el caso que afectó a la provincia castellana:

> [...] Segovia es la única provincia que, ante el grado de generalización del proceso autonómico alcanzado en aquella fecha no está incorporada a una Comunidad, por lo que quedaría como única provincia «de régimen común» (situación, por cierto, no prevista aunque tampoco prohibida).

El tribunal de garantías aludía, a continuación, a un procedimiento previsto en la Constitución Española de 1931, la que instituyó la II República. Su artículo 22 rezaba:

> Artículo 22. Cualquiera de las provincias que forme una región autónoma o parte de ella podrá renunciar a su régimen y volver al de provincia directamente vinculada al Poder central. Para tomar este acuerdo será necesario que lo proponga la mayoría de sus Ayuntamientos y lo acepten, por lo menos, dos terceras partes de los electores inscritos en el censo de la provincia.

La II República previó un mecanismo de desescalada autonómica: cómo una provincia integrante de una región autónoma podía volver al régimen común. La Constitución de 1978 no contempla esta posibilidad. Las CCAA son una obligación no escrita. Esta obligatoriedad está dictada en la misma senda que la presidenta del Congreso, Meritxell Batet, ha reconocido que transita el Gobierno de España para imponer un modelo federal: «por la vía de los hechos».

Esta declaración de la señora Batet en la presentación de un libro en febrero de 2023 confirmó las palabras que ya había pronunciado su pareja, Juan Carlos Campo, en junio de 2020. Entonces era ministro de Justicia –posteriormente nombrado magistrado del Tribunal Constitucional– y dijo que España estaba inmersa en una crisis constituyente y que ya había personas que mantenían lo que llamó «un debate constituyente». No es aventurado que el Ejecutivo utilice cualquier acontecimiento futuro para crear una apariencia de emergencia que aproveche para realizar nuevas acciones federalizantes. Así lo hizo durante la epidemia con el disparate de la «cogobernanza» o con esa Conferencia de Presidentes usurpadora de las Cortes.

El libro que presentaba la cabeza del poder Legislativo tenía por título *El futur és federal*, editado por la Fundación Rafael Campalans. Es una compilación de pequeños textos de varios autores. La señora Batet era una de las firmas, con una pieza ya publicada por la Fundación Pablo Iglesias en otro libro de similar. Estas dos fundaciones socialistas organizan de forma regular lo que llaman convenciones federalistas, de las que son participantes habituales miembros del PSOE y sus filiales regionales, así como otros actores políticos como Joan Tardá (ERC) y José Manuel García-Margallo (PP).

Llama la atención que otra de las entidades organizadoras de estos encuentros sea la *Friedrich Ebert Stiftung*, una fundación de la órbita del Partido Socialdemócrata de Alemania (SPD). ¿Qué hace una fundación alemana fomentando cambios en el modelo de Estado español? ¿Recibe el PSOE dinero de esta fundación extranjera para promover la federalización de España?

Los aliados nominales de España de dentro y fuera de la UE tienen un enorme interés en someterla a un proceso de balcanización. Una potencia que no sólo se deja debilitar, sino que promueve su propio debilitamiento desde sus más altas magistraturas es una bicoca para sus competidores vecinos. Una España demolida como lo fue la extinta Yugoslavia sería un Estado –si aún lo fuera– incapaz de hacer valer sus propios intereses con eficacia sobre los intereses de terceros.

Nada habría de temer el Reino Unido sobre una hipotética pérdida del control que ejerce en el tráfico marítimo por la puerta occidental de entrada al Canal de Suez, el Estrecho de Gibraltar. El actual *statu quo* de ausencia de amenaza de esa posición británica por parte de España quedaría prolongado en el tiempo por muchas décadas adicionales. Esto interesa a toda la angloesfera, también a los EEUU. El país norteamericano es, a su vez, aliado de Marruecos. El sultán magrebí aspira a anexionarse el territorio español de Ceuta, Melilla y las Islas Canarias. En este asunto, los EEUU son un aliado material de Marruecos y sólo nominal de España. Esto es, que llegada la hora de la verdad –que llegará–, Washington estará con Rabat.

Este proceso de desestabilización y balcanización no sólo tiene lugar en España. Toda la América al sur del Río Grande está siendo horadada desde hace años por movimientos indigenistas que fomentan la descomposición de los Estados que habitan. La Nación charrúa, la mapuche, la guaraní, la aymara, la quechua, la quiché, la maya y mil y una más. Qué conveniente resulta para los intereses de los EEUU la desestabilización sostenida en el tiempo de un conjunto de países que, compartiendo entre sí una lengua y cultura común, suman –junto con Brasil– el doble de su población. Es una manera muy eficaz de mantener la incuestionabilidad de su hegemonía dentro de su isla-continente.

También en la UE miran con interés y deseo la posibilidad de una España atomizada. Si unida ha priorizado los intereses de terceras potencias sobre los propios, ¿qué no estará dispuesta a hacer la élite política de una España desbaratada a cambio de un salario y de un cargo?

No es ocioso preguntarse el porqué de esta disposición de las élites españolas –política, intelectual y económica– a perjudicar los intereses de sus conciudadanos. Esta conducta es la reacción socialdemócrata a la dictadura del General Franco una vez que éste falleció de muerte natural. Es la *reductio ad hitlerum* adaptada a la cazuela española, la reducción a Franco. Si el General Franco era partidario de la unidad de España, esa unidad tiene carácter franquista y, por lo tanto, oponerse a ella es un testimonio de antifranquismo. Esta es la finísima conclusión intelectual que manejan las cultivadas élites españolas. Ninguno de sus miembros lo expondrá así so riesgo de ridículo.

Sin embargo, nunca falta una firma dispuesta a cuestionar el legado de los siglos porque entre los últimos 1.500 años hubo 36 de General Franco. Una de entre ese número –muy relevante por el puesto que ocupa– es la de María Luisa Balaguer, magistrada del Tribunal Constitucional. Declarada federalista, afirma:

> Cada generación biológica reivindica su derecho a la autodeterminación jurídica desde una legítima aspiración en igualdad con generaciones anteriores.

No son pequeñas las repercusiones de llevar esta aseveración hasta sus últimas consecuencias. Esto implicaría plebiscitar todo el ordenamiento jurídico cada 15 años. Todo, no sólo la Constitución.

La señora Balaguer circunscribe el asunto a que cada generación tenga derecho a establecer su propia versión del texto constitucional que establezca las reglas de juego del Poder. Pero, si existe ese pretendido «derecho a la autodeterminación jurídica», ¿por qué habría de incluir la Constitución y excluir el Código Civil, el Penal y el de Comercio?

No es esta la única frivolidad que patrocina. La catedrática de la Universidad de Málaga acoge con simpatía –y diríase que hasta con entusiasmo– un concepto que ha sido creado y desarrollado para dar soporte intelectual a la violación del ordenamiento constitucional de cualquier país. Se trata de la fantasía de la «mutación constitucional».

> Las mutaciones constitucionales se entienden como una inevitable evolución. [...] Las mutaciones constitucionales se producen por necesidad política.

Las constituciones no mutan. Las leyes no mutan. Una Constitución no dice un día una cosa y al siguiente, otra. ¿Al arbitrio de quién habrían de mutar las constituciones? Esta es una pregunta muy apropiada porque quien tiene el poder de hacer mutar una Constitución, tiene el poder constituyente de toda una Nación. Ese es un poder superior al de un Gobierno. Esa persona –o colegio de personas– se habría erigido en una suerte de Papa –o Concilio– constitucional, titular de la *potestas* y de la *auctoritas* de todo el Estado, propietario de todo el marco legal y amo de la capacidad de acción de los poderes del Estado.

La *mutación constitucional* es una triquiñuela para fingir que una Constitución dice lo que no dice. La magistrada del TC considera estas *mutaciones* como algo «inevitable» y de «necesidad política» porque persigue la satisfacción de unas necesidades políticas determinadas –y no otras– y la inevitabilidad de una evolución del significado de las palabras en un sentido determinado –y no en ningún otro–. Pero esto tiene implicaciones muy graves. Al margen de la sardina federalista a la que la señora Balaguer arrima el ascua de sus *mutaciones*, es oportuno observar las dimensiones de este artificio jurídico en toda su amplitud. La tesis de la *mutación constitucional* es la aceptación de que los poderes constituidos tienen latentes en su interior el poder constituyente. Ante esto, sólo cabe una conclusión. Un poder constituido dotado de poder constituyente es la definición definitiva de la dictadura total.

El señor Sánchez ha dado sobradas muestras de sus inclinaciones dictatoriales. Ha violado la Constitución triturando libertades y derechos. Lo ha hecho sin consecuencias. Si no las ha habido en el pasado con un TC que ha dejado constancia de ello en cuatro sentencias, no hay ninguna razón para pensar que las pueda haber en el futuro ahora que cuenta con un TC dispuesto a fabricar una coartada para cada nueva violación. ¿Qué fiscal, qué magistrado del Tribunal Supremo va a practicar diligencias para esclarecer la posible comisión de delitos por parte del señor Sánchez en el ejercicio de su cargo? Nadie. El señor Sánchez es un monarca aunque el cargo que ocupa reciba otro nombre. No es inviolable de Derecho, pero sí de hecho. Es reyezuelo de hecho y quiere ser Rey de Derecho.

Nominalmente, el señor Sánchez es el jefe de un único poder del Estado, el Ejecutivo. Pero la realidad es que también es el jefe de hecho de los otros dos poderes, del Legislativo y del Judicial. Del Legislativo, porque el grupo parlamentario mayoritario opera a su dictado y los demás grupos que lo sostienen en Moncloa obtienen su tajada del Estado; del Judicial, porque su órgano de Gobierno es elegido por el anterior, el Legislativo.

Sí existe la particularidad actual de que el Gobierno de España acepta órdenes de golpistas y de terroristas. Pero esto es puramente circunstancial porque el señor Sánchez está dispuesto a ser siervo de unos pocos para ser llamado señor por todos los demás. Este hecho coyuntural ha sido clave en la aceleración de la agenda federalista en los últimos años. La probabilidad de que este hombre acometa la insensatez de intentar demoler la Nación política española no es pequeña. La disposición de su temperamento a la temeridad y la inconsciencia que demuestra sobre las consecuencias de sus actos como jefe de Gobierno así lo apuntan.

No obstante, una eventual salida del Gobierno del señor Sánchez no detendrá la tendencia federalista del 78. Su inercia continuará impasible a cambios de este tipo. Crece a diario y cada milímetro que gana, lo pierde la Nación.

A la vista de la muchedumbre de hechos insólitos acumulados que hemos expuesto a lo largo de las páginas precedentes es pertinente plantear preguntas que, lamentablemente, son de una gravedad extrema. ¿Es España el único Estado del mundo que planifica, financia y ejecuta golpes contra la integridad de su Nación política? ¿Es España el único país del mundo que dinamita sus propias infraestructuras de generación de energía? ¿Es España el único país del mundo que se enemista deliberadamente con sus proveedores estratégicos de energía en una coyuntura de crisis energética global? ¿Es España el único país del mundo que obliga a sus contribuyentes a financiar la energía de sus potencias vecinas? ¿Es España el único país del mundo que prohíbe la explotación de sus recursos naturales? ¿Es España el único país del mundo que soporta ser chantajeado por una potencia vecina? ¿Es España el único país del mundo en el que antiguos miembros de su Gobierno trabajan a favor de las ambiciones territoriales de terceras potencias sobre su territorio? ¿Es España el único país del mundo que disminuye sus capacidades militares a medida que las incrementa la potencia vecina que codicia parte de su territorio? ¿Es España el único país del mundo en el que antiguos presidentes de los poderes Ejecutivo y Legislativo adquieren la nacionalidad de terceras potencias? ¿Es España el único país del mundo que ataca sus propios intereses para beneficiar los de terceras potencias? ¿Es España el único país del mundo en el que los poderes Ejecutivo, Legislativo y Judicial violan su Constitución sin consecuencias? ¿Es España el único país del mundo cuyo Gobierno rehúsa hacer cumplir sentencias del Tribunal Supremo? ¿Es España el único país del mundo cuyo Gobierno está integrado por perjuros que rehúsan cumplir y hacer cumplir el ordenamiento jurídico? ¿Es España el único país del mundo cuyo Gobierno entra en colusión con una administración regional para violar el ordenamiento jurídico? ¿Es España el único país del mundo cuyo Gobierno demanda a entidades supranacionales que fiscalicen y tutelen su propia soberanía? ¿Es España el único país del mundo cuyo Gobierno está dispuesto a negociar la integridad de la Nación política de la que emana su legitimidad y su legalidad? ¿Es España el único Estado del mundo que trabaja contra su Nación? ¿Todo esto sucede solo?

Esta es la situación en la primavera de 2023, con Pedro Sánchez en la Moncloa sostenido por una mayoría parlamentaria integrada por todos los que están conjurados en acabar con la existencia de España como Nación política. Pero el hecho de que el proceso federalista que hay en marcha haya alcanzado últimamente una plenitud que no tenía hace años no quiere decir que vaya a culminar de forma inmediata. El número de variables en juego es enorme. De lo que sí podemos tener certeza es de que su avance será inexorable mientras haya 78. Un cambio en la orientación política del Gobierno podría ralentizar el proceso. Pero éste continuaría porque no hay nada que lo frene. Es el propio 78 el que empuja hacia la quiebra y la desnacionalización a través de la división y la atomización deliberada de su sociedad. La amenaza federalista continuará mientras continúe el 78. No obstante, esta inercia no es ineludible. Puede ser detenida, pero para ello hay que detenerla. Puede ser evitada, pero para ello hay que evitarla. Puede ser revertida, pero para ello hay que revertirla. Es necesario hacerlo antes de que los temores se conviertan en lamentos. El Régimen desemboca en dos extremos opuestos mediante los que fuerza a todos los ciudadanos a una postrera elección: España o el 78.

———

FUENTES DOCUMENTALES Y BIBLIOGRÁFICAS

Las notas a pie de página pueden resultar molestas para la lectura. Al mismo tiempo, no hay por qué privar de su contenido al lector interesado. La solución adoptada es la que sigue.

El proceso de elaboración de esta obra ha requerido la utilización de 400 fuentes documentales y bibliográficas. Cada una de ellas está referenciada a continuación dentro del capítulo en el que fueron utilizadas por primera vez y en el orden en el que aparecieron en el texto. Las fuentes utilizadas en más de un capítulo sólo están señaladas como tales en el primero en el que se les dio uso.

Existe algún caso particular en el que una referencia ha sido tomada a través de una fuente secundaria. Tal es el de, por ejemplo, Theodor Mommsen, del que hemos utilizado una cita a partir de una mención en otra obra. En esos dos o tres casos, sólo referenciamos la obra de la que hemos tomado la mención.

Como novedad editorial y en aprovechamiento de los recursos que la tecnología pone a nuestra disposición, el lector interesado podrá comprobar por sí mismo la veracidad de los hechos expuestos a lo largo de la obra y la fidelidad de las citas. Para ello, hemos puesto a su disposición en la web www.javiertorrox.com más de 350 de las 400 fuentes utilizadas. Esta documentación está a disposición del lector con fines de investigación y de estudio.

Cualquier documento que pueda estar sujeto a derechos de autor será eliminado a requerimiento de su propietario o del representante legal que así lo acredite.

Introducción
Constitución Española de 1978.

Capítulo 1. La caja de los truenos
Diario de Sesiones del Congreso de los Diputados, 10 de junio de 2020. El ministro de Justicia declara abierto un proceso constituyente.
El Mundo, 7 de abril de 2020. Iceta pide la liberación de los convictos por sedición.

Sentencia 459/2019 de la Sala de lo Penal del Tribunal Supremo, de 14 de octubre de 2019. El fallo condenó por sedición a nueve de los responsables de la rebelión de la Generalidad de 2017.

Real Decreto 456/2021, de 22 de junio, por el que se indulta a doña Dolors Bassa i Coll. *BOE* de 23 de junio de 2021.

Real Decreto 457/2021, de 22 de junio, por el que se indulta a don Jordi Cuixart i Navarro. *BOE* de 23 de junio de 2021.

Real Decreto 458/2021, de 22 de junio, por el que se indulta a doña Carme Forcadell i Lluís. *BOE* de 23 de junio de 2021.

Real Decreto 459/2021, de 22 de junio, por el que se indulta a don Joaquim Forn i Chiarello. *BOE* de 23 de junio de 2021.

Real Decreto 460/2021, de 22 de junio, por el que se indulta a don Oriol Junqueras i Vies. *BOE* de 23 de junio de 2021.

Real Decreto 461/2021, de 22 de junio, por el que se indulta a don Raül Romeva i Rueda. *BOE* de 23 de junio de 2021.

Real Decreto 462/2021, de 22 de junio, por el que se indulta a don Josep Rull i Andreu. *BOE* de 23 de junio de 2021.

Real Decreto 463/2021, de 22 de junio, por el que se indulta a don Jordi Sánchez i Picanyol. *BOE* de 23 de junio de 2021.

Real Decreto 464/2021, de 22 de junio, por el que se indulta a don Jordi Turull i Negre. *BOE* de 23 de junio de 2021.

Ley Orgánica 14/2022, de 22 de diciembre, de transposición de directivas europeas y otras disposiciones para la adaptación de la legislación penal al ordenamiento de la Unión Europea, y reforma de los delitos contra la integridad moral, desórdenes públicos y contrabando de armas de doble uso. *BOE* de 23 de diciembre de 2022. Esta Ley derogó el delito de sedición del Código Penal.

Organización Mundial de la Salud, Declaración del brote de coronavirus como Emergencia de Salud Pública de Importancia Internacional. Ginebra, 30 de enero de 2020. https://www.who.int/es/news/item/30-01-2020-statement-on-the-second-meeting-of-the-international-health-regulations-(2005)-emergency-committee-regarding-the-outbreak-of-novel-coronavirus-(2019-ncov) (última consulta el 22 de febrero de 2023).

Capítulo 2. ¿Quién es Pedro Sánchez?
CV de Pedro Sánchez distribuido por Moncloa.

El Mundo, 10 de octubre de 2014. Pedro Sánchez confiesa haber cobrado en negro en su primer trabajo.

www.eldiario.es, 10 de septiembre de 2018. Sobre el plagio de la ministra Carmen Montón. Última consulta el 26 de octubre de 2022: https://www.eldiario.es/sociedad/sanidad-rey-juan-carlos-irregularidades_1_1944664.html

Diario de Sesiones del Congreso de los Diputados, 12 de septiembre de 2018. Albert Rivera (Ciudadanos) acusa a Pedro Sánchez de ocultar su tesis doctoral.

ABC, 13 de septiembre de 2018. «Pedro Sánchez plagió su tesis doctoral».

ABC, 15 de septiembre de 2018. «Nos ratificamos».

El País, 22 de mayo de 2017.

Convocatoria de prensa de Pedro Sánchez en la que anuncia la presentación de una moción de censura contra Mariano Rajoy. 25 de mayo de 2018.

Orden PRA/1034/2017, de 27 de octubre, de aplicación del artículo 155 de la Constitución tras la preceptiva aprobación del Senado. *BOE* de 27 de octubre de 2017.

Real Decreto 291/2018, de 15 de mayo, por el que se nombra Presidente de la Generalitat de Cataluña a don Joaquim Torra i Pla. *BOE* de 16 de mayo de 2018.

ABC, 23 de mayo de 2018.

El Mundo, 23 de mayo de 2018.

El País, 23 de mayo de 2018.

La Razón, 23 de mayo de 2018.

ABC, 24 de mayo de 2018.

El Mundo, 24 de mayo de 2018.

El Correo, 24 de mayo de 2018.

Tribunal Regional Superior de Schleswig-Holstein, Auto de 5 de abril de 2018, por el que Carles Puigdemont queda en libertad en Alemania hasta que este Tribunal resolviera la Orden Europea de Detención y Entrega emitida por el Tribunal Supremo de España.

Decisión Marco del Consejo, de 13 de junio de 2002, relativa a la orden de detención europea y a los procedimientos de entrega entre Estados miembros. *Diario Oficial de las Comunidades Europeas*, 18 de julio de 2002.

Reforma del artículo 135 de la Constitución Española, de 27 de septiembre de 2011. *BOE* de 27 de septiembre de 2011.

Audiencia Nacional, Sala de lo Penal, sección segunda, Sentencia 20/2018. Madrid, 24 de mayo de 2018. Caso Gürtel.

Tribunal Supremo, Sala de lo Penal, Sentencia 507/2020. Madrid, 14 de octubre de 2020. Caso Gürtel.

Ley Orgánica 6/1985, de 1 de julio, del Poder Judicial. Texto consolidado a 23 de diciembre de 2022.

Ley Orgánica 10/1995, de 23 de noviembre, del Código Penal. Texto consolidado a 29 de julio de 2022.

Decreto 3/2018, de 29 de mayo, de la Generalidad de Cataluña, por el que se nombran el vicepresidente del Gobierno y los consejeros y las consejeras de los departamentos de la Generalidad de Cataluña. *DOGC* de 1 de junio de 2018.

Real Decreto 354/2018, de 1 de junio, por el que se nombra Presidente del Gobierno a don Pedro Sánchez Pérez-Castejón. *BOE* de 2 de junio de 2018.

Capítulo 3. Federalistas de secano

Fernández Baquero, María Eva. *Foedus: sobre las relaciones jurídicas de Roma con otros pueblos.* RIDROM [on line]. 26-2021. ISSN 1989-1970. p. 334-383. http://www.ridrom.uclm.es

Cicerón, Marco Tulio, *Sobre la República*, ed. Gredos, Madrid, 2007.

Locke, John, *Segundo tratado sobre el Gobierno civil*, Alianza Editorial, Madrid, 2010.

Mosca, Gaetano, *Historia de las doctrinas políticas*, Ed. Reus, Madrid, 2008.

Proudhon, Pierre-Joseph, *Escritos federalistas*, Ediciones Akal, Madrid, 2011. Selección de textos de distintas obras, principalmente de *El principio federativo* (1863).

Jouvenel (de), Bertrand, *Sobre el Poder. Historia natural de su crecimiento*, Unión Editorial, Madrid, 2011.

Resolución Política 13º Congreso PSOE, Suresnes (Francia), 1974

Resolución Política 27º Congreso PSOE, 1976

Resolución Política 28º Congreso PSOE, 1979

Congreso extraordinario PSOE, 1979

Resolución Política 29º Congreso PSOE, 1981

Resolución Política 30º Congreso PSOE, 1984

Resolución Política 31º Congreso PSOE, 1988

Resolución Política 32º Congreso PSOE, 1990

Resolución Política 33º Congreso PSOE, 1994

Resolución Política 34º Congreso PSOE, 1997
Resolución Política 35º Congreso PSOE, 2000
Declaración de Santillana del Consejo Territorial del PSOE, 2003
Resolución Política 36º Congreso PSOE, 2004
Resolución Política 37º Congreso PSOE, 2008
Resolución Política 38º Congreso PSOE, 2012
Conferencia Política PSOE, 2013
Resolución Política 39º Congreso PSOE, 2017
Resolución Política 40º Congreso PSOE, 2021
Cámara Villar, Gregorio (coord.), VV.AA., *Por una reforma federal del Estado autonómico*, Fundación Alfonso Perales, Sevilla, 2012.
Boletín Oficial de las Cortes Generales, Senado, 10 de marzo de 2017. Elección de Magistrados del Tribunal Constitucional.
Sentencia del Tribunal Supremo 749/2022. Madrid, 13 de septiembre de 2022. Caso EREs.

Capítulo 4. Ingeniería constitucional

Sartori, Giovanni, *La ingeniería constitucional y sus límites*, UNED, Teoría y Realidad Constitucional, núm. 3, 1er semestre, 1999, pp. 79-87.
Kelsen, Hans, *Teoría pura del Derecho*, ed. Trotta, Madrid, 2011.
Voto particular que formulan los magistrados don Fernando Valdés Dal-Ré, don Juan Antonio Xiol Ríos y la magistrada doña María Luisa Balaguer Callejón respecto de la sentencia del TC pronunciada en el recurso de amparo avocado núm. 814-2018. Madrid, 28 de noviembre de 2019.
Cadena SER, *Hoy por hoy* dirigido por Àngels Barceló, entrevista a María Luisa Balaguer. 20 de diciembre de 2022.
Onda Cero, *Más de uno* dirigido por Carlos Alsina, entrevista a María Luisa Balaguer. 20 de diciembre de 2022.

Capítulo 5. Las declaraciones de Granada y Barcelona

Resolución 17/X del Parlamento de Cataluña, sobre la iniciación de un diálogo con el Gobierno del Estado para hacer posible la celebración de una consulta sobre el futuro de Cataluña. Aprobada por el Pleno del Parlamento a iniciativa del PSC el 13 de marzo de 2013.
Declaración de Granada, Consejo Territorial del PSOE, 6 de julio de 2013.

Declaración de Barcelona, suscrita por el PSOE y PSC, 14 de julio de 2017.

Pi i Margall, Francisco, *Las nacionalidades. Escritos y discursos sobre federalismo*, Ediciones Akal, Madrid, 2009.

Capítulo 6. El disparate de la «cogobernanza»

Real Decreto 463/2020, de 14 de marzo, por el que se declara el estado de alarma para la gestión de la situación de crisis sanitaria ocasionada por el COVID-19. *BOE* de 14 de marzo de 2020.

Orden SND/387/2020, de 3 de mayo, por la que se regula el proceso de cogobernanza con las comunidades autónomas y ciudades de Ceuta y Melilla para la transición a una nueva normalidad. *BOE* de 3 de mayo de 2020.

Orden SND/427/2020, de 21 de mayo, por la que se flexibilizan ciertas restricciones derivadas de la emergencia sanitaria provocada por el COVID-19 a pequeños municipios y a entes locales de ámbito territorial inferior. *BOE* de 22 de mayo de 2020.

Orden SND/440/2020, de 23 de mayo, por la que se modifican diversas órdenes para una mejor gestión de la crisis sanitaria ocasionada por el COVID-19 en aplicación del Plan para la transición hacia una nueva normalidad. *BOE* de 23 de mayo de 2020.

Real Decreto 537/2020, de 22 de mayo, por el que se prorroga el estado de alarma declarado por el Real Decreto 463/2020, de 14 de marzo, por el que se declara el estado de alarma para la gestión de la situación de crisis sanitaria ocasionada por el COVID-19. *BOE* de 23 de mayo de 2020.

Orden SND/458/2020, de 30 de mayo, para la flexibilización de determinadas restricciones de ámbito nacional establecidas tras la declaración del estado de alarma en aplicación de la fase 3 del Plan para la transición hacia una nueva normalidad. *BOE* de 30 de mayo de 2020.

Orden SND/507/2020, de 6 de junio, por la que se modifican diversas órdenes con el fin de flexibilizar determinadas restricciones de ámbito nacional y establecer las unidades territoriales que progresan a las fases 2 y 3 del Plan para la transición hacia una nueva normalidad. *BOE* de 6 de junio de 2020.

Real Decreto 555/2020, de 5 de junio, por el que se prorroga el estado de alarma declarado por el Real Decreto 463/2020, de 14 de marzo, por el que se declara el estado de alarma para la gestión de la situación de crisis sanitaria ocasionada por el COVID-19. *BOE* de 6 de junio de 2020.

Orden SND/520/2020, de 12 de junio, por la que se modifican diversas órdenes para la flexibilización de determinadas restricciones de ámbito nacional establecidas tras la declaración del estado de alarma y se establecen las unidades territoriales que progresan a la fase 3 del Plan para la transición hacia una nueva normalidad. *BOE* de 13 de junio de 2020.

Orden SND/535/2020, de 17 de junio, por la que se modifica la Orden SND/414/2020, de 16 de mayo, para la flexibilización de determinadas restricciones de ámbito nacional establecidas tras la declaración del estado de alarma en aplicación de la fase 2 del Plan para la transición hacia una nueva normalidad, y la Orden SND/458/2020, de 30 de mayo, para la flexibilización de determinadas restricciones de ámbito nacional establecidas tras la declaración del estado de alarma en aplicación de la fase 3 del Plan para la transición hacia una nueva normalidad. *BOE* de 18 de junio de 2020.

Real Decreto-Ley 29/2020, de 29 de septiembre, de medidas urgentes en materia de teletrabajo en las Administraciones Públicas y de recursos humanos en el Sistema Nacional de Salud para hacer frente a la crisis sanitaria ocasionada por la COVID-19. *BOE* de 30 de septiembre de 2020.

Real Decreto 926/2020, de 25 de octubre, por el que se declara el estado de alarma para contener la propagación de infecciones causadas por el SARS-CoV-2. *BOE* de 25 de octubre de 2020.

Ley 1/2021, de 29 de enero, de Presupuestos Generales de la Comunidad Autónoma de La Rioja para el año 2021. (Comunidad Autónoma de La Rioja). *BOE* de 23 de febrero de 2021.

Ley 5/2021, de 2 de febrero, de impulso demográfico de Galicia. (Comunidad Autónoma de Galicia). *BOE* de 1 de abril de 2021.

Ley 6/2021, de 28 de abril, por la que se modifica la Ley 20/2011, de 21 de julio, del Registro Civil. *BOE* de 29 de abril de 2021.

Real Decreto 634/2021, de 26 de julio, por el que se reestructura la Presidencia del Gobierno. *BOE* de 27 de julio de 2021.

Real Decreto 1150/2021, de 28 de diciembre, por el que se aprueba la Estrategia de Seguridad Nacional 2021. *BOE* de 31 de diciembre de 2021.

Ley 1/2022, de 3 de marzo, de segunda modificación de la Ley para la Igualdad de Mujeres y Hombres. (Comunidad Autónoma del País Vasco). *BOE* de 28 de marzo de 2022.

Real Decreto 662/2022, de 29 de julio, por el que se reestructura la Presidencia del Gobierno. *BOE* de 1 de agosto de 2022.

Ley Orgánica 10/2022, de 6 de septiembre, de garantía integral de la libertad sexual. *BOE* de 7 de septiembre de 2022.

Real Decreto 997/2022, de 29 de noviembre, por el que se modifica el Real Decreto 823/2008, de 16 de mayo, por el que se establecen los márgenes, deducciones y descuentos correspondientes a la distribución y dispensación de medicamentos de uso humano. *BOE* de 30 de noviembre de 2022.

Sentencia 148/2021, de 14 de julio de 2021, del Tribunal Constitucional. El fallo declaró inconstitucional el primer estado de alarma. *BOE* de 31 de julio de 2021.

Voto particular que formula el magistrado Cándido Conde-Pumpido Tourón a la Sentencia 148/2021, de 14 de julio de 2021, del Tribunal Constitucional. *BOE* de 31 de julio de 2021.

Nota de disculpa del magistrado Cándido Condo-Pumpido sobre el borrador de su voto particular a la Sentencia 148/2021, de 14 de julio de 2021, del Tribunal Constitucional.

Sentencia 183/2021, de 27 de octubre de 2021, del Tribunal Constitucional. El fallo declaró inconstitucional el segundo estado de alarma durante la epidemia de coronavirus y la nulidad de los preceptos que designaron a los presidentes de las CCAA como «autoridades competentes delegadas». *BOE* de 25 de noviembre de 2021.

Voto particular que formula el magistrado Cándido Conde-Pumpido Tourón a la Sentencia 183/2021, de 27 de octubre de 2021, del Tribunal Constitucional. *BOE* de 25 de noviembre de 2021.

Capítulo 7. Nacionalidades y regiones

Fernández-Monzón, Manuel, *El sueño de la transición*, ed. La Esfera de los Libros, Madrid, 2014.

Real Decreto 679/1977, de 15 de abril, por el que se convocan elecciones generales a las Cortes Españolas. *BOE* de 18 de abril de 1977.

Manifiesto fundacional de la Plataforma de Convergencia Democrática, Madrid, 12 de julio de 1975.

Manifiesto-Programa del PCE, septiembre de 1975.

El Socialista, 16 de octubre de 1974. XIII Congreso del PSOE, celebrado en Suresnes (Francia).

Programa electoral del PSOE para los comicios de 15 de junio 1977.

Ibárruri «Pasionaria», Dolores, *España, Estado Multinacional*, Editions Sociales, París, 1971.

Programa electoral del PCE para los comicios de 15 de junio de 1977.

Programa electoral de Esquerra de Catalunya–Front Electoral Decmocràtic para los comicios de 15 de junio de 1977. ERC era aún ilegal y concurrió a estas elecciones mediante esta coalición.

Diario de Sesiones del Congreso de los Diputados, 14 de julio de 1977. Segunda sesión plenaria de la legislatura. Debate sobre el número de diputados para constituir grupo parlamentario.

Diario de Sesiones del Congreso de los Diputados, 26 de julio de 1977. El pleno del Congreso aprueba por unanimidad la creación de una Comisión Constitucional provisional que redacte un anteproyecto de Constitución.

Diario de Sesiones del Congreso de los Diputados, 27 de julio de 1977. El presidente interino del Congreso informa al pleno de que la Comisión Constitucional habría de constituirse el 1 de agosto de 1977.

Boletín Oficial de las Cortes Generales, 6 de agosto de 1977. Queda constituida la Comisión de Constitución. Relación de ponentes.

Boletín Oficial de las Cortes Generales, 5 de enero de 1978. Anteproyecto de Constitución. Votos particulares de los ponentes.

Transcripción de las actas y minutas de las reuniones de la Comisión Constitucional de agosto de 1977 a abril de 1978. *Revista de las Cortes Generales*, núm. 2, Madrid, 1984.

El País, 23 de noviembre de 1977, «'Cuadernos para el Diálogo' desvela el borrador de la Constitución».

Cuadernos para el Diálogo, 26 de noviembre de 1977. Filtración de los 39 primeros artículos de la CE elaborados por la Ponencia Constitucional.

Diario de Sesiones del Congreso de los Diputados, Comisión de Asuntos Constitucionales y libertades Públicas, 5 de mayo de 1978. Sesión constitutiva.

Boletín Oficial de las Cortes Generales, 17 de abril de 1978. Comisión de Asuntos Constitucionales y Libertades Públicas, Informe de la Ponencia al Anteproyecto de Constitución.

Votación final del artículo 2 del proyecto de Constitución. Congreso de los Diputados, 4 de julio de 1978.

Capítulo 8. El precedente Suárez

Real Decreto 1561/1976, de 3 de julio, por el que se designa Presidente del Gobierno a don Adolfo Suárez González. *BOE* de 5 de julio de 1976.

Real Decreto 681/1979, de 31 de marzo, por el que se nombra Presidente del Gobierno a don Adolfo Suárez González. *BOE* de 2 de abril de 1979.

Diario *ABC*, 18 de junio de 1977. Recoge las declaraciones de Adolfo Suárez a TVE en las que afirma haber sido «confirmado» como presidente por el Rey.

Ley 23/1976, de 19 de julio, sobre modificación de determinados artículos del Código Penal relativos a los derechos de reunión, asociación, expresión de las ideas y libertad de trabajo. *BOE* de 21 de julio de 1976.

Real Decreto-Ley 10/1976, de 30 de julio, sobre amnistía. *BOE* de 4 de agosto de 1976.

Real Decreto 2635/1976, de 24 de noviembre, por el que se somete a Referéndum de la Nación el Proyecto de Ley para la Reforma Política. *BOE* de 24 de noviembre de 1976.

Junta Electoral Central. Resultados oficiales del referéndum sobre el proyecto de Ley para la Reforma Política celebrado el 15 de diciembre de 1976. http://www.juntaelectoralcentral.es/cs/jec/documentos/Referen dum 1976 Resultados.pdf (última consulta el 25 de febrero de 2023).

Ley 1/1977, de 4 de enero, para la Reforma Política. *BOE* de 5 de enero de 1977.

Real Decreto-Ley 1/1977, de 4 de enero, por el que se crea la Audiencia Nacional. *BOE* de 5 de enero de 1977.

Real Decreto-Ley 2/1977, de 4 de enero, por el que se suprimen el Tribunal y Juzgados de Orden Público y se crean en Madrid dos nuevos Juzgados de Instrucción. *BOE* de 5 de enero de 1977.

Real Decreto-Ley 3/1977, de 4 de enero, sobre competencia jurisdiccional en materia de terrorismo. *BOE* de 5 de enero de 1977.

Real Decreto-Ley 12/1977, de 8 de febrero, sobre el derecho de asociación política. *BOE* de 10 de febrero de 1977.

Real Decreto-Ley 20/1977, de 18 de marzo, sobre Normas Electorales. *BOE* de 23 de marzo de 1977.

Ley 19/1977, de 1 de abril, sobre regulación del derecho de asociación sindical. *BOE* de 4 de abril de 1977.

Real Decreto-Ley 23/1977, de 1 de abril, sobre reestructuración de los Órganos dependientes del Consejo Nacional y nuevo régimen jurídico de las Asociaciones, Funcionarios y Patrimonio del Movimiento. *BOE* de 7 de abril de 1977.

Diario *Informaciones*, 11 de abril de 1977. Reproduce íntegramente la Resolución del Ministerio de la Gobernación que legalizó al PCE. Esta disposición fue distribuida a los medios de comunicación a las 22:30 del 9 de abril de 1977.

Real Decreto-Ley 24/1977, de 1 de abril, sobre libertad de expresión. *BOE* de 12 de abril de 1977.

Real Decreto 679/1977, de 15 de abril, por el que se convocan elecciones generales a las Cortes Españolas. *BOE* 18 de abril de 1977.

Sullivan, John, *El nacionalismo vasco radical 1959-1986*, Alianza Editorial, Madrid, 1988.

Capítulo 9. La LOAPA

Diario de Sesiones del Congreso de los Diputados, 13 de julio de 1977. Sesión constitutiva del Congreso de los Diputados tras las elecciones de 15 de junio de 1977.

Pactos de la Moncloa, 8 al 27 de octubre de 1977.

Diario de Sesiones del Congreso de los Diputados, 27 de octubre de 1977. Adolfo Suárez presenta al Congreso los Pactos de la Moncloa.

Avilés Farré, Juan, *El terrorismo en la transición democrática española*. Cifra asesinados por ETA en 1978. Cita como fuente original una página web del Ministerio del Interior que ha sido eliminada.

Real Decreto-Ley 41/1977, de 29 de septiembre, sobre restablecimiento provisional de la Generalidad de Cataluña. *BOE* de 5 de octubre de 1977.

Diario de Sesiones del Congreso de los Diputados, 18 de febrero de 1981. Leopoldo Calvo-Sotelo expone su programa de Gobierno en su primer discurso de investidura.

Boletín Oficial de las Cortes Generales, Congreso de los Diputados, Proyecto de Ley Orgánica de Armonización del Proceso Autonómico, 17 de noviembre de 1981.

Boletín Oficial de las Cortes Generales, Congreso de los Diputados, Informe de la Ponencia sobre el Proyecto de Ley Orgánica de Armonización del Proceso Autonómico, 5 de junio de 1982.

Boletín Oficial de las Cortes Generales, Congreso de los Diputados, Dictamen de la Comisión Constitucional relativo al Proyecto de Ley Orgánica de Armonización del Proceso Autonómico, 18 de junio de 1982.

Boletín Oficial de las Cortes Generales, Congreso de los Diputados, Aprobación en Pleno del Proyecto de Ley Orgánica de Armonización del Proceso Autonómico, 7 de julio de 1982.

Tribunal Constitucional, Providencias de presentación de recursos previos de inconstitucionalidad contra el Proyecto de Ley de la LOAPA y suspensión de tramitación del proyecto. *BOE* de 5 de agosto de 1982.

Tribunal Constitucional, Auto de admisión a trámite de recurso de amparo contra dos enmiendas a un Proyecto de Ley Orgánica que implican el sometimiento del CGPJ y el TC al poder Ejecutivo. Adopción de la medida cautelarísima de suspensión de la subsiguiente tramitación de estas dos enmiendas en el Senado tras haber sido aprobadas por el pleno del Congreso. 19 de diciembre de 2022.

Tribunal Constitucional, Sentencia número 76/1983, de 5 de agosto, de recursos previos de inconstitucionalidad contra el Proyecto de Ley de la LOAPA. *BOE* de 18 de agosto de 1983.

Capítulo 10. El PSOE, máquina de poder

Decreto 42–22, del presidente de la República Dominicana, que concede la nacionalidad dominicana a título de naturalización privilegiada, a Felipe González Márquez, de nacionalidad española. Gaceta Oficial de la República Dominicana, número 11.059, de 2 de febrero de 2022.

Decreto 517–20, del presidente de la República Dominicana, que concede la nacionalidad dominicana a título de naturalización privilegiada, a José Bono Martínez, de nacionalidad española. Gaceta Oficial de la República Dominicana, número 10.990, de 29 de septiembre de 2020.

Sánchez, Pedro, *Manual de resistencia*, Ediciones Península, Barcelona, 2019.

Resolución 1483 del Consejo Seguridad de la ONU, Nueva York, 22 de mayo de 2003.

Resolución 1511 del Consejo Seguridad de la ONU, Nueva York, 16 de octubre de 2003.

Agencia *Europa Press*, entrevista a Arnaldo Otegi. 24 de noviembre de 2022. El jefe de Bildu presume de que son los separatistas los que sostienen al Gobierno y que éste opera a su dictado.

Capítulo 11. El Estado contra la Nación

Ley 17/1999, de 18 de mayo, de Régimen del Personal de las Fuerzas Armadas. *BOE* de 19 de mayo de 1999. La Disposición Adicional Decimotercera suspendió la prestación del servicio militar a partir del 31 de diciembre de 2022.

Real Decreto 247/2001, 9 de marzo, por el que se adelanta la suspensión de la prestación del servicio militar. *BOE* de 10 de marzo de 2001. Adelantó la suspensión de la prestación del servicio militar al 31 de diciembre de 2001.

Núñez Feijóo, Alberto, *Conversaciones en el Círculo. La hora de la política*, conferencia pronunciada en el Cercle D'Economía de Barcelona, 10 de noviembre de 2014.

Decreto 541/2022, de 8 de noviembre, de la Junta de Andalucía, por el que se declara oficialmente el 4 de diciembre Día de la Bandera de Andalucía. *BOJA* de 11 de noviembre de 2022.

El Mundo, 12 de abril de 2021. El presidente regional de Castilla y León, Alfonso Fernández Mañueco, se manifiesta a favor de convertir las CCAA en estados federales.

Hobbes, Thomas, *Leviatán*, Fondo de Cultura Económica, México D.F., 2014.

Ley 19/2017, de 6 de septiembre, de la Generalidad de Cataluña, del referéndum de autodeterminación. *DOGC* de 6 de septiembre de 2017.

Mensaje del Rey, Madrid, 3 de octubre de 2017.

Ley Orgánica 14/2022, de 22 de diciembre, de transposición de directivas europeas y otras disposiciones para la adaptación de la legislación penal al ordenamiento de la Unión Europea, y reforma de los delitos contra la integridad moral, desórdenes públicos y contrabando de armas de doble uso. *BOE* de 23 de diciembre de 2022. Derogación del delito de sedición en el artículo 1.20.

Capítulo 12. El golpe federalista de los poderes del Estado

Naudé, Gabriel, *Consideraciones políticas sobre los golpes de Estado*, ed. Tecnos, Madrid, 2011.

Congreso de los Diputados, enmiendas al articulado del expediente 122/000271 registradas conjuntamente por los grupos parlamentarios Socialista y de Unidas Podemos, Registro de Comisiones, entrada número 16918, 9 de diciembre de 2022.

Boletín Oficial de las Cortes Generales, Senado, 16 de diciembre de 2022. Texto de la Ley de Sometimiento remitido por el Congreso de los Diputados tras su aprobación en pleno.

Declaración institucional de la presidenta del Congreso de los Diputados, Meritxell Batet. 19 de diciembre de 2022, cerca de la medianoche.

Declaración institucional del presidente del Senado, Ander Gil. 19 de diciembre de 2022, cerca de la medianoche.

Declaración institucional del ministro de Presidiencia, Félix Bolaños. 19 de diciembre de 2022, cerca de la medianoche.

Declaración institucional del presidente del Gobierno, Pedro Sánchez. 20 de diciembre de 2022.

Declaraciones de la diputada Mertxe Aizpurua (EH-Bildu) en la sala de prensa del Congreso de los Diputados. 20 de diciembre de 2020.

CGPJ designa a César Tolosa y a María Luisa Segoviano nuevos magistrados del Tribunal Constitucional. 27 de diciembre de 2022.

Acuerdo del Gobierno por el que remite al TC la propuesta de nombramiento como magistrados del TC a Juan Carlos Campo y a Laura Díez. Consejo de Ministros de 29 de noviembre de 2022.

Congreso de los Diputados, resultado de las votaciones de sendas mociones de CiU e ICV para instar al Gobierno a iniciar un diálogo con la Generalidad para celebrar un referéndum de autodeterminación en Cataluña. Trece diputados del PSC votaron a favor, incluida Meritxell Batet. 26 de febrero de 2013.

El Mundo, «Mi concepto de Nación depende del contexto», entrevista a Meritxell Batet, 11 de octubre de 2015.

Crónica Global, «Imponer sólo el marco constitucional a quienes lo rechazan no es la solución», entrevista a Meritxell Batet, 19 de abril de 2019.

Resolución de la Presidencia del Congreso de los Diputados sobre secretos oficiales. *Boletín Oficial de las Cortes Generales, Congreso de los Diputados,* de 27 de abril de 2022.

Simancas, Rafael (editor), *Teoría política del socialismo en el siglo XXI*, Fundación Pablo Iglesias, Madrid, 2018.

Pedret, Ferran (coord.), *El futur és federal,* ed. Fundación Rafael Campalans, Barcelona, 2023.

Presentación del libro *El futur és federal.* 15 de febrero de 2023. Meritxell Batet afirma que el Gobierno del señor Sánchez ha comenzado a imponer el federalismo «por la vía de los hechos».

Capítulo 13. Tribunal Constitucional, fábrica de coartadas

Acuerdo del Pleno del TC por el que desestima el recurso de inconstitucionalidad presentado por el PP contra la Ley del aborto y nombra nueva ponente a la vicepresidenta Inmaculada Montalbán. 9 de febrero de 2023.

Decreto-Ley 6/2022, de 30 de mayo, de la Generalidad de Cataluña, por el que se fijan los criterios aplicables a la elaboración, la aprobación, la validación y la revisión de los proyectos lingüísticos de los centros educativos. *DOGC* de 30 de mayo de 2022.

Ley 8/2022, de 9 de junio, de la Generalidad de Cataluña, sobre el uso y el aprendizaje de las lenguas oficiales en la enseñanza no universitaria. *DOGC* de 10 de junio de 2022.

Pleno TC. Asignación a la magistrada Laura Díez la ponencia sobre el recurso de inconstitucionalidad presentado por PP y Ciudadanos contra el Decreto-ley de Cataluña 6/2022 y la Ley de Cataluña 8/2022. 17 de enero de 2023.

Consejo de Garantías Estatutarias de Cataluña, Dictamen 3/2022, de 7 de junio, sobre la Proposición de ley sobre el uso y aprendizaje de las lenguas oficiales en la enseñanza no universitaria.

Consejo de Garantías Estatutarias de Cataluña, Dictamen 4/2022, de 20 de junio, sobre el Decreto-ley 6/2022, de 30 de mayo, por el que se fijan los criterios aplicables a la elaboración, la aprobación, la validación y la revisión de los proyectos lingüísticos de los centros educativos.

Pleno TC. Abstención de la magistrada Laura Díez en los asuntos relacionados con el Decreto-ley de Cataluña 6/2022 y la Ley de Cataluña 8/2022. Sesiones plenarias de 22 de enero y de 7 de febrero de 2023.

Decreto del Tribunal Superior de Justicia de Cataluña, Sala de lo Contencioso-Administrativo, Sección Quinta, por el que declara firme su Sentencia de 16 de diciembre de 2020, de 20 de enero de 2022. Firmeza de la sentencia del 25% de español en las aulas de Cataluña.

Interlocutoria del Tribunal Superior de Justicia de Cataluña, Sala de lo Contencioso-Administrativo, Sección Quinta, por el que abre incidente de ejecución forzosa de sentencia, de 4 de mayo de 2022. Ejecución de la sentencia del 25% de español en las aulas de Cataluña.

Carta del Departamento de Educación de la Generalidad de Cataluña a centros educativos sobre el 25% de español, 24 de mayo de 2022.

Proposición de Ley del Parlamento de Cataluña para incumplir la sentencia del 25% de español en las aulas. 24 de mayo de 2022.

Real Decreto 819/1992, de 2 de julio, por el que se nombra Magistrado del Tribunal Constitucional a don Carles Viver Pi-Sunyer. *BOE* de 6 de julio de 1992.

Real Decreto 2809/1998, de 22 de diciembre, por el que se nombra Vicepresidente del Tribunal Constitucional a don Carles Viver Pi-Sunyer. *BOE* de 23 de diciembre de 1998.

Real Decreto 1813/2004, de 30 de julio, por el que se concede la Gran Cruz de la Orden de Isabel la Católica a los señores que se citan (Carles Viver Pi-Sunyer). *BOE* de 31 de julio de 2004.

Real Decreto 2395/1998, de 6 de noviembre, por el que se aprueba el Reglamento de la Orden de Isabel la Católica. BOE de 21 de noviembre de 1998.

Real Decreto 861/2005, de 8 de julio, por el que se concede la Medalla de la Orden del Mérito Constitucional a don Carles Viver Pi-Sunyer. *BOE* de 9 de julio de 2005.

Real Decreto 1385/1988, de 18 de noviembre, por el que se crea la Orden del Mérito Constitucional. BOE de 22 de noviembre de 1988.

Propuesta de reforma del Estatuto de Autonomía de Cataluña aprobada por el Parlamento de Cataluña el 30 de septiembre de 2005.

Decreto 214/2004 de Cataluña, de 2 de marzo, de nombramiento del señor Carles Viver i Pi-Sunyer como director del Instituto de Estudios Autonómicos. *DOGC* de 4 de marzo de 2004.

Resolución PRE/639/2013 de Cataluña, de 22 de marzo, por la que se nombra a los miembros del Consejo Asesor para la Transición Nacional. *DOGC* de 28 de marzo de 2013. Carles Viver presidente del CATN.

Decreto 17/2015 de Cataluña, de 24 de febrero, por el que se nombra al señor Carles Viver i Pi-Sunyer comisionado para la Transición Nacional. *DOGC* de 26 de febrero de 2015.

Decreto 201/2016 de Cataluña, de 1 de marzo, de modificación del Decreto 28/2016, de 19 de enero, de reestructuración del Departamento de la Presidencia. *DOGC* de 3 de marzo de 2016. Este decreto «modifica la denominación del Instituto de Estudios Autonómicos, que pasa a denominarse Instituto de Estudios del Autogobierno».

Real Decreto 661/2022, de 28 de julio, por el que se declara el cese de don Alfredo Montoya Melgar como Magistrado del Tribunal Constitucional. *BOE* de 29 de julio de 2022.

Real Decreto 262/2017, de 10 de marzo, por el que se nombra Magistrado del Tribunal Constitucional a don Cándido Conde-Pumpido Tourón. *BOE* de 11 de marzo de 2017.

Real Decreto 10/2023, de 11 de enero, por el que se nombra Presidente del Tribunal Constitucional a don Cándido Conde-Pumpido Tourón. *BOE* de 12 de enero de 2023.

CV de Cándido Conde-Pumpido distribuido por el Tribunal Constitucional.

Real Decreto 1036/2021, de 17 de noviembre, por el que se nombra Magistrada del Tribunal Constitucional a doña Inmaculada Montalbán Huertas. *BOE* de 18 de noviembre de 2021.

Real Decreto 11/2023, de 11 de enero, por el que se nombra Vicepresidenta del Tribunal Constitucional a doña Inmaculada Montalbán Huertas. *BOE* de 12 de enero de 2023.

CV de Inmaculada Montalbán distribuido por el Tribunal Constitucional.

Real Decreto 263/2017, de 10 de marzo, por el que se nombra Magistrada del Tribunal Constitucional a doña María Luisa Balaguer Castejón. *BOE* de 11 de marzo de 2017.

Corrección de errores del Real Decreto 263/2017, de 10 de marzo, por el que se nombra Magistrada del Tribunal Constitucional a doña María Luisa Balaguer Callejón. *BOE* de 14 de marzo de 2017.

CV de María Luisa Balaguer distribuido por el Tribunal Constitucional.

Resolución de 6 de abril de 1999, de la Universidad de Málaga, por la que se nombra Catedrática de Universidad de la misma a doña María Luisa Balaguer Callejón. *BOE* de 8 de mayo de 1999.

Decreto 122/2005 de Andalucía, de 10 de mayo, por el que se nombran Consejeras y Consejeros electivos del Consejo Consultivo de Andalucía. *BOJA* de 13 de mayo de 2005. Nombramiento de María Luisa Balaguer como consejera del Consejo Consultivo de Andalucía.

Decreto 44/2017, de 14 de marzo, por el que se dispone el cese de doña María Luisa Balaguer Callejón como Consejera Electiva del Consejo Consultivo de Andalucía. *BOJA* de 17 de marzo de 2017.

Ficha de la Tesis doctoral de María Luisa Balaguer en la base de datos Teseo.

Entrevista a María Luisa Balaguer publicada por *www.eldiario.es* el 12 de noviembre de 2021. https://www.eldiario.es/politica/maria-luisa-balaguer-constitucional-desoyo-valores-conflicto-sentencia-alarma_1_8484067.html (última consulta el 29 de enero de 2023).

Real Decreto 1033/2021, de 17 de noviembre, por el que se nombra Magistrado del Tribunal Constitucional a don Juan Ramón Sáez Valcárcel. *BOE* de 18 de noviembre de 2021.

CV de Ramón Sáez Valcárcel distribuido por el Tribunal Constitucional.

Real Decreto 1835/1996, de 23 de julio, por el que se nombran Vocales del Consejo General del Poder Judicial a propuesta del Congreso de los Diputados. *BOE* de 24 de julio de 1996. Nombramiento de Juan Ramón Sáez Valcárcel como vocal del CGPJ.

Auto 359/12 de la Sección Primera de la Sala de lo Penal de la Audiencia Nacional, de 19 de septiembre de 2012. Esta resolución judicial implicó la puesta en libertad del etarra Josu Uribetxebarria Bolinaga.

Sentencia 31/2014 de la Sección Primera de la Sala de lo Penal de la Audiencia Nacional, de 7 de julio de 2014. Este fallo absolvió a los 18 imputados por el asalto al Parlamento regional de Cataluña en 2011.

Sentencia 161/2015, de 17 de marzo, de la Sala de lo Penal del Tribunal Supremo. Este fallo condenó a ocho de los absueltos por la AN por el asalto al Parlamento regional de Cataluña en 2011.

Sentencia 20/2020 de la Sección Primera de la Sala de lo Penal de la Audiencia Nacional, de 21 de octubre de 2020. Esta sentencia absolvió al mayor de los Mozos de Escuadra Josep Lluís Trapero de los delitos de sedición y desobediencia por su participación en la rebelión de la Generalidad de 2017.

Acuerdo del Pleno del CGPJ por el que designan magistrados del Tribunal Constitucional al magistrado del TS César Tolosa y a la magistrada del TS María Luisa Segoviano. Acuerdo adoptado el 27 de diciembre de 2022 en sesión extraordinaria.

Real Decreto 1094/2022, de 30 de diciembre, por el que se nombra Magistrada del Tribunal Constitucional a doña María Luisa Segoviano Astaburuaga. *BOE* de 31 de diciembre de 2022.

Acuerdo de 7 de julio de 2022, de la Comisión Permanente del Consejo General del Poder Judicial, por el que se declara la jubilación forzosa de la Magistrada doña María Luisa Segoviano Astaburuaga. *BOE* de 20 de octubre de 2022.

Real Decreto 907/2020, de 13 de octubre, por el que se nombra Presidenta de la Sala Cuarta del Tribunal Supremo a doña María Luisa Segoviano Astaburuaga. *BOE* de 7 de noviembre de 2020.

Entrevista a María Luisa Segoviano por Carlos Alsina en el programa de radio *Más de Uno* de Onda Cero. 2 de enero de 2023.

Real Decreto 1092/2022, de 30 de diciembre, por el que se nombra Magistrado del Tribunal Constitucional a don Juan Carlos Campo Moreno. *BOE* de 31 de diciembre de 2022.

Biografía de Juan Carlos Campo distribuida por Moncloa.

Real Decreto 1223/2001, de 6 de noviembre, por el que se nombran Vocales del Consejo General del Poder Judicial a propuesta del Senado. *BOE* de 7 de noviembre de 2001. Nombramiento de Juan Carlos Campo como vocal del CGPJ.

Pleno TC, acuerdo por el que acepta la abstención del Magistrado Juan Carlos Campo en varios asuntos «por su relación personal con la Presidenta del Congreso de los Diputados». 7 de febrero de 2023.

Real Decreto 1093/2022, de 30 de diciembre, por el que se nombra Magistrada del Tribunal Constitucional a doña Laura Díez Bueso. *BOE* de 31 de diciembre de 2022.

Biografía de Laura Díez distribuida por Moncloa.

Biografía de Laura Díez distribuida por el Consejo de Garantías Estatutarias de Cataluña.

Rep/2008/2004 de Cataluña, de 9 de julio, por la que se da publicidad al nombramiento de personal eventual del Departamento de Relaciones Institucionales y Participación. *DOGC* de 22 de julio de 2004. Nombramiento de Laura Díez como asesora del consejero de Relaciones Institucionales y Participación «en materia de desarrollo autonómico».

Resolución de 27 de septiembre de 2004, de nombramiento de la señora Laura Díez Bueso como adjunta al Síndic de Greuges. *DOGC* de 1 de octubre de 2004.

Orden PCI/688/2018, de 26 de junio, por la que se nombra Directora del Gabinete del Secretario de Estado de Relaciones con las Cortes a doña Laura Díez Bueso. *BOE* de 29 de junio de 2018.

Orden PCI/1127/2018, de 18 de octubre, por la que se nombran vocales del Consejo Rector del Centro de Estudios Políticos y Constitucionales. *BOE* de 25 de octubre de 2018. Nombramiento de Laura Díez como vocal del CEPC.

Resolución de 28 de enero de 2020, de la Universidad de Barcelona, por la que se nombra Catedrática de Universidad a doña Laura Díez Bueso. *BOE* de 29 de enero de 2020.

Real Decreto 275/2020, de 4 de febrero, por el que se nombra Directora General de Asuntos Constitucionales y Coordinación Jurídica a doña Laura Díez Bueso. *BOE* de 5 de febrero de 2020.

Decreto 92/2022, de 3 de mayo, de nombramiento de miembros del Consejo de Garantías Estatutarias. Departamento de la Presidencia de la Generalidad de Cataluña. *DOGC* de 4 de mayo de 2022.

Resolución de 25 de mayo de 2022 del Consejo de Garantías Estatutarias, por la que se hace pública la elección de la señora

Laura Díez Bueso como vicepresidenta del Consejo de Garantías Estatutarias. *DOGC* de 3 de junio de 2022.

Capítulo 14. Legislación contra el Derecho

Negro Pavón, Dalmacio, prólogo a Jouvenel (de), Bertrand, *Sobre el Poder. Historia natural de su crecimiento*, Unión Editorial, Madrid, 2011.

Marsilio de Padua, *El defensor de la paz*, ed. Tecnos, Madrid, 2009.

García-Trevijano, Antonio, *Teoría pura de la República*, ed. El Buey Mudo, Madrid, 2010.

Lefebvre, Georges, *1789: revolución francesa*, Ed. Laia, Barcelona, 1974.

Alfonso X de Castilla, *Siete partidas*, siglo XIII.

Carta Magna de la monarquía inglesa, siglo XIII.

Ley Habilitante Nacional-Socialista, de 24 de marzo de 1933. Aprobada por el Parlamento alemán, entregó la potestad legislativa al poder Ejecutivo, en manos de Adolf Hitler desde hacía dos meses. Esta Ley liquidó la República de Weimar sin tocar una coma de su Constitución.

Capítulo 15. Legislarrea

Congreso de los Diputados, Proyecto LO CGPJ, votación final de totalidad tras introducción de enmiendas en el Senado, 28 de diciembre de 1979.

Ley Orgánica 1/1980, de 10 de enero, del Consejo General del Poder Judicial. *BOE* de 12 de enero de 1980.

Congreso de los Diputados, Proyecto LO Poder Judicial, votación final de totalidad tras introducción de enmiendas en el Senado, 20 de junio de 1985.

Ley Orgánica 6/1985, de 1 de julio, del Poder Judicial. *BOE* de 2 de julio de 1985.

Montesquieu, Charles-Louis de Secondat (Barón de), *Del espíritu de las leyes*, ed. Tecnos, Madrid, 2007

Confederación Española de Organizaciones Empresariales (CEOE), *La producción normativa en 2021*, Madrid, 2022.

Constant, Benjamin, *La libertad de los antiguos frente a la de los modernos*, ed. Página Indómita, Barcelona, 2020.

Dionisio de Halicarnaso, *Historia antigua de Roma*, IV, ed. Gredos, Madrid, 2007.

Suárez (Padre), Francisco, *Disputaciones metafísicas*, ed. Tecnos, Madrid, 2011.

Bonaparte, Napoleón, *Memorias de Napoleón*, ed. Desván de Hanta, Barcelona, 2014.

Comparecencia de Pedro Sánchez en Bruselas tras un Consejo Europeo, madrugada del 16 de diciembre de 2022. Declara que el proceso separatista catalán ha acabado.

Capítulo 16. Los caciques

Dirección General de Correos y Telégrafos, Negociado 4º, *Estadística Telegráfica de 1879*, Madrid, 1881.

Costa, Joaquín, *Oligarquía y caciquismo como la forma actual de Gobierno en España: urgencia y modo de cambiarla*, Madrid, 1902.

Diario de Sesiones del Congreso de los Diputados, 14 de julio de 1977. Jordi Solé Tura exige la «institucionalización de las autonomías».

Real Decreto-Ley 1/1978, de 4 de enero, por el que se aprueba el régimen preautonómico para el País Vasco. *BOE* de 6 de enero de 1978.

Real Decreto-Ley 2/1978, de 4 de enero, por el que se regula el procedimiento para adoptar las decisiones en Navarra a que se refiere el Real Decreto-Ley 1/1978. *BOE* de 6 de enero de 1978.

Real Decreto-Ley 7/1978, de 16 de marzo, por el que se aprueba el régimen preautonómico para Galicia. *BOE* de 18 de marzo de 1978.

Real Decreto-Ley 8/1978, de 17 de marzo, por el que se aprueba el régimen preautonómico para Aragón. *BOE* de 18 de marzo de 1978.

Real Decreto-Ley 9/1978, de 17 de marzo, por el que se aprueba el régimen preautonómico del archipiélago canario. *BOE* de 18 de marzo de 1978.

Real Decreto-Ley 10/1978, de 17 de marzo, por el que se aprueba el régimen preautonómico del País Valenciano. *BOE* de 18 de marzo de 1978.

Real Decreto-Ley 11/1978 de 27 de abril, por el que se aprueba el régimen preautonómico para Andalucía. *BOE* de 28 de abril de 1978.

Real Decreto-Ley 18/1978, de 13 de junio, por el que se aprueba el régimen preautonómico para el archipiélago Balear. *BOE* de 30 de junio de 1978.

Real Decreto-Ley 19/1978, de 13 de junio, por el que se aprueba el régimen preautonómico para Extremadura. *BOE* de 30 de junio de 1978.

Real Decreto-Ley 20/1978, de 13 de junio, por el que se aprueba el régimen preautonómico para Castilla y León. *BOE* de 30 de junio de 1978.

Real Decreto-Ley 29/1978, de 27 de septiembre, por el que se aprueba el régimen preautonómico para Asturias. *BOE* de 10 de octubre de 1978.

Real Decreto-Ley 30/1978, de 27 de septiembre, por el que se aprueba el régimen preautonómico para Murcia. *BOE* de 10 de octubre de 1978.

Real Decreto-Ley 32/1978, de 31 de octubre, por el que se aprueba el régimen preautonómico de la región castellano-manchega. *BOE* de 15 de noviembre de 1978.

Capítulo 17. El ciclo cacique

Estatuto de Guernica. Ley Orgánica 3/1979, de 18 de diciembre, de Estatuto de Autonomía para el País Vasco. *BOE* de 22 de diciembre de 1979.

Estatuto de Cataluña. LO 4/1979, de 18 de diciembre, de Estatuto de Autonomía de Cataluña. *BOE* de 22 de diciembre de 1979.

Estatuto de Galicia. LO 1/1981, de 6 de abril. de Estatuto Autonomía para Galicia. *BOE* de 28 de abril de 1981.

Estatuto de Andalucía. LO 6/1981, de 30 de diciembre, de Estatuto de Autonomía para Andalucía. *BOE* de 11 de enero de 1982.

Estatuto de Asturias. LO 7/1981, de 30 de diciembre, de Estatuto de Autonomía para Asturias. *BOE* de 11 de enero de 1982.

Estatuto de Cantabria. LO 8/1981, de 30 de diciembre, de Estatuto de Autonomía para Cantabria. *BOE* de 11 de enero de 1982.

Estatuto de La Rioja. LO 3/1982, de 9 de junio, de Estatuto de Autonomía de La Rioja. *BOE* de 19 de junio de 1982.

Estatuto de Murcia. LO 4/1982, de 9 de junio, de Estatuto de Autonomía para la Región de Murcia. *BOE* de 19 de junio de 1982.

Estatuto de la Comunidad Valenciana. LO 5/1982, de 1 de julio, de Estatuto de Autonomía de la Comunidad Valenciana. *BOE* de 10 de julio de 1982.

Estatuto de Aragón. LO 8/1982, de 10 de agosto, de Estatuto de Autonomía de Aragón. *BOE* de 16 de agosto de 1982.

Estatuto de Castilla-La Mancha. LO 9/1982, de 10 de agosto, de Estatuto de Autonomía de Castilla-La Mancha. *BOE* de 16 de agosto de 1982.

Estatuto de Canarias. LO 10/1982, de 10 de agosto, de Estatuto de Autonomía de Canarias. BOE de 16 de agosto de 1982.

Estatuto de Navarra. LO 13/1982, de 10 de agosto, de reintegración y amejoramiento del Régimen Foral de Navarra. *BOE* de 16 de agosto de 1982.

Estatuto de Extremadura. LO 1/1983, de 25 de febrero, de Estatuto de Autonomía de Extremadura. *BOE* de 26 de febrero de 1983.

Estatuto de las Islas Baleares. LO 2/1983, de 25 de febrero, de Estatuto de Autonomía para las Islas Baleares. *BOE* de 1 de marzo de 1983.

Estatuto de Madrid. LO 3/1983, de 25 de febrero, de Estatuto de Autonomía de la Comunidad de Madrid. *BOE* de 1 de marzo de 1983.

Estatuto de Castilla-León. LO 4/1983, de 25 de febrero, de Estatuto de Autonomía de Castilla-León. *BOE* de 2 de marzo de 1983.

Estatuto de Ceuta. LO 1/1995, de 13 de marzo, de Estatuto de Autonomía de Ceuta. *BOE* de 14 de marzo de 1995.

Estatuto de Melilla. LO 2/1995, de 13 de marzo, de Estatuto de Autonomía de Melilla. *BOE* de 14 de marzo de 1995.

Propuesta de reforma de Estatuto político de la Comunidad de Euskadi. *Boletín oficial de las Cortes Generales*, Congreso de los Diputados, 21 de enero de 2005.

Diario de Sesiones del Congreso de los Diputados, 1 de febrero de 2005. Debate de totalidad de la Propuesta de reforma de Estatuto político de la Comunidad de Euskadi.

Estatuto de Cataluña núm. 2. LO 6/2006, de 19 de julio, de reforma del Estatuto de Autonomía de Cataluña. *BOE* de 20 de julio de 2006.

Estatuto de las Islas Baleares núm. 2. LO 1/2007, de 28 de febrero, de reforma del Estatuto de Autonomía de las Illes Balears. *BOE* de 1 de marzo de 2007.

Estatuto de Andalucía núm. 2. LO 2/2007, de 19 de marzo, de reforma del Estatuto de Autonomía para Andalucía. *BOE* de 20 de marzo de 2007.

Estatuto de Aragón núm. 2. LO 5/2007, de 20 de abril, de reforma del Estatuto de Autonomía de Aragón. *BOE* de 23 de abril de 2007.

Estatuto de Castilla y León núm. 2. LO 14/2007, de 30 de noviembre, de reforma del Estatuto de Autonomía de Castilla y León. *BOE* de 1 de diciembre de 2007.

Estatuto de Extremadura núm. 2. LO 1/2011, de 28 de enero, de reforma del Estatuto de Autonomía de la Comunidad Autónoma de Extremadura. *BOE* de 29 de enero de 2011.

Estatuto de Canarias núm. 2. LO 1/2018, de 5 de noviembre, de reforma del Estatuto de Autonomía de Canarias. *BOE* de 6 de noviembre de 2018.

Ley de 25 de octubre de 1839, de confirmación y modificación de los fueros de las Provincias Vascongadas y de Navarra. *Gaceta de Madrid* de 26 de octubre de 1839.

LO 2/1980, de 18 de enero, sobre regulación de las distintas modalidades de referéndum. *BOE* de 23 de enero de 1980.

Resultados oficiales del referéndum de autonomía celebrado en Andalucía el 28 de febrero de 1980. Acuerdo de 24 de abril de 1980 de la Junta Electoral Central por el que se hacen públicos los resultados del referéndum de iniciativa autonómica de Andalucía. *BOE* de 13 de mayo de 1980.

LO 12/1980, de 16 de diciembre, de modificación del párrafo cuarto del artículo octavo de la Ley Orgánica reguladora de las distintas modalidades de referéndum. *BOE* de 24 de diciembre de 1980.

LO 13/1980, de 16 de diciembre, de sustitución en la provincia de Almería de la iniciativa autonómica. *BOE* de 24 de diciembre de 1980.

LO 6/1982, de 7 de julio, por la que se autoriza la constitución de la Comunidad Autónoma de Madrid. *BOE* de 21 de julio de 1982.

LO 5/1983, de 1 de marzo, por la que se aplica el artículo 144, c), de la Constitución a la provincia de Segovia. *BOE* de 2 de marzo de 1983.

Sentencia 100/1984, de 8 de noviembre de 1984, del Tribunal Constitucional. Desestima el recurso de inconstitucionalidad contra la LO 5/1983 sobre la incorporación de Segovia a la Comunidad Autónoma de Castilla y León. *BOE* de 28 de noviembre de 1984.

Diario *www.elconfidencial.com*, edición de 14 de diciembre de 2022. https://www.elconfidencial.com/espana/2022-12-14/entrevista-salvador-illa-cataluna-autodeterminacion_3539296/ (última consulta el 12 de febrero de 2023).

Capítulo 18. La expertocracia académica

Datos y cifras del Sistema Universitario Español, Ministerio de Universidades, Madrid, 2022.

Decreto 113/2013 de Cataluña, de 12 de febrero, de creación del Consejo Asesor para la Transición Nacional. *DOGC* de 14 de febrero de 2013.

Resolución PRE/639/2013 de Cataluña, de 22 de marzo, por la que se nombra a los miembros del Consejo Asesor para la Transición Nacional. *DOGC* de 28 de marzo de 2013.

Libro Blanco de la Transición Nacional de Cataluña, ed. Generalidad de Cataluña, Barcelona, 2014.

Capítulo 19. Felipe, ¿Emperador de los caciques?

Cruz, Manuel y Zarzalejos, José Antonio, *La hora del Rey (por una monarquía federal)*, 6 de enero de 2019 en https://blogs.elconfidencial.com/espana/tribuna/2019-01-06/rey-felipe-vi-pascua-militar-monarquia-espana_1741542/ (última consulta el 14 de febrero de 2023).

Zarzalejos, José Antonio, *El Rey abdica para salvar a la Monarquía de la crisis institucional*, 2 de junio de 2014 en https://blogs.elconfidencial.com/espana/notebook/2014-06-02/el-rey-abdica-para-salvar-a-la-monarquia-de-la-crisis-institucional_139610/ (última consulta el 14 de febrero de 2023).

Abdicación de Juan Carlos. Madrid, 2 de junio de 2014.

Tribunal Supremo, causa especial 20907/2017, Auto de apertura de juicio oral, 25 de octubre de 2018.

Mensaje de fin de año del presidente de la Generalidad de Cataluña, Quim Torra. 30 de diciembre de 2018.

Mensaje de Navidad del Rey Felipe, 24 de diciembre de 2018.

Discurso del Rey ante las Cortes en el 40º aniversario de la Constitución, 6 de diciembre de 2018.

Diario de Sesiones del Congreso de los Diputados, 28 de octubre de 2020. Pablo Iglesias reivindica una nueva transición.

Informe de indulto de la Sala Penal del Tribunal Supremo emitido en el expediente tramitado con ocasión de la ejecutoria correspondiente a la causa especial número 3/20907/2017. 26 de mayo de 2021.

Ley de 18 de junio de 1870 estableciendo reglas para el ejercicio de la gracia de indulto. *Gaceta de Madrid* de 24 de junio de 1870.

Sánchez de Castro, Jorge, *Sobre neutralidad regia e indultos*, 19 de junio de 2021 en http://elunicoparaisoeselfiscal.blogspot.com/2021/06/la-polemica-sobre-los-indultos.html (última consulta el 3 de marzo de 2023)

Mensaje de Navidad del Rey Felipe, 24 de diciembre de 2022.

Diario de Sesiones de las Cortes Constituyentes, 22 de febrero de 1869. Los tres jamases del general Prim, ministro de la Guerra.

Capítulo 20. El concierto internacional

Tratado de Maastricht, de fundación de la Unión Europea. Firmado el 7 de febrero de 1992 en Maastricht (Países Bajos).

OECD (2022), *Table A - OECD unemployment rates: As a percentage of civilian labour force*, in OECD Employment Outlook 2022: Building Back More Inclusive Labour Markets, OECD Publishing, Paris, https://doi.org/10.1787/f8f560cc-en.

Solsten, E. y Meditz, S. (eds.), *Spain: A country study*, Federal Research Division, Washington, 1990.

Agreement of Defense Cooperation between the USA and the Kingdom of Spain, December, 1 1988. Revised by the Protocol of Amendment April, 10 2002, the Second Protocol of Amendment, signed October 12, 2012, and the Third Protocol of Amendment, signed 17 June 2015. https://es.usembassy.gov/agreement-on-defense-cooperation/ (última consulta el 19 de febrero de 2023).

Hersh, Seymour, *How America Took Out The Nord Stream Pipeline*, 8 de febrero de 2023. https://seymourhersh.substack.com/p/how-america-took-out-the-nord-stream (última consulta el 19 de febrero de 2023).

Comunicado de Baltic Pipe Project sobre inauguración del gasoducto Noruega-Polonia, 27 de septiembre de 2022.

Comunicado de Baltic Pipe Project sobre el inicio de operaciones del gasoducto Noruega-Polonia a plena capacidad, 1 de diciembre de 2022.

Solsten, E. (ed.), *Germany: A country study*, Federal Research Division, Washington, 1995.

Declaraciones del presidente de los EEUU, Joe Biden, en las que augura el fin del gasoducto Nord Stream 2. Washington, 7 de febrero de 2022.

Comunicado del Departamento de Defensa de los EEUU, 29 de junio de 2022. Incremento de la presencia de los EEUU en la base naval de Rota de cuatro destructores a seis.

Baqués Quesada, Josep, *Las claves de la presencia china en Yibuti*, Revista General de la Marina, Ministerio de Defensa, julio 2019.

Acuerdo de creación del Nuevo Banco de Desarrollo suscrito por Brasil, Rusia, India, China y Sudáfrica, 15 de julio de 2014.

Sudan Tribune, *Russia would provide weapons to Sudan in return for Red Sea navy base*, Khartoum, 11 de febrero de 2023, https://sudantribune.com/article270741/ (última consulta el 4 de marzo de 2023).

Suez Canal Authority, *Annual Report 2019.* https://www.suezcanal.gov.eg/English/Downloads/Downloads DocLibrary/Navigation%20Reports/Annual%20Reports%E2%8 0%8B%E2%80%8B%E2%80%8B/2019.pdf (última consulta el 20 de febrero de 2023).

Autoridad del Canal de Panamá, *Informe Anual 2019.* https://pancanal.com/wp-content/uploads/2020/01/InformeAnual-2019-2.pdf (última consulta el 20 de febrero de 2023).

Ránking de los 50 puertos con mayor volumen de tráfico de contenedores, Consejo de Transporte Marítimo Mundial (*World shipping Council*). https://www.worldshipping.org/top-50-ports (última consulta el 20 de febrero de 2023).

Censo de los EEUU, 2020. https://data.census.gov/ (última consulta el 4 de marzo de 2023).

Instituto Cervantes, *El español en el mundo 2022. Anuario del Instituto Cervantes*, Madrid, 2022.

Proclamación de reconocimiento de la soberanía del Reino de Marruecos sobre el Sáhara Occidental, Donald J. Trump, presidente de los EEUU. 10 de diciembre de 2020. https://trumpwhitehouse.archives.gov/presidential-actions/proclamation-recognizing-sovereignty-kingdom-morocco-western-sahara/ (última consulta el 20 de febrero de 2023).

Declaración verbal del Gobierno de España en la que informa de que los teléfonos móviles del presidente del Gobierno y la ministra de Defensa han sido intervenidos por una potencia extranjera. 2 de mayo de 2022.

Carta del Presidente del Gobierno de España, Pedro Sánchez, al Rey de Marruecos, Mohamed VI. Madrid, 14 de marzo de 2022.

Declaración conjunta de España y Marruecos. Suscrita durante el viaje sorpresa de Pedro Sánchez. Rabat, 7 de abril de 2022.

Pedro Sánchez sonríe en Rabat junto a Mohamed VI con la bandera de España en posición invertida. 7 de abril de 2022.

Pedro Sánchez sonríe y aplaude en Madrid durante la cumbre de la OTAN ante una bandera de España en posición invertida. 29 de junio de 2022.

Discurso del presidente del Gobierno en debate general del 77º período de sesiones de la Asamblea General de Naciones Unidas. Nueva York, 22 de septiembre de 2022.

Conferencia de José Luis Rodríguez Zapatero, *El diálogo y la cooperación como imperativo político*, Universidad Privada de Fez, 22 de noviembre de 2022.

Entrevista a José Bono, 13 de octubre de 2022. https://marruecom.com/2022/10/13/entrevista-a-jose-bono-avanzamos-por-el-camino-correcto-para-fortalecer-las-relaciones-entre-espana-y-marruecos-1-a-parte/ (última consulta el 21 de febrero de 2023).

Entrevista a José Bono, 14 de octubre de 2022. https://marruecom.com/2022/10/14/entrevista-a-jose-bono-argelia-debe-entender-que-espana-tomo-la-decision-mas-eficaz-para-mejorar-la-vida-de-los-saharauis-2-a-parte/ (última consulta el 21 de febrero de 2023).

Resolución del Parlamento Europeo sobre la situación de periodistas en Marruecos, en particular el caso de Omar Radi. Resultados de la votación por grupos y nominal. 19 de enero de 2023.

Intervención de Juan Fernando López Aguilar en el Foro Premium del Atlántico de la Fundación Diario de Avisos. Santa Cruz de Tenerife, 23 de enero de 2023.

Intervención de Pedro Sánchez en la XII Reunión de alto nivel Marruecos-España. Rabat, 2 de febrero de 2023.

Intervención de María Antonia Trujillo en el Congreso Internacional *Relaciones hispano-marroquíes: presente y futuro*, organizado por la

Escuela Normal Superior de Tetuán en colaboración con la Universidad Abdelmalek Essaadi y el Centro Marroquí de Estudios e Investigaciones en Economía y Desarrollo Sostenible. 3 de septiembre de 2022.

Entrevista a María Antonia Trujillo, 16 de octubre de 2022. https://es.rue20.com/2022/10/16/trujillo-espana-ha-olvidado-la-historia-geografia-y-el-adn-que-nos-une-a-marruecos-1-2/ (última consulta el 21 de febrero de 2023).

Entrevista a María Antonia Trujillo en la que vierte amenazas contra España, captura de comentario de la señora Trujillo en Twitter. 22 de enero de 2023.

Entrevista a María Antonia Trujillo en la que vierte amenazas contra España, diario www.alalam.ma. 22 de enero de 2023.

Epílogo. El 78 contra el pueblo

Diario de Sesiones del Congreso de los Diputados, 24 de noviembre de 2022. El PSOE vota —en pie y «sin fisuras»— a favor de la toma en consideración de la proposición de Ley que contenía la derogación del delito de sedición.

Constitución de la República Española. *Gaceta de Madrid* de 10 de diciembre de 1931. Desescalada autonómica establecida en el artículo 22.

IV Convención Federalista. Barcelona, 16 de noviembre de 2019.

V Convención Federalista. Barcelona, 11 de diciembre de 2020.

Balaguer Callejón, María Luisa, *Interpretación de la Constitución y ordenamiento jurídico*, ed. Agencia Estatal Boletín Oficial del Estado, Madrid, 2022.

ÍNDICE ONOMÁSTICO

AGRADECIMIENTOS

Quiero expresarle desde aquí mi agradecimiento a mi mujer, Almudena. Su fuerza y determinación fueron el más firme asidero en la tempestad. Su ánimo, su aliento, su apoyo, su paciencia y sus agudas observaciones han hecho posible y mejor esta obra —si es que hay en sus páginas algo bueno—.

También le traslado mi gratitud al doctor Manuel Cobo Dols, cuyo saber hacer y humanidad me han permitido tener la oportunidad de llegar a terminar lo que se quedó a medias. Gracias asimismo a su fantástico equipo de ensayos clínicos de cáncer de pulmón —compuesto por Andrea, Jesús, Marta, Merche, Inma, Alicia y Daniel— y a todo el excelente personal del hospital de día de oncología del Hospital Civil de Málaga.

No me olvido de hacer extensiva mi gratitud de igual modo y medida a Noelia Morgado —enfermera de pacientes oncológicos— por su atención, cuidados, consejos y cercanía diaria, así como a las doctoras Inmaculada Fortes y Beatriz Asenjo.

Siempre agradecido también a mis padres, Pepe y Carmela, y a mis hermanos —Pepe, Carmen y Luis—, que tan cerca estuvieron cuando más arduo fue todo.

Gracias.